Werner Kahl

Vorsicht Schußwaffen!

Von kommunistischem Extremismus, Terror und revolutionärer Gewalt

Wolfgang Kanert
Lessingstr. 41
61184 Karben

D1924758

OLZOG VERLAG

CIP-Kurztitelaufnahme der Deutschen Bibliothek

Kahl, Werner: Vorsicht Schußwaffen! · Von kommunist. Extremismus, Terror u. revolutionärer Gewalt / Werner Kahl. – München · Olzog, 1989.
Aktualisierte und erweiterte 2. Auflage 1989

ISBN 3-7892-7620-0

2., aktualisierte und erweiterte Auflage 1989

© 1986 by Günter Olzog Verlag GmbH, D-8000 München 19
Vertrieb: Moderne Verlagsgesellschaft, Landsberg
Das Werk ist urheberrechtlich geschützt. Jede Verwertung in anderen als den gesetzlich zugelassenen Fällen bedarf deshalb der vorherigen schriftlichen Einwilligung des Verlags.
Satz: Ilmgaudruckerei Pfaffenhofen
Druck und Bindung: Presse-Druck Augsburg

Inhalt

I. Der Blues

In den Straßen um das Heilige Geistfeld, am Rand des Vergnügungsviertels St. Pauli, und am Jungfernstieg, der Flanierpromenade an der Binnenalster, klebten Hamburger Jugendliche im Frühling 1962 kleine schmucklose Plakate: „Die Zeit der Dorfmusik ist zu Ende". Die Hafenstraße gehörte noch zum unpolitischen Milieu an den St.-Pauli-Landungsbrücken. Kaum jemand ahnte, welcher kulturpolitische Sprengsatz mit Fernzündung sich hinter der banalen Abrechnung mit Opas Blasmusik verbarg. Zu den Zeitgenossen, die diese Aufbruchstimmung erfaßten, gehörte der Kneipenwirt Manfred Weißleder. In einem umgebauten Kino an der Großen Freiheit 39 eröffnete der ehrgeizige Kneipier den legendären „Star-Club". Er spürte die heranziehende Revolution in der Musikszene. Nebenan, im Kaiserkeller auf der Reeperbahn, zog eine Band aus Liverpool ein; die Friseuse Astrid Kirchherr schnitt den Musikern die originellen Pilzkopf-Frisuren, die bald von Jugendlichen in der ganzen Welt nachgeahmt wurden. Die Beatles gingen von Hamburg aus in die Geschichte der Rockmusik ein. Musikläden wie Jazzkeller mit coolem Kultursnobismus gab es für Beat- und Rockmusik damals noch nicht, und auch das erste American-Folk Blues Festival 1962, so erinnerte sich Fritz Rau, der bedeutendste Konzertimpresario Europas, erregte in der Branche lediglich wohlwollende Aufmerksamkeit.

Die Szene füllte sich jedoch langsam mit politischen Arrangements, und mit dem Blues Festival 1965 kam erstmals der amerikanische Poet J.B. Lenoir nach Europa. Er verbarg politischen Protest nicht mehr hinter der „Baby I love you"-Masche. Als erster Sänger der internationalen Szene brachte er Songs von Demonstrationen Farbiger und Weißer in Amerika nach Deutschland – Musik von Marschzügen von Bürgerrechtlern in Alabama.

Das Thema der Blues und Gospels, die sich ab 1966 überall

ausbreiteten, waren Gettomusik, Sounds und die Sprache unterprivilegierter Schichten, schrieb Fritz Rau in seiner Chronik „Buchhalter der Träume". In der Öffentlichkeit erregte diese Musik, lanciert als Kunst des Überlebens, jedoch nicht viel Interesse. „Ich will alles, und ich will es gleich, Mann", hieß es auf Flugblättern. Der Text wurde von einem Farbigen am Klavier vorgetragen, angefeuert von einem Farbigen neben ihm: „Spiel' es wie es ist, Bruder . . ."

Der zunächst geringe Aufmerksamkeitswert in Deutschland schien verständlich, trat doch hier zwei Jahrzehnte nach Kriegsende „erstmals wieder eine (Jugend-)Generation auf, die als ‚völlig normal' zu bezeichnen, man allen Grund hat", stellte der Meinungsforscher Viggo Graf Blücher fest. Das Bild, das Blücher 1964 aufgrund einer repräsentativen Umfrage vom deutschen Nachwuchs für das Buch „Die Generation der Unbefangenen" zeichnete, hob sich, so der „Spiegel", vom Konterfei jener „skeptischen Generation" der ersten Nachkriegsjugend ab, das der Soziologe Schelsky 1957 entworfen hatte. Es entsprach vielmehr den positiven Jugendporträts einer Allensbacher „Bravo"-Umfrage und einer Teenager-Befragung im Jahre 1966. Hier wie dort galt: „Von der ‚Ohne-mich-Haltung' der ‚skeptischen Generation' war kaum etwas übriggeblieben . . . Anpassungsgeist ist das dominante Verhaltensmuster", meinte Blücher Mitte der sechziger Jahre festgestellt zu haben.

Die Straßenkämpfe, die knapp eineinhalb Jahre später im Frühsommer 1967 einsetzten, trafen Meinungsforscher wie die von ihnen abhängigen Politiker, unvorbereitet. Wieder war es eine Minderheit, die den Ton angab. Und somit war die Vorstellung von einem „gemütlichen Zuhause", für das sich kurz zuvor noch 87 Prozent befragter Teenager ausgesprochen hatten, als reaktionär zerrissen. Denn die große Mehrheit der Jugendlichen war in der ersten Hälfte der sechziger Jahre mit ihrem gewählten Beruf und ihrer Arbeit zufrieden. Fleiß, Ehrlichkeit und Höflichkeit dominierten in den wiederaufgebauten Städten und Gemeinden Deutschlands. Bereits an 6. Stelle der bis 21 reichenden Werteskala rangierte Sauberkeit. Gammler und Hippies, Provos und Protestierer waren der überwiegenden Mehrheit der Jugendlichen zu schmuddelig und zu faul, zu negativ und zu radikal. Und dennoch erlebte wenig später die große Mehrheit der Jugend plötzlich das Phänomen, daß Minderheiten in kleinsten Gruppen die Leistungen beim Wiederaufbau des Landes in Frage stellten und die Demokratie gewaltsam beseitigen wollten. Sie verstanden es, immer mehr Altersgenossen aus allen Ausbildungs- und Berufsschichten mit ihren Parolen mitzureißen.

„Zum Glück geht's dem Juni entgegen“ war bei den aufflammenden Anschlägen und Straßenkämpfen in Berlin die Parole des militanten Kerns der Massendemonstrationen gegen den Schah-Besuch 1967 in der geteilten Stadt. „They can't take away our music . . . the Blues is going strong!“ wurde Schlachtgesang auf der Straße. Als das persische Kaiserpaar nach West-Berlin kam – Schah Pahlewi stattete zu einem anderen Zeitpunkt auch der DDR-Führung in Ost-Berlin einen dort allerdings ungestört ablaufenden Besuch ab – wurde der Student Benno Ohnesorg von einem Kriminalpolizisten, der sich in einer Notwehrsituation befand, mit einem Schuß so schwer verletzt, daß er starb. Ohnesorgs Tod galt als Signal für eine Massenbewegung, in der Anarchisten mit Marxisten um die Regie rangen. Aus der diffusen Masse kristallisierte sich schließlich die „Bewegung 2. Juni“.

Auf Plakaten wurde die deutsche Nationalflagge in ihren Farben Schwarz-rot-gold so definiert: „Schwarz ist die Farbe des Anarchismus, Rot ist die Farbe des Kommunismus, Gold ist die Farbe des Kriminalismus – das Banner der Bundesrepublik wird erst glaubwürdig sein, wenn ausschließlich Kriminelle, Kommunisten und Anarchisten dieses Land befreit haben!“ Den Bundesadler im deutschen Nationalbanner ersetzte die Anarcho-Szene durch einen Menschenkopf und lockte: „Wer die größten kriminellen Dinger dreht, dessen Kopf wird auf dem Banner strahlen“. Alles, was die Gesetze schützte, war für die Gegner der freiheitlich demokratischen Grundordnung „menschenfeindlich“. Flugzettel überschwemmten die Straßen, auf denen wie Pilze aus dem

Boden schießende Kommunen ihre Zukunftsvorstellungen verbreiteten: „Solidarisieren wir uns mit den Linken, und reißen wir immer tiefere Abgründe zwischen uns und den Bürgern auf. Die Linken verstehen uns, aber von den Bürgern werden wir gehaßt. Ihr Haß entspringt der Furcht vor uns. Wenn alle Bewegungen, die bisher die Welt bewegten, ausgeflippt sind, dann wird unsere Bewegung, die kriminelle Bewegung, sich immer noch bewegen. Bis zum Endsieg." So lautete ein Aufruf unter dem Pseudonym „Reni v. Tent".

In den Wohngemeinschaften wurde es ein billiger Zeitvertreib, die Gesellschaft zum Jux in Ängste und Unruhe zu versetzen. Ein Gruppenbild der bekanntesten Berliner Kommune I am Stuttgarter Platz – Männer und Frauen mit blankem Hintern dem Fotografen zugewendet – wurde zum Synonym für die Verachtung, mit der diese Gruppierungen über die Gesellschaft herzogen. Es ging den Kommunarden, die in den Gruppen den politischen Ton angaben, jedoch nicht nur um Veränderungen in Deutschland. Als Zielscheibe stellten sich die Vereinigten Staaten von Amerika heraus. Ein Happening von Anhängern mehrerer Kommunen anläßlich des Berlin-Besuchs von US-Vizepräsident Hubert Humphrey ließ noch nicht die Gefahr ahnen, welche brutale Welle von Gewalt sich bald über die Bundesrepublik Deutschland, West- und Südeuropa sowie andere Länder der westlichen Hemisphäre ausbreiten würde. Bei dem angeblich geplanten „Bombenanschlag" während der Fahrt Humphreys durch West-Berlin – wie die Polizei aufgrund von Gerüchten aus der Szene anfangs annahm – handelte es sich um einen „Provo-Spaß": Kommunarden wollten zwar gegen die Limousine des Politikers eine Bombe schleudern, jedoch eine mit Puddingpulver gefüllte. „Sie würgen nur noch Blödsinn hervor", meinte das linke „Extra-Blatt", eine Publikation der Außerparlamentarischen Opposition (APO), am 6. Mai 1967 und spekulierte mit der Schlagzeile „Die letzten Tage der Kommune?" Ein Irrtum. Das Puddingpulver gehörte zur Rezeptur des Brainstorming, das fast täglich in der Kommune I mit Gesinnungsgenossen vom SDS stattfand, um die Szene aufzumischen.

Für die Politiker war das Puddingpulver-Attentat tatsächlich der Tropfen, der das Faß zum Überlaufen brachte. Doch nur, soweit der „Sozialistische Deutsche Studentenbund (SDS) an diesem Spektakel beteiligt war. Aus den Reihen des SDS kamen, nachdem der Puddingqualm sich verzogen hatte, Aufrufe zu bewaffneten Aktionen. Der SDS, dem in den fünfziger Jahren auch der spätere Bundeskanzler Helmut Schmidt angehört und mit Ulrike Meinhof über die Wiederbewaffnung der Bundeswehr diskutiert hatte, wurde verboten. Unter nichtmarxistischen Linken wurde einem Bericht des „Extra-Blattes" zufolge von der „berüchtigten SDS-Kommune" gesprochen. Diese „Neurotiker" spielten „mehr und mehr – zumindest objektiv – die Rolle des Agent provocateur in der Westberliner Studentenschaft", stichelte der Informationsdienst. Wessen Agents provocateurs? Die Antwort blieb „Extra-Blatt" schuldig.

Fünf Flugblätter gaben die SDS-Mitglieder der Kommune im Frühjahr 1967 heraus. Unter dem Werbeslogan, es handele sich um selbstfabrizierte „Pikanterien", wurden Kommilitonen und Lehrlinge angesprochen. Auf feinem weißen Papier verbreiteten die Kommunarden ihre Vorstellungen und Erwartungen wie: „Der Akademische Senat (der Freien Universität Berlin) besteht aus alten, autoritären Scheißern, die dem Ständestaat nachtrauern." Flugblatt Nr. 5 endete scheinbar selbstkritisch, aber tatsächlich aufwiegelnd: „Was meint Ihr – ob's diesmal reicht? Vielleicht sind Flugblätter eben doch das Falsche!"

Von der Öffentlichkeit unbeachtet blieben Auseinandersetzungen innerhalb der Außerparlamentarischen Opposition wegen des Verdachts indirekter Einflußnahme durch DDR-Institutionen und SED-Mitglieder, von denen einige im Spanischen Bürgerkrieg auf der Seite der kommunistischen Internationalen Brigade gekämpft hatten. Zwanzig Jahre später wurden in West-Berlin Wege und Methoden der geheimen Unterstützung der Marschkolonnen durch die SED bekannt. Eine „Scheinfirma" war in Ost-Berlin gegründet worden, berichtete ein in den

Transfer eingeweihter Ost-Berliner in der linksalternativen „Tageszeitung". Für die Demonstranten im Westen wurden Helme, Regenmäntel und Gummistiefel beschafft. Ein früherer APO-Funktionär erklärte, ein Teil des Materials sei aus einem getarnten Depot der DDR-Armee über den Checkpoint-Charlie, den Ausländerübergang zwischen dem sowjetischen und amerikanischen Sektor, nach West-Berlin transportiert worden. Nur einige wenige Personen seien in die Lieferungen eingeweiht worden. „Konspirativ", so hieß es in der „Taz" sei aus dem Ostsektor die Nachricht in den Westen übermittelt worden, es könne mit den Transporten losgehen. Adressat war der Republikanische Club, eine Gründung von Anwälten, als Sammelpunkt der Außerparlamentarischen Bewegung. Die Transporteure für die APO seien nur mit einem formlosen Stück Papier für die vorab informierten DDR-Grenzposten ausgestattet worden, auf dem vermerkt war, daß die mitgeführten Sachen „ein Solidaritätsgeschenk für die Westberliner APO zum 1. Mai 1968" seien.

Linksradikale Gruppen, die nichts mit dem stalinistischen System in der DDR zu tun haben wollten, warfen den Herausgebern des Extra-Blattes vor, daß sie als Einflußagenten der DDR-Einheitspartei die Jugendbewegung in West-Berlin publizistisch begleiten und orthodoxkommunistisch disziplinieren wollten. „Lange Haare und laxe Kleidung" seien ebenso unerwünscht wie „Kommunen, Maoisten, Guevaristen und Anarchisten", hieß es in einer Erklärung des „Zentralrates der umherschweifenden Haschrebellen". Beim Extradienst glaube man wohl, „ein Sozialist müsse aussehen wie jeder Spießer, schließlich könne man das Resultat einer derartigen Politik . . . in der DDR bewundern". Dieses Regime wolle der Extradienst-Herausgeber auch der APO aufzwingen, polemisierten marxistisch eingestellte Mitglieder der Kommunen I und II, von denen Ende der sechziger Jahre sich eine Anzahl Anhänger den Gründern der linksterroristischen „Roten Arme Fraktion" (RAF) und der bis Mitte der siebziger Jahre agierenden „Bewegung 2. Juni" zuwandten.

In dieser Zeit fiel auch die Entscheidung eines anonymen

Gremiums, ein Nachrichten- und Agitationsblatt für die radikale Szene herauszugeben. Die Geldgeber blieben bisher unbekannt. In der Fabriketage Grunewaldstraße 88, einer Wohngemeinschaft in Berlin-Schöneberg ähnlich der „K I" am Stuttgarter Platz, schmiedeten Kommunarden Pläne für autonome Stadtteile, aus den zwölf West-Berliner Stadtbezirken herauszulösende Kommunen, in denen eine Art Stadtsowjet die Verwaltung der Bewohner übernehmen sollte. In den darauffolgenden Jahren wurde Kreuzberg Schauplatz der Strategie „revolutionärer Angriffe". Am blutigsten verlief die Kampagne anläßlich des 1. Mai 1989 in Kreuzberg und dem angrenzenden Stadtbezirk Neukölln. Bei den gefährlichsten Straßenschlachten der Nachkriegszeit wurden über 300 Polizisten verletzt. Die militanten Gruppen hatten die Anweisung des neuen Senators für Inneres, Erich Pätzold (SPD), an die Polizeiführung, eine Taktik der De-Eskalation zu befolgen, ausgenutzt und die Parole ausgegeben, „Kreuzberg gehört uns". Die Polizei habe an einem „revolutionärem Feiertag" wie dem 1. Mai im Kiez nichts zu suchen. Geschäfte wurden geplündert, Autos zu flammenden Barrikaden in Brand gesetzt, und die anrückende Polizei mit Hageln von Steinen und Stahlkugeln angegriffen.

Der Griff nach Kreuzberg als erstes geplantes „autonomes" Gebiet war schon 1968 auf die Tagesordnung gesetzt worden. Dazu gehörte die Macht über die Medien, eine Aufgabe, die jedem Berufsrevolutionär der Kommunistischen Partei gestellt wird. In Kreuzberg sollte deshalb ein eigener Fernsehsender errichtet werden; real umgesetzt wurde nur das Projekt eines „Kampfblattes"; der Titel „883" wurde einfach aus den Anfangsziffern der Telefonnummer der Redaktion entlehnt. Auf diese Zeitung versuchten sofort linke Gruppen, auch die West-Berliner SEW, Ableger der „Sozialistischen Einheitspartei Deutschlands" (SED), Einfluß zu nehmen. Eine Zeitlang erschien das Blatt mit dem Untertitel „Kampfblatt der kommunistischen Rebellen".

In der Redaktion tauchte damals ein junger Mann auf, der aus Mecklenburg in der DDR stammte und an der Freien Universität studierte. Der Extradienst wußte früh Bescheid. Verschiedene Leute arbeiteten an einem „geheimen" Projekt, hieß es vor dem Erscheinen von „883". Das Impressum des Szenenblattes verzeichnete Dirk Schneider solange, bis die sich bildende „Rote Armee Fraktion" nach der Befreiung ihres Mitgründers Andreas Baader 1970 in den Untergrund ging. „883" schlug sich danach auf die Seite der Baader-Meinhof-Bande, während Schneider das Blatt verließ und später eine Herausgeberfunktion für das neue Informationsorgan „Radikal" übernahm. Er war zeitweise Mitarbeiter des Senders Freies Berlin (SFB), betätigte sich in der neuen Bewegung der Alternativen Liste (AL) und erhielt nach erfolgreichem Marsch durch die Institutionen schließlich ein Berliner Mandat für den Deutschen Bundestag. Als deutschlandpolitischer Sprecher der Grünen/Alternativen fiel er politischen Beobachtern im Bundestag bei Debatten über die Beziehungen zur DDR auf. Die Deutschlandpolitik, die er im Parlament vertrat, veranlaßte den linken alternativen Frankfurter „Pflasterstrand", ihn als „Ständige Vertretung der DDR in Bonn" zu bezeichnen. Nach der Bildung der rot-grünen Landesregierung in West-Berlin 1989 wurde Dirk Schneider einer der Sprecher der Alternativen Liste.

Die mit Beginn der zweiten Hälfte der sechziger Jahre einsetzende Welle der Gewalt, die „883" mit Aufrufen und Kommentaren unterstützte, dehnte sich zunehmend gegen amerikanische Einrichtugnen in Berlin und im übrigen Bundesgebiet sowie in westeuropäischen Ländern aus. „Unsere Übungsaktion gegen das US-Casino Harnack-Haus in Berlin-Dahlem ging daneben", meldete „883" und analysierte sogleich die Panne: „a) ein Mollie ging an die Wand; b) kein Reservemollie; c) beim zweiten Mollie war zuwenig Petroleum drin." In Versalien wurden die Genossen gemahnt: „Aus Fehlern lernen".

Als Vorbild diente wieder einmal das Ausland. In einem Großhappening riefen Demonstranten im Mai 1967 für einen halben Tag kriegsähnliche Szenen in der Brüsseler Innenstadt aus. Das Kaufhaus „A l-Innovation" wurde in Brand gesteckt, dort fand eine Ausstellung amerikanischer Waren statt. Dies nahm eine linksextremistische Gruppe zum Anlaß, die größte Brandkatastrophe in der Geschichte des kleinen Landes auszulösen. Als Begründung wurde Protest gegen die amerikanische Vietnam-Politik angeführt. Daraufhin gab die Berliner „Kommune I" ein Flugblatt heraus und fragte: „Wann brennen die Berliner Kaufhäuser?" Brüssel habe den Deutschen die einzig mögliche Antwort geliefert: „Burn, Ware-House, burn!!" Als die Staatsanwaltschaft eingriff, wurde abwiegelnd erklärt, es habe sich nur um Satire gehandelt.

Im Januar 1968 konstituierte sich im „Republikanischen Club Berlin", dem Treffpunkt des SDS und der APO, ein „Aktionsrat zur Befreiung der Frauen". Der Rat verstand sich als eine politische Gruppierung, die zum „anti-autoritären Lager" gehörte und wollte demnach mit allen Gruppen der Außerparlamentarischen Opposition zusammenarbeiten. Die Frauen dieser Gruppe beabsichtigten, sich mit den Problemen der Unterdrückung des weiblichen Geschlechts in der Gesellschaft zu beschäftigen; doch wollten sie nicht als bürgerliche Emanzipationsbewegung begriffen werden. „Wir sehen die Probleme der Frauen nicht als individuell bedingt an, beschränken uns nicht auf juristische Forderungen oder den Ruf nach staatlicher Hilfe – kurz jede Reform des Reformismus, die die ökonomisch-sozialen Grundlagen unserer kapitalistischen Konkurrenzgesellschaft nicht entscheidend in Frage stellt – sondern wir wollen vielmehr Lebensbedingungen schaffen, die jedes Konkurrenzverhältnis zwischen Menschen überhaupt aufheben." Dies ging ihrer Ansicht nach nur durch Umwandlung der Produktions- und Machtverhältnisse mit dem Ziel einer sozialistischen Gesellschaft, das heißt, nach einer ökonomisch sozialen Revolution. Die Zusammenarbeit mit den Männern wollte der neue Aktionsrat auf ein Minimum beschränken, zumal den SDS, der sich als „sozialistische Avantgarde" verstand, die Probleme der Frauen nicht sonderlich interessierten.

Bei der Gründungsversammlung in der Freien Universität am

26. Januar 1968 wurde von den Anwesenden, darunter Frauen der „Kommune I“, eine neue Form des Kindergartens und der Erziehung gefordert, um den Müttern die Teilnahme am politischen Kampf zu ermöglichen. Aus der Diskussion entstand das Modell des „Kinderladens“, die für die APO geeignetste Lösung. Leerstehende Geschäftsräume, Straßenläden wurden hierfür bevorzugt und für die Betreuung der Kinder gemietet. Die Bezeichnung „Kinderladen“ benutzten später auch Gruppen, die Wohnungen oder Fabrikräume als Krippen und Erziehungsstätten einrichteten. Der „Aktionsrat“ übernahm die Aufgabe, Interessenten aus verschiedenen Stadtteilen zentral in Gruppen zu erfassen und auszubilden.

Als Grundlage für das theoretische Studium diente vor allem ein Bericht über ein Kinderheimlaboratorium in Moskau: „Psychoanalytische Erziehung in Sowjetrußland, 1924“. Die Aufsätze von Vera Schmidt wurden im Februar 1969 vom „Zentralrat der Sozialistischen Kinderläden Westberlins“ als „Anleitung für eine revolutionäre Erziehung“ herausgegeben. Im Mai 1968 gab es drei Kinderläden in den Stadtbezirken Neukölln und Schöneberg, weitere kamen im Sommer hinzu, so daß schließlich etwa 30 Läden ihre Dienste anboten. In den Räumen waren durchschnittlich sechs bis fünfzehn Kinder untergebracht. Die Eltern, überwiegend Studenten, Künstler und Erwerbslose, trafen sich dort, um über politische, organisatorische und erzieherische Probleme zu sprechen. Von den Initiatoren der „Kinderläden“ wurde jedoch zunehmend beklagt, daß Erziehungsschwierigkeiten und häuslicher Ärger die meiste Zeit beanspruchten, während die Anleitung zum politischen Kampf in diesem Kreis zu kurz kam. Die Agitatoren stellten nicht nur die Machtstrukturen der Gesellschaft in Frage, sondern versuchten zugleich, alternative Lebens- und Produktionsformen schmackhaft zu machen. „Aber die meisten Genossen lebten 1967/68 noch in Kleinfamilien zusammen“, kritisierten marxistische Funktionäre der Bewegung die Anhänger der Kinderläden. Sie sahen es als dringende Aufgabe an, „den Widerspruch zwischen privater und politischer Existenz" aufzulösen. Die Anstrengungen des Aktionsrates, die Frauen zu organisieren, schlugen jedoch fehl, weil die meisten Mütter nach Ansicht der führenden Genossinnen zu träge und zu faul waren. „Die Läden haben nicht den Zweck, daß die Frauen die Zeit, die sie durch die Kinderläden gewonnen haben, dazu benutzen, sich mit mehr Muße ihrem Privatleben zu widmen, sondern den, daß sie den Bewußtseinsprozeß nun auch bei weniger privilegierten und in viel schlechteren Situationen lebenden Frauen in Gang setzen", kritisierte der Aktionsrat bissig die Situation. Daraufhin wurde im August 1968 der „Zentralrat der Sozialistischen Kinderläden Westberlins" gegründet, wobei eine Anzahl Mitgründer die DDR-These vertrat, daß West-Berlin einen eigenen politischen Status, vergleichbar mit einem dritten Staat in Deutschland, bilden sollte. Unter den Personen, die sich hier zusammenfanden, waren Gesinnungsgenossen von Ulrike Meinhof, Gudrun Ensslin und Andreas Baader, die mit den späteren Terroristenführern schon damals enge Kontakte unterhielten. Über die Kinderläden wollten die Befürworter gewaltsamer Veränderungen Sympathisanten und Unterstützer werben.

In der 62. Ausgabe von „883" wurde deshalb an Väter und Mütter, die ihre Kinder in den neuen Erziehungsstätten tagsüber betreuen ließen, appelliert, quasi als Gegenleistung etwas für den Aufbau der „Roten Armee" zu tun: „Verdammt. Sitzt nicht auf dem hausgemachten Sofa herum und zählt die Lieben wie kleinkarierte Krämerseelen. Baut den richtigen Verteilerapparat auf, laßt die Hosenscheißer liegen, die Rotkohlfresser, die Sozialarbeiter, die sich doch nur anbiedern, dies Lumpenpack. Kriegt raus, wo die Heime sind und die kinderreichen Familien und das Subproletariat und die proletarischen Frauen, die nur darauf warten, den richtigen in die Fresse zu schlagen. Die werden die Führung übernehmen. Und laßt euch nicht schnappen und lernt von denen, wie man sich nicht schnappen läßt, die verstehen mehr davon als ihr".

Nach diesem Aufruf war es der nächste Schritt, die Benutzer

der Kinderläden an die Konzeption der Stadtguerilla heranzuführen, die es als ihre Aufgabe ansah, „die Verbindung zwischen legalem und illegalem Kampf, zwischen nationalem und internationalem Kampf, zwischen politischem und bewaffnetem Kampf herzustellen“ und zwar unmißverständlich „zwischen der strategischen und taktischen Bestimmung der internationalen kommunistischen Bewegung“. Im „Aktionsrat der Frauen“ und im „Zentralrat der Sozialistischen Kinderläden“ warb Ulrike Meinhof für die „Rote Armee Fraktion“. Aber noch war es nicht soweit, daß die RAF der demokratischen Gesellschaftsordnung den Krieg erklärte. Auseinandersetzungen in den verschiedenen Gruppierungen und ideologische Absplitterungen prägten im Frühjahr 1968 die zerklüftete Szene. Auf einmal alarmierte in Frankfurt am Main eine bis dahin nicht für möglich gehaltene, aus politischen Motiven verübte Tat die Bundesrepublik Deutschland. Es war dies der Anfang jahrzehntelanger Aktionen revolutionärer Gewalt, Terrorismus und kommunistischen Extremismus, die viele Opfer forderten.

II. „Laßt die Kaufhäuser brennen!"

In der Nacht zum 3. April 1968 meldete ein Anrufer aus dem Büro einer Mietwagenfirma beim Lagedienst des Frankfurter Polizeipräsidiums Feuerschein im Kaufhaus Schneider. Gleich zwei Kaufhäuser in der Innenstadt brannten, stellte die Feuerwache wenige Minuten später fest. Beim Absuchen der Etagen nach der Brandursache fanden die Löschmänner den Auslöser: Reste selbstgebastelter Brandsätze. In einer Umkleidekabine lag zudem ein unversehrter, nicht gezündeter Brandsatz sowie eine Plastikflasche mit Benzin, die an einen Uhrwecker als Zeitzünder angeschlossen war. Die Ladung war jedoch ein Blindgänger: Es hatte nicht zur eingestellten Uhrzeit gefunkt. Auch im Kaufhof lagen Reste selbstgebauter Sprengsätze.

Bereits 24 Stunden später nahm die Polizei die mutmaßlichen Brandstifter fest. Es waren aus Berlin angereiste Beobachter der außerordentlichen Bundesdelegiertenversammlung des „Sozialistischen Deutschen Studentenbundes" (SDS), über dem bereits das Damoklesschwert des Verbotes wegen Anstiftung und Durchführung strafbarer Handlungen schwebte. Die vier der Brandlegung Beschuldigten waren die Studentin Gudrun Ensslin, ihr Begleiter Andreas Baader, der weder studierte noch einer anderen Ausbildung nachging, sowie ein weiterer Student und ein Schauspieler, der am Münchner „Actionstheater" auftrat. Sie hatten seit dem 31. März in einem leeren Zimmer eines Apartmenthauses in der Beethovenstraße 3a gewohnt, nur wenige Hundert Meter vom Polizeipräsidium entfernt. In ihrem Volkswagen mit West-Berliner Kennzeichen fand die Polizei Indizien, die das Quartett in den Verdacht des politisch-militanten Zündelns in den beiden Kaufhäusern brachten; Teile von Weckern, Tesaband der gleichen Farbe, wie es an den Brandsätzen benutzt worden war, und ein Flugblatt „Heimwerkertip" für den Selbstbau kleiner Sprengsätze.

Derartige „Rezepte" wurden jetzt zunehmend an Hochschulen und unter Lehrlingen verschiedener Großunternehmen verteilt. „Kennst Du den Unterschied zwischen Demokratie und Anarchie?“ wurden Schüler auf einem Flugblatt angemacht, wie es im APO-Jargon hieß. „Nein, Du kennst ihn nicht? In der Demokratie darfst Du sagen, was Du willst. Ein Anarchist aber tut, was er will!“

Für Berlin wurde die Parole ausgegeben: „Wer noch einem Pig vertraut, dem hat man das Gehirn geklaut! Und wer seine Schule besucht hat, aber trotzdem gerne weise werden möchte, der komme nach Berlin: die Steine der Weisen liegen auf dem Ku-Damm!“ In der geteilten Stadt, eines der Zentren der anarcho-terroristischen Szene, wurden bereits Pläne geschmiedet, den Stadtteil Kreuzberg in einen autonomen Bezirk zu verwandeln; Jungmarxisten dachten damals an eine Rätekommune.

Die Frankfurter Polizei interessierte zu diesem Zeitpunkt nicht so sehr die Herkunft der geständigen Brandstifter, sondern vielmehr die Motive ihrer Tat. Die 27jährige Germanistikstudentin Ensslin, eine Pfarrerstochter aus Schwaben, war nach einem Studienaufenthalt in den USA mit politischen Vorstellungen amerikanischer „Weathermen“ zurückgekehrt. Mit ihrem Freund Andreas Baader sprach die Schwäbin, die eine der Schlüsselfiguren des deutschen Terrorismus werden sollte, über die „Wetterleute“. Im Sommer 1967 hatten sie sich in der Berliner Wohnung eines Freundes der Ensslin zum erstenmal getroffen. Dort rauchten sie Haschisch. Baader wollte als erste revolutionäre Tat den Turm der Kaiser-Wilhelm-Gedächtnis-Kirche am Zoo sprengen. Schließlich gab er sich mit Rauchkerzen zufrieden. Vor und nach dem Schah-Besuch am 2. Juni 1967 war er nicht in Berlin, sondern saß in Traunstein, in seiner oberbayerischen Heimat, eine Jugendstrafe wegen Fahrens ohne Führerschein und Motorraddiebstahl ab.

Rivalisierende Militante der Berliner Kommune I sprachen nach den Kaufhausbrandstiftungen hämisch von Dilettantismus und psychischem Versagen, Baader und die Ensslin hätten geradezu in den Knast gewollt. Der Sohn eines bayerischen

Historikers, der im Rußlandfeldzug gefallen war, war leicht empfänglich für Mollis und Pulverdampf. Er war bis etwa 1968 ein „Nobody" in der Szene, in der er nur mit Hilfe der Ensslin Fuß fassen konnte. Vorübergehend lebten sie in der „K I". Beim Frühstück im Caféhaus am Kurfürstendamm Ecke Uhlandstraße entwickelte Baader Pläne für kleine Gruppen, die nach seinen Anweisungen operieren sollten. Von Gudrun Ensslin erfuhr er, daß die Weathermen – militante Anarchisten und Studenten – nebst überall anzutreffenden Berufsdemonstranten – den Schlagersänger Bob Dylan als Werbeträger für Aktionen benutzten. Der linke amerikanische Studentenbund SDS („Students for a Democratic Society"), in dem auch Trotzkisten für ihre Politik warben, entwickelte einen Slogan aus Dylans berühmten Song „Subterranean Homesick Blues": „You don't have to be a weatherman to know which way the wind is blowing." Ohne amerikanische Probleme näher zu kennen, ließen sich idealistische Anhänger der Kommunen in Deutschland zunehmend von linksextremistischen Rädelsführern mitreißen. Der Gedanke von Gudrun Ensslin und Andreas Baader, in mehreren Frankfurter Kaufhäusern Brandsätze zu zünden, war mit der Erwartung verbunden, ein Signal zu setzen und „die Massen" zu aktivieren.

Die Frankfurter Staatsanwaltschaft klagte die Vier vor dem Landgericht wegen versuchter gemeinschaftlich begangener menschengefährdender Brandstiftung an . Bei der Verteidigung traten die Berliner Anwälte Otto Schily und Horst Mahler auf, die beide später wichtige Rollen spielen sollten. In der Vernehmung erklärte Gudrun Ensslin, die es nach vorausgegangener Ablehnung ihres Antrages beim zweitenmal geschafft hatte, ein Stipendium der renommierten „Studienstiftung des Deutschen Volkes" zu bekommen, ihr Tatmotiv. „Wir haben es aus Protest gegen die Gleichgültigkeit gegenüber dem Krieg in Vietnam gemacht. Die USA machen in Vietnam eine Probe aufs Exempel, damit der Reichtum Amerikas erhalten bleibt. Wir lebten in der Furcht, daß verbale Proteste gegen den Krieg unserer Gesellschaft nur als Alibi dienen. Wir haben gelernt, daß Reden ohne Handeln unrecht ist. Sie können feststellen, daß es Ohnmacht ist." Sie meinte: „Sehr oft steht auf der Seite der Ohnmacht das Recht. Die Tat war ein Fehler und ein Irrtum. Aber darüber will ich nicht mit Ihnen diskutieren. Darüber werde ich mit anderen reden müssen." Andreas Baader zog zu seiner Verteidigung revolutionäre Philosophien des damals siebzigjährigen linken Professors Herbert Marcuse – allerdings aus dem Zusammenhang gerissen – heran: „Aber ich glaube, daß es für unterdrückte und überwältigte Minderheiten ein ‚Naturrecht' auf Widerstand gibt, außergesetzliche Mittel anzuwenden, sobald die gesetzlichen sich als unzulänglich herausgestellt haben." Der Gerichtsvorsitzende ließ sich nicht darauf ein, das Recht auf Widerstand in einer Diktatur wie derjenigen, die in Deutschland 1945 besiegt worden war, auf demokratische Auseinandersetzungen mit der frei gewählten parlamentarischen Ordnung in der Bundesrepublik Deutschland anzuwenden. In der Urteilsbegründung für je drei Jahre Haft für die Brandstifter erklärte der Richter: „Die Beweggründe für das strafbare Tun der Täter und die von ihnen verfolgten revolutionären Ziele haben ihren Ursprung in den gesellschaftspolitischen Auseinandersetzungen der letzten Jahre, die durch die antiautoritäre Studentenbewegung, repräsentiert durch den SDS, und andere Kräfte der außerparlamentarischen Opposition ausgelöst wurden. Auf dem Höhepunkt der Studentenrevolte beabsichtigten Andreas Baader und seine Mittäter durch die am 2. April 1968 gelegten Kaufhausbrände ein ‚Fanal' zu setzen, um die Massen zu aktivieren." Die Verurteilten seien zutiefst davon überzeugt, daß „die bestehende Gesellschaftsordnung, der Kapitalismus, speziell auch die bundesdeutsche Rechtsordnung, nur Ausdruck der bestehenden Gewaltverhältnisse seien, die radikal umgestürzt werden müsse. Sie hielten eine friedliche, gewaltlose Veränderung der bestehenden ‚Klassenherrschaft' nicht mehr für möglich." An diesen Kernsätzen des ersten großen Prozesses wegen einer kriminellen, politisch motivierten Straftat, sollte sich im folgenden Jahrzehnt wenig ändern. Unter vielen unzufriedenen Studenten, keineswegs eine nur auf die sechziger Jahre in Deutschland beschränkte Erscheinung, die schließlich doch ihr Studium beendeten und in akademischen Berufen, oft als Lehrer und Juristen, sich einzuordnen lernten, machten sich Baader, Gudrun Ensslin und ihre Mitkämpfer die Unrast der jungen Generation zunutze, um das Fundament der freiheitlichen Ordnung in der Bundesrepublik Deutschland zu zerstören.

Michael „Bommi" Baumann, der zu den Mitläufern der Berliner Kommune I gehörte und sich aus der „Bewegung 2. Juni" nach London absetzte, bevor der damalige Berliner CDU-Landesvorsitzende Peter Lorenz entführt wurde, charakterisierte später die Lage im Frühjahr 1968 zutreffend: „Wer die knallhärtesten Taten bringt, der gibt die Richtung an." Welche Emotionen die Brände in den Kaufhäusern aufrührten, stellte sich eine Woche später, am Gründonnerstag 1968, heraus.

Am 11. April 1968 wartete der 23jährige vorbestrafte Anstreicher Josef Bachmann vor dem SDS-Haus am Kurfürstendamm 140. Er war am Vormittag mit dem Zug aus München in Berlin angekommen. In der Öffentlichkeit herrschte damals noch Erregung über das tödliche Attentat knapp einen Monat zuvor auf Pastor Martin Luther King, den Prediger der Gewaltlosigkeit unter den amerikanischen Farbigen. Als der SDS-Funktionär Rudi Dutschke mit dem Fahrrad aus dem Haus kam, feuerte Bachmann drei Schüsse auf ihn ab, die ihn am Kopf und an der Schulter schwer verletzten.

Beim SDS war das Attentat durch einen Rechtsextremisten, der sich später in der Zelle im Gefängnis Berlin-Tegel das Leben nahm, das Signal für den Aufruf zu einer Blut- und Flammen-Demonstration. „Dieses Attentat auf Dutschke ist auf die Manipulation der Springer-Presse zurückzuführen", riefen Redner des SDS und des „Republikanischen Clubs" am Abend des Gründonnerstag bei einem Meeting im Auditorium Maximum der Technischen Universität. Die Parole wurde ausgegeben, nicht nur vor dem Verlagshaus an der Kochstraße zu demonstrieren, sondern die Redaktionen zu stürmen und zugleich die Zeitungswagen in Brand zu setzen. „Mörder! Springer-Mörder! Springer raus aus West-Berlin! Bild hat mitgeschossen!" skandierten die Demonstranten und schwenkten rote Fahnen hinter Fackelträgern.

Kurz nach 22 Uhr zog der Marschzug durch die Kochstraße, die unmittelbar an der Mauer der Ostberliner Grenzanlagen liegt. Steine und Fackeln flogen gegen die gläserne Eingangsfront des 19stöckigen Hochhauses. Die Polizei hatte das Haus umstellt und verhinderte einen Durchbruch in das Foyer, hinter dem sich das fast 100 Jahre alte Ullstein-Literatur-Archiv befand, das bis auf einige Bestände über den Bombenkrieg gerettet worden war. Die Demonstranten bildeten Ketten und reichten Pflastersteine aus den Nebenstraßen zur Werfer-Truppe, andere Marschierer versuchten Einsatzfahrzeuge der Polizei zu entern, während eine dritte Gruppe die Fahrzeuge in der Wagenhalle des Verlages in Brand setzte. Einige ins Foyer eingedrungene Extremisten wurden von Arbeitern ins Freie zurückgedrängt. Es gelang der Polizei schließlich, den Ansturm abzuwehren. Unter den bekannten Marschierern wurden erstmals Ulrike Meinhof und Horst Mahler gemeinsam erwähnt. Es ist sicherlich nicht abwegig, wenn Beobachter davon ausgehen, daß an diesem Abend die Weichen für die „Rote Armee Fraktion" gestellt wurden. Ulrike Meinhofs Auto diente als „Blockadewerkzeug".

Auf einem teach-in in der Technischen Universität rechtfertigte Ulrike Meinhof, die als Publizistin und Kolumnistin für die beim Start in den fünfziger Jahren von der DDR finanzierte Hamburger Studentenzeitschrift „Konkret" in West-Berlin lebte, die nächtlichen Ausschreitungen: „Wirft man einen Stein, so ist das eine strafbare Handlung. Werden tausend Steine geworfen, so ist das eine politische Aktion. Zündet man ein Auto an, ist das eine strafbare Handlung, werden hunderte Autos angezündet, ist das eine politische Aktion." In dieser Osterwoche kamen bei Parallel-Demonstrationen in München zwei junge Männer ums Leben – der Fotograf Klaus Frings und der Student Rüdiger Schreck. In einer Straßenschlacht wurden sie durch

Steinwürfe so schwer verletzt, daß sie im Krankenhaus starben. In Dokumentationen linker Autoren über die Münchner Krawalle werden heute noch die Steinwürfe als Todesursache unterschlagen. Wer tatsächlich für ihren Tod verantwortlich sei, habe bis heute nicht geklärt werden können, heißt es bei den Legendenschreibern. Erwiesen ist jedoch, daß eine Einwirkung etwa durch Schußwaffen der Polizei oder Schlagstöcke für die Verletzungen nicht in Frage kamen.

Die Opfer hatten sich einem Demonstrationszug angeschlossen, den Bewohner der Münchner Kommune in der Einsteinstraße mit Studentengruppen gebildet hatten. Von der Leopoldstraße zogen sie durch die Akademie- und Türkenstraße zur Schellingstraße und versuchten das Buchgewerbehaus zu stürmen, in dem die Münchner Lokalausgabe der Bildzeitung hergestellt wurde. Am nächsten Tag begann eine dreitägige Belagerung der Druckerei, um die Auslieferung der Zeitung zu verhindern. Bei der „Schlacht in der Barer Straße“ wurden etwa 150 Beteiligte vorübergehend festgenommen.

Der Student Rolf Pohle, der sich später dem terroristischen Untergrund anschloß, gründete daraufhin die Rechtshilfe der Außerparlamentarischen Opposition. Der Referendar trat dabei auch als Rechtsberater angeklagter Demonstranten und Gewalttäter vor Gericht auf. Als einige Genossen mitdemonstrierende Gammler und Hippies von der Rechtshilfe ausschließen wollten, erklärte einer der damaligen Pohle-Mitarbeiter: „Im Potential der Linken schlummern Kräfte, von deren Vorhandensein man wohl seit langem wußte, deren offensichtlicher Ausbruch in seiner Intensität jedoch kaum faßbar erscheint.“ Während ihrer Tätigkeit legte die Rechtshilfe eine Kartei von etwa 1200 Personen in München an; die Daten dienten gleichzeitig für die Benachrichtigung zu Aktionen durch Telefonketten.

In dem Büro an der Karl-Theodor-Straße wurde im Frühsommer 1968 auch die Ebracher Knast-Kampagne, ein militantes Meeting linksradikaler Gruppen vorwiegend aus Süd- und Südwestdeutschland sowie aus Berlin organisiert. Auf diesem Treffen kristallisierten sich die terroristischen Stoßtrupps der nächsten Jahre schärfer als bei vorausgegangenen Demonstrationen in Berlin und München heraus. Das Knastcamp war eine der ersten überregionalen Aktionen gegen Justiz und Strafvollzug in der Bundesrepublik Deutschland. Erstmals kamen auch Genossen aus Italien nach Deutschland. Ihre Reise wurde von dem Verleger und Millionär Giangiacomo Feltrinelli, der sich als marxistischer Revolutionär empfand, finanziert. Mit seiner deutschen Ehefrau fuhr er im Urlaub auf die Insel Sylt. „Kommt massenhaft zur roten Knastwoche nach Ebrach", verbreitete der von der Kommune I mit den Münchner Kommunarden gebildete „Zentralrat der umherschweifenden Haschrebellen". Ebrach ist eine Gemeinde zwichen Bamberg und Würzburg in Unterfranken, unweit der Ausfahrt Geiselwind an der Autobahn Frankfurt-Nürnberg. Der Anlaß für das Camp war die Einweisung eines Kommunarden, den ein Münchner Gericht zu acht Monaten Gefängnis verurteilt hatte, in die Ebracher Haftanstalt. Der 21jährige war Mitte Januar 1968 mit einigen Freunden in Polizeiuniform in Vorlesungen der Professoren Kuhn und Maurach in der Ludwig-Maximilians-Universität eingedrungen, um die Lehrveranstaltungen „zu schützen". Mit der Maskerade wollten die Studenten angeblich dagegen protestieren, daß die Münchner Polizei Universitätsveranstaltungen durch Beamte in Zivil gegen Störer zu sichern versuchte. Am 30. Januar 1968 beobachteten dann Polizisten, wie der Kommunarde bei einer Demonstration vor dem griechischen Generalkonsulat in München einen Stein gegen das Gebäude schleuderte.

„Mit dem Joint in der Hand – Revolution auf dem Land". Unter dieser Parole versammelten sich ab 15. Juli 1968 mehrere Hundert Revoluzzer in einem Zelt vor der fränkischen Gemeinde. Vor dem Aufbruch nach Ebrach waren die Demonstranten durch Handzettel mit der Lageskizze des Ortes aufgefordert worden, Steinschleudern, Granatwerfer, viel Farbe, Messer, Häftlingskleidung, Spraydosen, Knaller, Megaphone, Lautsprecheranlagen und Verbandszeug mitzubringen. Bei der „Knastaktion" drangen Kommunarden, darunter Fritz Teufel, Dieter Kunzelmann, Georg von Rauch und Ingrid Siepmann, von denen noch die Rede sein wird, in das Landratsamt Ebrach ein und warfen Akten auf die Straße. Die Befreiung gelang jedoch nicht. Der Genosse im Ebracher Gefängnis war, wie sich herausstellte, Akten auf die Straße. Die Befreiung Wetters gelang jedoch nicht. Der Genosse im Ebracher Gefängnis war, wie sich herausstellte, nur Synonym für den Plan, bundesweit eine Kampagne zur Freilassung von Häftlingen zu organisieren. In München wurde ein Jahr darauf Rolf Pohle, der frühere Asta-Vorsitzende der Universität, zu einem Jahr und drei Monaten Gefängnis verurteilt. Die Justiz der bayerischen Landeshauptstadt ließ sich nicht einschüchtern, was nach Ansicht von politischen Beobachtern dazu führte, daß sich die terroristischen Schauplätze nach West-Berlin, Hamburg, Baden-Württemberg, Nordrhein-Westfalen und Hessen verlagerten. Die „Süddeutsche Zeitung" kritisierte am 29. Mai 1969 das Urteil: „15 Monate Gefängnis, das ist angesichts des grotesken Mißverhältnisses von Unrechtsgehalt der Tat und Ausmaß der Strafe ein Abschreckungsurteil, ein Exzess der Justiz zur rücksichtslosen Durchsetzung der Staatsraison." Es blieb in den darauffolgenden Jahren verhältnismäßig ruhig in Bayern.

Umso schärfer entwickelte sich in Berlin die Auseinandersetzung mit Polizei, Justiz und Hochschullehrern. Seit Mai 1968 hatte die dortige Staatsanwaltschaft beim Landgericht bereits etwa 1800 Ermittlungsverfahren gegen Angehörige der Außerparlamentarischen Opposition, denen Teilnahme an gewalttätigen Aktionen vorgeworfen wurde, eingeleitet. Nach Münchner Muster waren an den Universitäten „Justizreferate" und „Ermittlungsausschüsse" gebildet worden, die sich später in der „Rote Hilfe" (RH) vereinigten, einer Organisation, die an eine Hilfsorganisation gleichen Namens der Kommunistischen Partei Deutschlands (KPD) in der Weimarer Republik anknüpfte.

Ein Ehrengerichtsverfahren der Berliner Rechtsanwaltskammer gegen ihr Mitglied Horst Mahler wurde von der bis dahin schwersten Straßenschlacht in der geteilten Stadt begleitet. In dieser Auseinandersetzung vor dem Zivilgericht am Tegeler Weg wurden 130 Polizeibeamte und 22 Demonstranten zum Teil erheblich verletzt. Die Radikalen hatten erstmals Unterstützer aus Kneipen herangeholt, die unter Alkoholeinfluß standen. Die Polizisten, die den ungestörten Verlauf des Ehrengerichtsverfahrens sicherten, wurden mit einem Steinhagel überschüttet, dem sie sich nahezu wehrlos ausgesetzt sahen. Bei diesem Schlagabtausch behielten die Angreifer aus den Kommunen, Anarcho-Zirkeln, Hörsälen und Rockertreffs die Oberhand über die Polizei, die unter dem Eindruck der blutigen Opfer in den eigenen Reihen zunächst den Rückzug antrat.

Die Steinschlacht am Tegeler Weg hatte damals nicht übersehbare Folgen für die nächsten Jahre. Der Berliner Senat, der von der SPD gebildet wurde, vermied es, politisch durchzugreifen und gegen die Rädelsführer der gewalttätigen Auseinandersetzungen vorzugehen. Im Rathaus Schöneberg überließ man es der Staatsanwaltschaft, mit einer Fülle von Ermittlungsverfahren Konsequenzen zu ziehen. Lediglich die Ausrüstung der Polizei wurde den neuen Steinzeitmethoden angepaßt. So wurde der fast hundert Jahre alte Schako, ein Helm, der Autorität ausstrahlen sollte und gegen Regen schützte, ausgemustert, und die Beamten erhielten Helme, die gegen Wurfgeschosse Schutz boten. Ein gesonderter Gesichtsschutz, Kunststoffschilde und lange Schlagstöcke versetzten die Polizisten in die Lage, Angriffe besser abzuwehren. Die Politiker behandelten jedoch nur die Wirkung, unternahmen aber nichts gegen die Ursachen der nun rasch um sich greifenden Gewalt. Anders als München wurde Berlin der Startplatz des deutschen Terrorismus.

III. Reichtum beeindruckt

Auf dem norditalienischen Schloß Villadeati im Hügelland vor Piemont fühlte sich Ulrike Meinhof ins vorige Jahrhundert zurückversetzt. „Das war ein richtiges Millionärsschloß mit Köchen und flotten Chauffeuren und treuen Dienern", erzählte später ihr Mann Klaus Rainer Röhl. Von hier aus knüpfte Schloßherr Giangiacomo Feltrinelli, der Verleger der Linksradikalen, Kontakte zu den Revoluzzern, denen die Kommunistische Partei Italiens zu spießig erschien. Da waren die Gruppierungen der „Lotta continua", die den permanenten Kampf ausriefen, und die „Potere operario", die „Arbeitermacht", die erklärte, für die Arbeitslosen und Asylanten zu kämpfen. „In diesem durch nichts getrübten Reichtum lief Giangiacomo F. in verwaschenen Jeans mißmutig herum, das väterliche Millionenerbe noch durch linke Modebücher kräftig vermehrend", berichtete Röhl. Sein Reichtum verfehlte auch bei Ulrike Meinhof nicht seine Wirkung. Sie seien „echte Wahlverwandte" gewesen, schrieb Röhl in seinen Erinnerungen („Fünf Finger sind keine Faust"). Etwa zur gleichen Zeit sagten sich die deutsche Publizistin und der italienische Verleger von Ehe und Geschäft los, gingen zum bewaffneten Kampf im Untergrund über. Der Unterschied war nur, wie ihr zu diesem Zeitpunkt geschiedener Mann bemerkte, „daß Feltrinelli das Geld nicht erst unter erheblichen Risiken bei Bankfilialen ‚enteignen' mußte: Er brauchte es nur von seinem Konto abzuheben."

Im milden Piemonter Spätsommerlicht hörten die Gäste aus Deutschland wiederholt die Schallplatte „Whiter Shade of Pale" und ließen sich Geschichten von Feltrinellis Besuchen bei Fidel Castro erzählen. Bei der Rückkehr von Kuba träumte er davon, aus Sardinien ein Kuba des Mittelmeeres zu machen.

Kennengelernt hatten sich Ulrike Meinhof und Feltrinelli durch die deutsche Ehefrau des italienischen Großverlegers und Industriellen. Im Sommer 1967 war die „Konkret"-Kolumnistin in Kampen auf der Insel Sylt ein Star der Hamburger Gesellschaft. „Sie informierte die über die neue Entwicklung erstaunte, aber sehr interessierte Gesellschaft sozusagen aus erster Hand über die Lage“, erzählte Klaus Rainer Röhl. Sein Eindruck: „Es war, als wenn man zur Zeit der Indianeraufstände einen Eingeborenen-Häuptling in seiner Hütte, hier, (in Kampen) nackt, in seinem Strandkorb in der Nähe der Buhne 16, besuchte. Ulrike wurde nicht verlacht, bespöttelt oder gar verachtet, sie war charmant, schön, geistreich, in der Diskussion jedermann überlegen, sie war, wie diese Leute sagen – ‚gescheit‘.“

Ihr selber wurde die Lage nach Einschätzung des mitgereisten Ehemannes „zwischen Heimkindern und Gastarbeiterunterkünften einerseits, und Reich-Ranicki und Augstein, Regnier, Monk und Gaus andererseits, langsam unheimlich.“ Sie hatte zwei Jahre zuvor ihrem Mann bei einem Besuch der Insel die Reportage „Die Nackten und die Reichen“ vorgeschlagen, jene Leute, die, so Röhl, „in unseren Artikeln (in ‚Konkret‘) pauschalisierend und ohne jede Detailkenntnis als die Reichen, die Ausbeuter, ‚die da oben‘ beschrieben wurden, als eine anonyme konturlose Masse.“ Ihm schien jede journalistische Agitation taktisch besser bei dem Hermelinmantel des letzten Krupp-Erben angesetzt, wie er meinte, als wie bisher im linken Journalismus, nur bei den Häusermieten der Krupp-Arbeiter. Nach der Bekanntschaft mit den Feltrinellis spielte der Multi-Millionär eine feste Rolle in der Planung der kleinen Gruppen in Deutschland für den bewaffneten Kampf. Sein Tod beim Bombenlegen und die Verhaftung Ulrike Meinhofs fielen zeitlich fast zusammen.

Unter einem Hochspannungsmast in Segrate, einem Vorort von Mailand, verbellte am 15. März 1972 der Hund eines Bauern einen männlichen Torso. Neben der Leiche lagen 42 je 150 g schwere Dynamit-Kapseln, wie sie bei Sprengungen in Steinbrüchen verwendet werden. Der Tote trug eine Jacke im Military-Look. In seiner Tasche steckte ein Personalausweis auf den Namen Vincenzo Maggioni, geb. 26. Juni 1926 in Novi Ligure

(Alessandria), ein Führerschein, Fotos einer jungen Frau und eines Kindes, 300 000 Lire und ein kubanisches Gewichtsstück.

Die Identifizierung des von einer Sprengladung zerfetzten Leichnams erregte 48 Stunden später weltweites Aufsehen. Der Tote von Segrate war Giangiacomo Feltrinelli. Der Chef eines der führenden und umstrittensten Buchverlage der Welt, Millionär und Terrorist, machte zum letzten Mal Schlagzeilen. Sein Deckname bei der geplanten Sprengung am Hochspannungsmast, einem Anschlag auf die Stromversorgung Mailands, lautete: „Kommandant Fabrizio". Sein Tod war offenbar ein Unglücksfall. Eine Kapsel war ihm in den Händen detoniert. Der Versuch, die Lichter Mailands zu löschen, war der letzte Auftritt Feltrinellis in der internationalen Terror-Szene.

Die Polizei hatte es nicht schwer, das konspirative Leben und Wirken dieses Mannes zu rekonstruieren; denn er hatte jede Phase seiner Aktivitäten in einem Tagebuch notiert. Die Terror-Organisation, die bis zu seinem Tod entstanden war, wird in einem Dossier der italienischen Sicherheitsbehörden mit Superlativen bedacht. Einen Apparat vergleichbarer Qualität habe es nach dem Zweiten Weltkrieg in Italien, vielleicht sogar in ganz Europa, nicht gegeben. Die Urteile der Sicherheitsbehörden über Feltrinelli:

- „Ein hochgradiger, bis zu den äußersten Grenzen gehender Fanatismus."
- „Eine ungewöhnliche, wenn auch durch Wahnsinnsanwandlungen irregeleitete Intelligenz."
- „. . . ein Vermögen, das er zum Teil geerbt, zum anderen Teil selbst erworben und gewinnbringend angelegt hat."

Mit schier unerschöpflicher Phantasie und fanatischer Besessenheit hatte sich Feltrinelli in den weltweiten Untergrundkampf gestürzt. Schon als Zwanzigjährigen zog es ihn nach linksaußen: Nach zweijähriger Mitgliedschaft in der Sozialistischen Partei trat er 1948 in die Kommunistische Partei Italiens ein.

Der Sproß einer lombardischen Industriellenfamilie und eines österreichischen Adelsgeschlechts finanzierte mit vollen Händen revolutionäre Bewegungen. Auch der tschechoslowakische Geheimdienst sah in ihm eine ergiebige Quelle.

1955 gründete er das auf seinen Namen eingetragene Verlagshaus. In diese Zeit fällt sein Wandel vom Kommunisten Moskauer Schule zum Trotzkisten und schließlich der Übergang zum Anarchismus. Fidel Castro wurde ihm Vorbild und Objekt einer glühenden Verehrung.

Den Punkt der äußersten Linken, auf dem er bis zu seinem Tode verweilen sollte, erreichte Feltrinelli bei seinem ersten Besuch in Kuba. Der Insel-Diktator empfing den Mäzen seiner Revolution mit ausgebreiteten Armen. Der Gast setzte den neuen Glauben sofort in eine Tat um. In Bolivien versuchte er, Regis Debray aus der Haft zu befreien. Die Behörden des Landes hatten den französischen Schriftsteller wegen der Zusammenarbeit mit Guerilleros eingesperrt. Feltrinelli wurde in La Paz festgenommen und des Landes verwiesen. Zum Zeichen seiner Solidarität mit Debray gab er dessen Essay „Revolution dans la revolution" heraus.

Unter dem Eindruck der Erlebnisse in Kuba und Bolivien setzte sich in Feltrinellis Kopf die Idee fest, das Leben voll und ganz der Weltrevolution zu widmen. Am Ende sollte nach der Zerstörung aller Staatsautoritäten das Weltreich der anarchistischen Freiheit stehen: Eine Welt ohne Zwang, ohne Beschränkungen, ohne Grenzen – das Paradies. Unaufhaltsam zog der schwere Traum den genialischen Narren in den Untergrund.

Zunächst aber versuchte er im Sturmangriff, aus dem Stand eine Idee in einer kleinen Weltecke, in Sardinien, zu verwirklichen. Die Insel sollte sich in ein „Kuba des Mittelmeeres" verwandeln. Nach der Rückkehr aus Bolivien nahm Feltrinelli Verbindung mit dem Bandenführer Graziano Mesina auf und versprach ihm eine Führungsrolle in der künftigen „Sardischen Revolutionären Armee". Mesina war dafür bekannt, daß er die Polizei planmäßig und geschickt zu Gegenaktionen provozierte, die bei zahlreichen Inselbewohnern Sympathie für den Banditen weckte. Aber der sardische Mafioso lehnte den „Salonbolschewisten" aus dem

Norden instinktiv ab. Mit wahnwitziger Weltrevolution wollten die Sarden nichts zu tun haben. Nach dieser neuen Erfahrung ging Feltrinelli daran, eine eigene revolutionäre Bewegung zu bilden.

Er sammelte und organisierte alles, was der Extremismus zu bieten hatte: Außerparlamentarische Protestbewegungen, Maoisten, Trotzkisten, Castristen, revolutionäre Studenten, Ouvrieristen (Gewerkschaftsanarchisten) und Anarchisten mit undefinierbaren Zielsetzungen. Der Sozialistische Deutsche Studentenbund (SDS) feierte ihn als Vorkämpfer einer neuen Epoche. Nach dem Attentat auf Rudi Dutschke organisierte er am 4. Mai 1968 in Mailand eine Solidaritätskundgebung für Dutschke. Wenig später gründete er die kurzlebige marxistisch-leninistische Organisation „Hammer und Sichel". Seine Aufrufe fanden jedoch nur wenig Anklang.

Die Enttäuschung darüber ließ Feltrinelli immer hektischer nach Ansatzpunkten für Revolutionsherde suchen. Er dehnte das Netz seiner Beziehungen, Korrespondenzen und gegenseitigen Besuche über die Linksextremisten-Szenen von Paris, West-Berlin, Frankfurt und Zürich auf Griechenland und Südamerika aus. Er erkannte die Bedeutung Zyperns als Sitz kommunistischer „Frontorganisationen" im Mittelmeer.

Von 1970 an trat er in Italien nicht mehr unter seinem Namen auf. Es ist nicht bekannt geworden, ob er sich von Ulrike Meinhof inspiriert fühlte, zur gleichen Zeit wie sie mit der „Roten Armee Fraktion", ebenfalls in den Untergrund zu gehen. Der Guerillero Feltrinelli reiste mit dem belgischen Personalausweis Nr. 892552, ausgestellt in Uccle auf den Namen Ingenieur Jacques Fischer. Unter dieser Identität stieg er in Hotels in Lugano ab. Bei einer fünften Reise nach Lugano benutzte er einen Paß auf den Namen Jacques Matras, Architekt. An der Grenze zur Tschechoslowakei wies er einen Paß vor, der auf den „Privatier Giancarlo Scotti" ausgestellt war. Der tote Feltrinelli trug einen italienischen Ausweis Nr. 01325165, ausgestellt in Mailand, bei sich. Als „Vincenzo Maggioni" war er in vier Hotels „unterster Kategorie" in Zürich abgestiegen.

Von einer Reise nach Prag kehrte er mit dem Italiener Augusto Viell zurück, der von der Polizei wegen Raubmordes gesucht wurde. Viell gehörte zur GAP, der „Group d'Action Partisane“, in deren Führungskreis wiederum Feltrinelli saß. Die Sicherheitsbehörden gingen davon aus, daß ein Besuch im Ostblock mit falschem Paß ohne vorherigen Kontakt mit dem Geheimdienst des Gastlandes nicht möglich sei. Augusto Viell sagte später aus, Feltrinelli habe ihn „in einer Villa in der Tschechoslowakei“ abgeholt, in der noch andere Gäste gewesen seien; der Verleger habe ihn über Mailand in ein afrikanisches Land schleusen wollen. Erst nach Feltrinellis Tod fand die Polizei in den sichergestellten Papieren die Namen von Gesinnungsgenossen, darunter auch den von Augusto Viell.

Verschiedene Faktoren hatten die Entwicklung Feltrinellis zur Verwandlung in den Guerillero geprägt. In kommunistischen Kreisen wurde er als nützlicher Idiot, wie Lenin einmal solche kapitalistischen Unterstützer genannt hatte, gehätschelt. Im Ausland war er häufiger Gast linksextremistischer Kreise, die seine Hilfe bei der ideologischen Beeinflussung und zum Aufwiegeln von Gastarbeitern in Deutschland suchten. Prag war für ihn eine Schaltstelle subversiver kommunistischer Auslandsaktionen. Feltrinelli hatte sich vorgenommen, von einer Phase, die Experten später als Versuchsphase bezeichneten, und die von diversen bewaffneten Aktionen wie Attentate, Raub und Entführungen gezeichnet war, zum Aufbau einer Stadtguerilla mit einem Netz von Stützpunkten in Italien, Frankreich, der Schweiz und der Bundesrepublik Deutschland überzugehen. Sein Tod vereitelte die Pläne, nationale Gruppen zu vereinigen. Erst nach seinem Ende war es Polizei und Justiz in Italien möglich, gegen den ums Leben gekommenen Industriellen und Verleger systematisch zu ermitteln – mit Hausdurchsuchungen, Vernehmungen und Haftbefehlen gegen Terroristen, wie es vordem nicht möglich gewesen war.

Die Menge des Materials, das nach seinem Tod in zahlreichen Verstecken gefunden wurde, machte den Sicherheitsbehörden deutlich, was Feltrinelli sich für die nahe Zukunft vorgenommen hatte. Guerilla-Handbücher, Anweisungen für den Gebrauch diverser Waffen und die Herstellung komplizierter Geräte, chemische Formeln für Spreng- und Kampfstoffe, Schaltbilder für Zeitzünder, ein gutsortiertes Lager an Gewehren, Revolvern und Maschinenpistolen sowie Handgranaten und Minen wiesen darauf hin, daß Feltrinelli alias Fabrizio, alias Oswaldo, sich anschickte, den Befehl über eine Stadt-Guerilla zu übernehmen, die zunächst im Norden Italiens operieren sollte. Aus den sichergestellten Unterlagen, die einen Maßstab für seine Pläne boten, stellten die Behörden in einem Dossier folgendes fest: 1. Vorbereitungen für den Überfall auf das Kommando-Gebäude der Marine in Ancona; ein vollständiger Lageplan zeigte jede Etage der Befehlsstelle mit den Bezeichnungen der Lage des Kassenbüros und der Wachposten einschließlich dem Zeitplan der Wachen. 2. Eine Karte mit dem Schema der technischen Verbindungen zwischen den Kommandos der Carabineri in ganz Italien. 3. Eine 35 Seiten starke, maschinengeschriebene Abhandlung über den politischen, organisatorischen und technischen Aspekt des Terrors mit Schaltbildern für Bomben an Leitungsmasten und Eisenbahnschienen; dazu Pläne für Überfälle auf Banken und Kasernen. 4. Praktische Anweisungen für die Herstellung von Tränengas und für den waffenlosen Einzelkampf. 5. Eine 17 Seiten starke Dokumentation über das Fälschen von Papieren. 6. Anweisungen zum Verhalten eines Festgenommenen vor der Polizei, vor dem Richter und im Gefängnis. 7. Hunderte von Zeitungsausschnitten mit Fotos und Beschreibungen der Lebensgewohnheiten einschließlich der Anschriften der wichtigsten Repräsentanten des italienischen Finanzwesens.

Vom operativen Gesichtspunkt her brauchte Feltrinelli Stützpunkte außerhalb seiner Zentrale in Mailand, um von einer Stadt als Hauptquartier schließlich zu überregionalen Aktionen nach Art der Partisanen im ganzen Land übergehen zu können. So hatte er bereits im Sommer 1969 in der Nähe von Novi Liguri zwei Bauernhöfe erworben und mit Waffen und anderem Gerät ausgestattet. Ein anderer Stützpunkt befand sich in Vergato in der Nähe von Bologna. Auch in der Schweiz bereitete er eine Basis vor, in einem nahe der italienischen Grenze gelegenen Ort, angelehnt an Mailand, seinem wichtigsten Operationszentrum. Bei der Anmietung von Wohnungen und der Beschaffung von Kraftfahrzeugen arbeitete Feltrinelli nach den auch von der deutschen Baader-Meinhof-Bande angewandten Methoden. So schloß er Mietverträge und Kaufabschlüsse unter der Identität existenter Bürger ab, die jedoch außer ihrem Sympathisantentum sich nicht an gewalttätigen Aktionen beteiligten und deshalb der Polizei nicht auffielen.

Bei der Aufdeckung der Kerngruppen, die Feltrinelli zum Zweck der „Weltrevolution" gefördert und inspiriert hatte, fielen besonders zwei Organisationen ins Auge: die sogenannte GAP, die „Groupe d'Action Partisane", bei der der Verleger den Decknamen „Kolonnenführer" trug, und die „Roten Brigaden". Die Organisationen glichen zwei Seiten einer Pyramide, deren Spitze Giangiacomo Feltrinelli mit seinen Ideen, seinem Prestige und seinem Vermögen einnehmen wollte.

Während es sich bei der GAP um ein Relikt aus den Kriegsjahren handelt – um die Kriminalisierung einer ursprünglich antifaschistischen Partisanenbewegung – standen die „Roten Brigaden" als aktivste, gefährlichste und am weitesten verzweigte italienische Terror-Organisation am Anfang ihres blutigen, opferreichen Terrorismus. Konsequenter als vergleichbare Gruppen übernahmen sie die Methoden der Tupamaros, der uruguayischen Stadt-Guerilla. Sie bildeten geheime „Kerngruppen" in großen Mailänder Industriebetrieben wie Pirelli und Alfa Romeo und überzogen allmählich das Land mit ihren Kommandos.

Ihren Anspruch auf eine unumschränkte Führungsrolle wollten die Roten Brigaden in der Woche vor den italienischen Wahlen am 7. Mai 1972 zum Ausdruck bringen. Sie bereiteten die Geiselnahme eines prominenten Politikers, des Vorsitzenden der Democrazia Cristiana im Mailänder Gemeinderat, vor.

Zu diesem Zweck hatten sie in der Via Boiardo ein „Vermessungsbüro“, eine „Scheinfirma“, eröffnet. Eine Falltür befand sich über einem Kellerraum, der aus einer Zelle bestand. Sie war innen gepolstert und von außen mit schalldichten Plastikplatten abgedichtet. In der Zelle waren eine Lüftungsanlage, ein Tonbandgerät und ein Mikrophon. Einige Tage vor den Wahlen am 7. Mai sollte der prominente Politiker entführt werden. Feltrinellis Tod durchkreuzte den Plan. Die Polizei entdeckte das „Volksgefängnis“. Das gleiche Modell wurde drei Jahre später in Berlin bei der Entführung des Berliner CDU-Vorsitzenden Peter Lorenz als Versteck angewendet.

IV. „Berlin gehört schon uns!“

Auf der Suche nach Ausrüstung und Bewaffnung für die geplanten Angriffe gegen den Staat, Justiz und Polizei fuhr 1969 zum erstenmal eine Berliner Gruppe nach Italien. Von einem damals führenden Funktionär des Kommunistischen Bundes Westdeutschland (KBW) erhielten die Reisenden ein Empfehlungsschreiben an den italienischen Verleger Giangiacomo Feltrinelli, der am 1. Mai 1968 in West-Berlin der Szene Unterstützung zugesagt hatte. Ein Ausrüstungslager in Norditalien sollte an griechische kommunistische Revolutionäre gratis und franko verteilt werden und bei dieser Gelegenheit wurde den Berlinern ein Anteil versprochen. Die Gruppe merkte jedoch nach dem Überqueren des Brenner Passes, daß sie observiert wurde. Der Geheimdienst war hinter den Reisenden her, die nicht ahnten, daß unter ihnen ein Agent des Berliner Verfassungsschutzes war, der alles verraten hatte. Nach Beratung in Norditalien kehrten sie nach Berlin zurück.

Andere Gesinnungsgenossen aus der Kommune I zog es in den Nahen Osten. Der Kommunarde Dieter Kunzelmann, in der Szenenpresse „Aktionspolitologe“ genannt, reiste nach Jordanien. Während ihn die deutsche Justiz zur Verbüßung einer Freiheitsstrafe suchte, hatte er sich auf den Nahost-Trip gemacht. In der deutschen Extremistenszene wurden damals sagenhafte Geschichten über die Lager der AlFatah, der Kampfgruppe der PLO, erzählt. Bei den Palästinensern tauchte auch Ingrid Siepmann auf, eine Wahlberlinerin, die sich als Sanitätshelferin im Ausbildungscamp nützlich machte und für ihren späteren Daueraufenthalt im Libanon (nach zahlreichen Banküberfällen in Berlin) Kontakte knüpfte. Das Bundeskriminalamt geht heute davon aus, daß sie 1982 bei den Kämpfen in Südlibanon während eines Luftangriffs in Sidon ums Leben kam.

Dieter Kunzelmann hatte eine wechselvolle Karriere vor sich.

Sein Weg führte ihn nach der Rückkehr aus dem Nahen Osten in das Berliner Zentralgefängnis und von dort – nachdem er zunächst Kandidat der KPD gewesen war – zur Alternativen Liste (AL). Als Abgeordneter, mit dem Wunsch der Partei, ihn in den Sicherheitsausschuß zu delegieren, zog er in das Abgeordnetenhaus ein, dem er nach der Bildung des rot-grünen Senats 1989 jedoch nicht mehr angehörte.

Über Kunzelmanns Aufenthalt im Nahen Osten heißt es in den gesammelten Texten der „Bewegung 2. Juni": „Er hat das konkrete Studium des bewaffneten Aufstandes einer mehrjährigen Gefängnisstrafe vorgezogen." Eine Genossin habe damals Briefe aus Jordanien zur Veröffentlichung in „883" übermittelt. Ein Auszug daraus: „Amman, Mitte November 1969.

Hier ist alles sehr einfach. Der Feind ist deutlich. Seine Waffen sind sichtbar. Solidarität braucht nicht gefordert zu werden. Sie entsteht von selbst. Ich habe hier zum erstenmal begriffen, was es heißt, daß Menschen sich im langandauernden Volksbefreiungskampf revolutionär verändern. In dem Moment, in dem sich ein Palästinenser der Al Fatah anschließt, beginnt eine ganz persönliche Entwicklung. Er lernt nicht nur schießen, sprengen und rennen. Er lernt seine Geschichte und seine Situation kennen und die Möglichkeit, sie zu verändern. Er begreift sein Handeln zum erstenmal nicht mehr subjektiv. Sein revolutionäres Selbstbewußtsein wächst täglich. . . Was alles hier so einfach macht, ist der Kampf.

Wir haben 6 Millionen Juden vergast. Die Juden heißen heute Israelis. Wer den Faschismus bekämpft, ist für Israel. So einfach ist das, und doch stimmt es hinten und vorne nicht. Wenn wir endlich gelernt haben, die faschistische Ideologie ‚Zionismus' zu begreifen, werden wir nicht mehr zögern, unseren simplen Philosemitismus zu ersetzen durch eindeutige Solidarität mit Al Fatah, die im Nahen Osten den Kampf gegen das Dritte Reich von Gestern und Heute und seine Folgen aufgenommen hat. Was ist Solidarität? UNSEREN KAMPF AUFNEHMEN."

Genossen in Berlin fühlten sich von Kunzelmann aufgefordert, „in das Stadium der spontanen Aktion“ einzutreten. „Ohne ausreichende Vermittlung dürfen wir nicht mehr zurückfallen. Wichtig ist: das Gelände gut zu kennen. Berlin gehört schon uns. Wir sind die einzigen, die sich darin bewegen, der Rest vegetiert und starrt auf den Mond. Den Vorsprung können wir nutzen. Anders hat unsere Gegengesellschaft keinen Sinn mehr. Sie muß die Basis werden, in der wir uns bewegen können. Wir werden enger zusammenrücken.“ Der spätere Berliner Abgeordnete sandte „Grüße an alle anderen. Schickt mir weiter alles Material, besonders Tupamaros. D.“

An der Freien Universität nahm Professor Werner Stein, Senator für Wissenschaft und Kunst, zu der Frage „Wie heiß wird der Sommer an der Universität?“ Stellung. Einige Studenten, „die sich als Berufsrevolutionäre gebärden“, so Stein, „haben einen heißen Sommer angekündigt.“ Was sie damit meinten, hätte jedermann aus den Vorgängen des vergangenen Semesters ablesen können, das Hunderten von Studenten verlorengegangen wäre, hätten Hochschule und Staat nicht das Schlimmste verhütet. Im vergangenen Wintersemester war die Philosophische Fakultät, aber nicht nur diese, exemplarisches Beispiel für die Vorgänge an der Universität. Der Dekan Professor Otto von Simson erklärte aus Sorge um die Zukunft der Hochschule unter anderem im April 1969 über die Wirkung der „schweren Störungen linksradikaler Studenten“: „Die Taktik der Störer war gekennzeichnet durch den Übergang zu reiner Gewalt. Auch sogenannte Diskussionen hatten nur noch das einzige Ziel, den ‚Gegner‘ durch Beleidigungen, Gebrüll usw. fertigzumachen. Verantwortlich war eine Gruppe von einigen Hundert, nie mehr als 500, Terroristen, die als Rollkommandos in die Vorlesungen zogen. Neben schweren Sachbeschädigungen ist es auch zu Gewalt gegen Personen gekommen.“

Die radikalen Aktivisten waren nach Auffassung Otto von Simsons zwar zu schwach, um den gesamten Lehrbetrieb zum Einsturz zu bringen, eine „Minderheit von Extremisten“ habe jedoch bewiesen, daß sie „durch psychologischen Terror und physische Gewalt", mit „konsequenter Anwendung des Terrors" seitens der Radikalen die „Herrschaft des Rechts" außer Kraft zu setzen in der Lage ist. Diese suchten die Solidarisierung auch jener Kommilitonen, die für linksradikale Umsturzpläne nichts übrig haben".

Die aus Berlin nach Frankfurt gereisten Kaufhausbrandstifter verließen bereits am 13. Juni 1969 das Untersuchungsgefängnis. Nach vierzehnmonatiger Haft hatte ihr Verteidiger Horst Mahler erreicht, daß ihnen Haftverschonung bis zur Rechtskraft des Urteils vom Oktober 1968 gewährt wurde. Der Anwalt hatte gegen die Strafe von drei Jahren Revision eingelegt, der sich auch die Anwälte der anderen Verurteilten anschlossen. Während das Oberlandesgericht den Fall prüfte, genügte es der Frankfurter Strafkammer, daß die Häftlinge im Haus des Evangelischen Diakonischen Werkes in Frankfurt den vorgeschriebenen festen Wohnsitz nachwiesen und sich regelmäßig auf der Polizeiwache meldeten. Beim unerwartet schnellen Wiedersehen setzten sie sich einen „Schuß" und erkrankten alle an Gelbsucht.

Die Fürsprecher einer Haftverschonung hatten der Justiz auch schon ein neues Betätigungsfeld vorgetragen: Bei der Resozialisierung vorbestrafter und rückfälliger Fürsorgezöglinge mitzuarbeiten. In den Gesuchen um Entlassung aus der U-Haft war jedoch nicht die Rede davon, daß im Frühjahr 1969 SDS-Mitglieder an der Frankfurter Universität in Erziehungsheimen Insassen zu politisieren suchten und mit Gudrun Ensslin und Andreas Baader Verstärkung bekommen würden, die in den Randgruppen Unterstützung für die geplante Veränderung der Gesellschaft erwarteten.

Nach der bedingten Haftentlassung gründeten Andreas Baader und Gudrun Ensslin in Frankfurt eine eigene Gruppe. Die städtischen Behörden unterstützten sie daraufhin durch die Überlassung einer Sozialwohnung in der Staffelberger Straße. „Daher auch der Name der Gruppe", hieß es in dem Bericht einer Sonderkommission des Bundeskriminalamtes. Das Ziel dieser „Staffelberger Gruppe" war es, ein Gegenmodell zur staatlichen

Heimerziehung der Jugendlichen zu entwickeln. Hierfür hielt man in Hessen die Kaufhausbrandstifter für pädagogisch geeignete Erziehungshelfer. Mit Schweigen übergingen Politiker und Pädagogen in Hessen beim Abtauchen der Gruppenleiter in den Untergrund die Feststellung des Regierungskriminaldirektors Römelt in dem Bericht des Bundeskriminalamtes, daß bei der Staffelberger Gruppe „im Hintergrund die Gewinnung von revolutionären Jugendkadern für die Änderung der herrschenden Gesellschaftsordnung gestanden" haben dürfte. Die Gruppe setzte sich in der Mehrzahl aus entwichenen Heimzöglingen zusammen. Diese wurden mit Flugblättern einer „Aktion Südfront", die mit der Staffelberger Gruppe zusammenarbeitete, zur Flucht aus den Heimen aufgefordert. Das Spiel währte ein knappes halbes Jahr und wurde erst beendet, als Andreas Baader und Gudrun Ensslin der Ladung zum Strafantritt im November 1969 nicht Folge leisteten.

Das Oberlandesgericht hatte das Urteil der ersten Instanz bestätigt; die von der U-Haft bis dahin verschonten Erzieher verschwanden aus den „Lehrlingskollektiven", in denen sie die Beziehung zwischen Staat und Gesellschaft als eine Art permanentes Räuber- und Gendarmspiel mit praktischen Übungen gestalteten. Beim Frankfurter Jugendamt hielt man indessen bereits die Beobachtung, daß Gudrun Ensslin „echte Zuneigung zu den Jugendlichen entwickelte", als ausreichend für die Führung eines Lehrlingskollektivs.

Es ist heute in Vergessenheit geraten, daß Andreas Baader und Gudrun Ensslin während dieser Zeit mit etwa 50 entwichenen Heiminsassen die erste Hausbesetzung probten: das Büro des Jugendamtsleiters in Frankfurt am Main. Es war eine erfolgreiche Besetzung. Denn der Behördenleiter stellte daraufhin mehrere Wohnungen zur Verfügung, in denen jeweils neun Fürsorgezöglinge untergebracht wurden. Zwar fanden hauptamtliche Erzieher weiterhin lobenswertes an der Arbeit Baaders und Ensslins. Doch erzieherischer Einfluß auf die Lehrlingskollektive blieb aus, so daß der Leiter des Diakonischen Werkes Frankfurt seinen

Eindruck so wiedergab: „Tags schliefen sie, nachts tobten sie, die meisten haben nicht gearbeitet."

Der Entschluß, die Reststrafe von 22 Monaten selbst bei der zu erwartenden Haftentlassung nach zwei Drittel der Zeit auf keinen Fall zu verbüßen und lieber unterzutauchen, wurde durch internationale Kontakte erleichtert. Noch ehe die Justiz überhaupt daran dachte, die Verbüßung bei den beiden einzuklagen, wurden sie von Freunden nach Paris gebracht. Dort hatte der Schriftsteller und Revolutionstheoretiker Regis Debray, engster Mitstreiter Che Guevaras in Bolivien, in seiner Wohnung ein Zimmer für die Flüchtlinge zur Verfügung gestellt. Bei ihm durften sie sich vor Verfolgung sicher fühlen. „Hierher kommen kein Bullen", war Gudrun Ensslin überzeugt, „weil der Vater von Regis Politiker ist." Anfang 1970 bekamen die beiden Deutschen von einem Fälschungsexperten in der linken Amsterdamer Szene neue Ausweise. Sie wohnten jeweils kurze Zeit bei Bekannten aus Berlin und bei einer Schriftstellerin, die von dem kommunistischen Führer Nordkoreas Kim Il Sung schwärmte.

In Hessen waren unterdessen einflußreiche Linke bemüht, eine Begnadigung für die Flüchtlinge durchzusetzen. In die Aktion wurde auch der sozialdemokratische Politiker Gustav Heinemann, der 1969 zum Bundespräsidenten gewählt worden war, eingeschaltet. Ulrike Meinhof, die in Berlin an dem Buch für die Dreharbeiten ihres Fernsehfilmes „Bambule", ein Streifen über Heimerziehung, arbeitete, unterstützte ein Gnadengesuch für die ihr aus der Kommune I bekannten Kaufhausbrandstifter: „Ich kenne Heinemann gut von früher." Sie spielte damit auf seine Funktion in der Gesamtdeutschen Volkspartei an. In der Frankfurter Stadtverwaltung wurde ein Gesuch sogar damit begründet, daß die Lehrlingsarbeit der Staffelberger Gruppe ohne die Kaufhausbrandstifter nicht weitergeführt werden könnte. Doch der hessische Justizminister Hempfler lehnte im Februar 1970 das Gnadengesuch ab. In ihrem italienischen Quartier sprachen die Flüchtlinge mit dem aus Berlin angereisten Anwalt Horst Mahler über die Perspektiven. Von ihrem Verteidiger im Kaufhausbrandprozeß erfuhren sie, daß in West-Berlin eine linksextremistische Gruppe, eine militante APO-Avantgarde, vorbereitet werde. Dieser Gruppe schlossen sie sich an. Das war die Geburtsstunde der „Rote Armee Fraktion“ (RAF).

Die Rückkehrer kehrten im Frühjahr 1970 illegal nach West-Berlin zurück. In Gesprächen mit Ulrike Meinhof konnten sie die „Konkret“-Kolumnistin für den Kampf im Untergrund gewinnen. Die geschiedene Frau des früheren „Konkret“-Herausgebers Klaus-Rainer Röhl war in das Bayerische Viertel, in die Kufsteiner Straße 12, gezogen. Im Februar 1970 hatte sie die Dreharbeiten für „Bambule“ abgeschlossen. An der Freien Universität hielt sie Vorlesungen am Institut für Publizistik. In den Diskussionen über die Konsequenzen der Studentenrebellion und der nachgiebigen Haltung vieler Politiker verstand es Gudrun Ensslin, Ulrike Meinhof für ein neues „Glaubensbekenntnis“ einzunehmen, das überzeugend schien, weil sie, die Ensslin, aus einem Pfarrhaus kam. Alle zehn Gebote waren nach Vorstellung der Pastorentochter umzufunktionieren. An die Stelle des biblischen Gebotes „Du sollst nicht töten“ setzte sie kategorisch „Du mußt töten“. Am Ende dieser Entwicklung sah Ulrike Meinhof die Perspektive, einen Rätestaat zu errichten. Dabei stand ihr früherer Eintritt in die alte Kommunistische Partei Deutschlands Pate, auch wenn sie sich Angeboten der Ost-Berliner KPD-Zentrale entzogen hatte, für die in der Bundesrepublik Deutschland 1956 verbotene Partei eine Funktion zu übernehmen. Die Parteileitung, die von dem früheren KPD-Bundestagsabgeordneten Max Reimann von Ostberlin aus geführt wurde, gab wiederum nach außen nicht zu erkennen, daß die APO-Repräsentantin sich der kommunistischen Bewegung zugehörig fühlte. Mit dem „realen Sozialismus“ in der DDR hatte Ulrike Meinhof jedoch anscheinend nichts im Sinn.

In der sich zuspitzenden täglichen Auseinandersetzung mit Polizei und Justiz gab es unter den linksradikalen Gruppierungen eine Arbeitsteilung – alles lief noch ganz legal ab. So sorgte Ulrike Meinhof mit kämpferischen Publikationen, Vorträgen und in

Diskussionsveranstaltungen für den theoretischen Überbau; Horst Mahler hatte mit Christian Ströbele – dem 1985 in den Bundestag delegierten Abgeordneten der Berliner Alternativen Liste – und Otto Schily eine sozialistische Anwaltssozietät gebildet. Die revolutionäre Praxis übten Genossen wie Dieter Kunzelmann, der aus Nahost zurückgekehrt war und zweitweise illegal in der Stadt lebte, sowie die aus ihrem italienischen Versteck hinzugestoßenen Andreas Baader und Gudrun Ensslin aus. Sowohl die Anhänger der „Blues"-Bewegung „2. Juni" als auch die späteren RAF-Mitglieder probten das Leben in einer Grauzone: legal tätig sein, aber illegal kämpfen. Eine Formation, die ab 1973 in den „Revolutionären Zellen", terroristische Kleinstgruppen, und ab 1984 von den „Illegalen Militanten" tatsächlich praktiziert werden sollte: Die „Illegalen Militanten", Unterstützer der RAF, übten einen Beruf aus oder steckten noch in der Ausbildung. Nur für kurze Zeit, in der sie sich krank meldeten oder Urlaub nahmen, verübten sie, wie die im Untergrund illegal operierenden Mitglieder des sogenannten militärischen RAF-Kommandos, Anschläge.

Die Konzentration der militanten APO-Randgruppen auf Berlin Ende der sechziger Jahre warf zugleich die Frage auf, die zersplitterten Gruppierungen unter einer Führung zu vereinigen oder sollten sie weiter getrennt marschieren und jeweils vereint zuschlagen? Die Individualität der Rädelsführer mit ihren vielfältigen Vorstellungen wie die herrschende Gesellschaftsordnung am schnellsten und wirksamsten zerstört werden könne, verhinderte jedoch die Bildung einer Führungsspitze. Dieter Kunzelmann hatte seit dem Ebracher Camp Gesinnungsgenossen um sich; er brachte organisatorisch-militärische Erfahrung aus dem Nahen Osten für die Praxis in Berlin mit, die von dem Kommunarden Fritz Teufel, einem phantasievollen Texter, belebt wurde. Das Auftreten Gudrun Ensslins und Baaders mit eigenem Führungsanspruch schuf ein Konkurrenzunternehmen, das im Kern aus Horst Mahler, Andreas Baader, Gudrun Ensslin, Ulrike Meinhof und dem früheren Kieler Bundeswehrangehörigen Manfred Grashof bestand, den Mahler anwaltlich betreute. Ursprünglich wurde die Gruppierung „Baader-Mahler-Meinhof-Gruppe“ genannt. Mit Mahler kamen mehrere Frauen, darunter auch dessen Mitarbeiterin, eine Volljuristin, dazu, sowie die Friseuse Petra Schelm.

Rechtsanwalt Mahler war zunächst sowohl für „Blues“-Anhänger als auch für Sympathisanten und Unterstützer seiner eigenen Gruppierung vor Gericht tätig. Bei der Verteidigung des Studenten Karl-Heinz Pawla kam es zu „einem noch nie dagewesenen Skandal“ im Kriminalgericht Moabit, berichtete die sozialdemokratische „Nachtdepesche“ am 5. September 1968. Der 24jährige Kommunarde erhob sich auf der Anklagebank, streifte vor dem Richter seine Hose ab und verrichtete die Notdurft.

Pawla war wegen Verteilens von Flugblättern mit obszönen Beschimpfungen angeklagt. Seitens der SPD-Zeitung wurde die Lage so dargestellt: „Ein Kommunarde stand gestern also wieder einmal vor Gericht. Eigentlich nichts Besonderes. Auch haben wir uns inzwischen mit den Ungezogenheiten, die sich mit schöner Regelmäßigkeit abspielen, langsam abgefunden. Aber Pawla blieb es vorbehalten, für einen Skandal zu sorgen, der seinesgleichen sucht. Wenn gewisse Kreise schon so weit sind, daß sie einen Gerichtssaal als Toilette ansehen, kann man sich nur betrübt fragen, welche Steigerung in folgenden Prozessen noch möglich ist. Dagegen ist selbst die dreiste Aussage Pawlas ‚Was interessieren mich die Gesetze‘ vielleicht noch harmlos. Bedauerlich ist nur, daß gestern vor Gericht ein 24jähriger stand, der auf Kosten des Staates und damit der arbeitenden Bevölkerung studiert und dadurch in einigen Jahren vielleicht einmal eine gehobene, wenn nicht sogar leitende Stellung einnimmt.“ Das SPD-Organ schien wenig Vertrauen in die Rechtsprechung zu haben und hob in der unruhigen Zeit die Verantwortung der Universitätsgremien hervor: „Hoffentlich schreitet hier die Universität ein, denn Pawlas Benehmen hat nichts mehr mit Protest zu tun.“ Die Berliner Richter blieben beim Urteilsspruch unter dem Antrag des Staatsanwalts, die dafür vorgesehene

Höchststrafe von einem Jahr Gefängnis zu verhängen. Der Ankläger sah es dagegen als unerträglich an, daß „Gerichtssäle zu öffentlichen Bedürfnisanstalten" werden.

Die „Blues"-Anhänger des Angeklagten wandten sich nach Pawlas Verurteilung zu zehn Monaten Haft an Gustav Heinemann („Lieber Justav"): „Unser Karl hat vor Gericht geschissen und seinen herrlichen Arsch mit Aktenblättern beschmutzt; Dieter und Fritz (Dieter Kunzelmann und Fritz Teufel – d. Autor) haben bei einem Go-in ins Schöneberger Rathaus das gesamte Abgeordnetenhaus mit einem MG niedergemacht, die Brandstifter haben ganz Frankfurt in Schutt und Asche gelegt", hieß es in dem „Offenen Brief an Gustav Heinemann", eine Mischung aus Amnestiegesuch für Pawla und Anspielung auf phantasievolle Aktionen gegen Gesetzgeber und Kommerz im Schöneberger Rathaus beziehungsweise in der Main-Metropole. „Das Spiel ist aus", „lieber Justav", verkündeten die Unterzeichner. „Wir werden mit jedem Mittel den Justizapparat und den Staat, der hinter ihm steht, zerschlagen. Jedes revolutionäre Kommando bestimmt die Mittel des Kampfes selber. Seit dem 28. 2. 1969 schlagen wir zurück – fassen wir zusammen: von der Uni-Revolte zum Kampf gegen die Justiz, vom Knastologen zum Guerillakämpfer, von der radikaldemokratischen Massenbewegung zur Stadtguerilla."

Als Unterzeichner traten auf: „Zentralkomitee der Palästinafront, Zentralkomitee der Tupamaros Westeuropa, Zentralkomitee der Frauenbefreiungsfront und die Kommandos: Schwarze Ratten, Schwarze Front, die Panthertanten, Che, Brian Jones, Amnestie International, Viva Maria."

Der Verteidiger bei dem unsäglichen Auftritt im Gerichtssaal wurde nun selbst an die Front zum Einsatz gefordert. Mit Andreas Baader und Gudrun Ensslin warf der Anwalt in der Dunkelheit „Mollies", mit Benzin gefüllte Flaschen, gegen Fensterscheiben des Büros einer Wohnungsverwaltung des neuen „Märkischen Viertels" in Nordberlin.

An der Haustür fand die Polizei einen Papierbogen mit der

Erklärung in Druckbuchstaben aus grünem Filzstift: „Die Kinder aus dem Märkischen Viertel“. Für den Anwalt war es so etwas wie die Propaganda der Tat. Der aus Dessau (DDR) stammende Jurist war nach seinem Wechsel vom konservativen Korpsstudenten zum linksradikalen APO-Flügel in die militante Gruppe eingetreten, in der künftig Baader, Ensslin und Ulrike Meinhof den Ton und die Aktionen angaben.

Im Frühjahr 1970 begann die hessische Justiz, Andreas Baader und Gudrun Ensslin zwecks Antritt ihrer Reststrafe aus dem Prozeß um die Brandstiftung zu suchen. Der Vollstreckungsbefehl vom März konnte jedoch nicht vollzogen werden. Die Gesuchten waren verschwunden. Nur der mitverurteilte Münchener Schauspieler stellte sich am 23. März 1970 in der bayerischen Landeshauptstadt. Am 3. April 1970 wurde Andreas Baader in Berlin festgenommen. Der vierte Komplice ging erst während der Fahndung nach der neuen „Rote Armee Fraktion“ zur Polizei.

In der Wohnung Ulrike Meinhofs in Berlin-Schöneberg berieten Gudrun Ensslin und Horst Mahler, wie Baader am schnellsten wieder befreit werden konnte. Man war sich darüber klar, daß die Gruppe nach gewaltsamer Befreiung in den Untergrund gehen mußte. Dafür wurden Geld, Ausweise, Wohnungen und Waffen gebraucht. Anwalt Mahler teilte der Gefängnisleitung mit, daß sich Ulrike Meinhof um Andreas Baader kümmern werde, weil dieser keine Angehörigen in der Stadt habe. Fast täglich erhielt er nun im Knast Besuch. Ulrike Meinhof machte ihn mit dem Plan bekannt, ihn rauszuholen. Der Anstaltsdirektion teilte sie mit, daß sie mit Baader als Ko-Autor eine Gemeinschaftsdokumentation „Zur Organisation randständiger Jugend“ schreiben wolle. Daraufhin stellte der Häftling Baader mit der Begründung, daß er den „Knast zu seiner Universität“ gemacht habe, einen Antrag auf „Ausführung zum Quellenstudium“. Ulrike Meinhof pendelte zwischen Universität, wo sie über „Die Möglichkeit von Agitation und Aufklärung im Hörfunk-Feature“ dozierte, und dem Gefängnis. Bei der Gefängnisleitung legte am 30. April auch eine

Dr. Grete Weitemeier Fürsprache für einen Studienbesuch Baaders im „Zentralinstitut für soziale Fragen“ in Berlin-Dahlem ein. Niemand bemerkte, daß es sich um Gudrun Ensslin handelte. In der „Basisgruppe Schöneberg“, der Urzelle der RAF, wurde der Ablauf der Befreiung diskutiert. Einwänden aus dem Kreis der Teilnehmer, auf keinen Fall zu schießen, widersprach Ulrike Meinhof. Menschenleben dürften dabei keine Rolle spielen, meinte sie. Das stellte später das Ehrengericht der West-Berliner Rechtsanwaltskammer unter dem Aktenzeichen EV 149.70/EG 7.70 im Verfahren gegen Rechtsanwalt Horst Mahler fest. Mahler erreichte schließlich die Ausführung Baaders für die Dokumentation über die „Organisation randständiger Jugendlicher“. Bei der Befreiung am 14. Mai 1970 wurde der Institutsangestellte Georg Linke von einem Schuß schwer verletzt. Mit der danach einsetzenden Suche wurde eine internationale Terroristenfahndung ausgelöst, die nach zwei Jahren alle RAF-Gründer ins Gefängnis brachte.

V. Flucht und Befreiung

Auf der Rechnung des Kreuzberger Reisebüros „Karim“ waren am 6. Juni 1970 neun Namen aufgeführt; Bestellungen für Flugscheine Berlin-Beirut mit der DDR-Luftfahrtgesellschaft „Interflug“ nach Nahost. Said Dudin, Verbindungsmann zur marxistischen palästinensischen Volksbefreiungsfront, der als Student in West-Berlin gemeldet war, hatte die Tickets zum Preis von je 470 Mark gebucht. Der letzte Name auf der Liste – Grashof, Schelm, Asdonk, Thoms, Jansen, Ray, Bäcker, Dudin, Mahler – wurde in der Sammelbestellung „Studenten“ gestrichen und auf der Rechnung gesondert ausgewiesen. Denn Mahler wäre bei seinem Alter geradezu ein Methusalem an der FU gewesen. So mußte der Rechtsanwalt für seine Passage den höheren Tarif von 550 Mark bezahlen. Hinter dem Namen Ray (auf der Rechnung des Reisebüros Rey geschrieben) verbarg sich die französische Journalistin Michele Ray. Sie war über die Querverbindung der früheren Fluchthelfer Gudrun Ensslins und Andreas Baaders zu dem Franzosen Regis Debray nach der Befreiung Baaders nach Berlin eingeladen und auf konspirativen Wegen mit Ulrike Meinhof zusammengebracht worden.

Vor dem Aufbruch der neuen „Roten Armee Fraktion“ zur militärischen Ausbildung bei den Palästinensern übermittelte die Französin dem „Spiegel“ ein Tonband mit einer Rechtfertigung Ulrike Meinhofs für den ersten bewaffneten Überfall, bei dem der unbeteiligte Institutsangestellte Linke und zwei Justizbeamte verletzt worden waren. Die Befreiung erklärte sie wie folgt: „Man kann sagen aus drei Gründen. Erstmal natürlich deswegen, weil Andreas Baader ein Kader ist. Das Zweite ist, daß wir als erste Aktion eine Gefangenenbefreiung gemacht haben, weil wir glauben, daß diejenigen, denen wir klarmachen wollen, worum es politisch heute geht, welche sind, die bei einer Gefangenenbefreiung überhaupt keine Probleme haben, sich mit dieser Sache selbst zu identifizieren – sofern diejenigen proletarischen Familien oder

der Teil des Proletariats, von dem wir glauben, daß er potentiell revolutionär ist, daß diese Leute gar keine Schwierigkeiten haben, sich mit einer Gefangenenbefreiung zu identifizieren."

„Das Dritte ist, wenn wir mit einer Gefangenenbefreiung anfangen, dann auch deswegen, um wirklich klarzumachen, daß wir es ernst meinen. Das heißt, daß diejenigen, die jetzt angefangen haben zu arbeiten und solche Aktionen machen wollen, natürlich Leute sind, die sich in gar keinem Falle gegenseitig draufgehen lassen: für die es eben kein Spiel ist und wo natürlich das Moment von Solidarität von vornherein klar sein muß: weil die Bedingungen, unter denen diese Auseinandersetzungen nur geführt werden können, natürlich sehr schwierig sind."

An diese Ausführungen knüpfte Ulrike Meinhof das Gesetz der gemäß ihrem Verhalten später so bezeichneten Baader-Meinhof-Bande: „Natürlich darf geschossen werden." Für die „Pigs", die Vertreter des Staates, wird es kein Pardon geben. Mit der Wahl des englischen Namens „Pig" für Schwein machte die RAF einen semantischen Rückgriff in das Vokabular amerikanischer linksradikaler Gruppierungen, die wiederum Anarchisten aus dem 19. Jahrhundert zitierten. Das „Dictionary of the Underworld" von Eric Partridge merkt dazu an: „Bereits 1811 wurde in der Unterwelt der Satz ‚Schlagt das Pig zusammen und haut ab' benutzt, und im Jahre 1821 wurde der in London gefürchtete Verbrecherjäger Townshend ‚Pascha der Pigs' genannt." Am 21. Februar 1846 wurde laut Nachschlagewerk das Wort Pig für Polizist erstmals in der amerikanischen „National Police Gazette" genannt.

Die Befreiung eines Gesinnungsgenossen aus dem Ebracher Gefängnis war trotz Großaufgebots der Anarcho-linksextremistischen Szene im Sommer 1969 mißlungen. Selbstkritisch zogen die Regisseure der „Außerparlamentarischen militanten Bewegung" daraus die Schlußfolgerung: „Von jetzt an in kleinen Gruppen arbeiten." Die Baader-Meinhof-Gruppe hatte unterdessen ihre Bewährungsprobe bestanden.

Eine Woche bevor Ulrike Meinhof mit ihrer Tonband-Erklärung das erste Kampfzeichen aus dem Untergrund im „Spiegel" international verbreitet lesen konnte, setzte sich die Bande aus Berlin in zwei Reisegruppen ab. Unter Führung Dudins flogen die ersten sieben RAF-Mitglieder am 8. Juni 1970 vom DDR-Zentralflughafen Berlin-Schönefeld nach Beirut. Rechtsanwalt Horst Mahler, die Studenten Hans-Jürgen Bäcker und Brigitte Asdonk, der Bundeswehrdeserteur Manfred Grashof, der sich ebenfalls als Student ausgab, der Schüler Wolfgang Thoms, ein 20jähriger Berliner, die Friseuse Petra Schelm, die Jüngste in der Gruppe, und Heinrich Jansen, ein Wahl-Berliner aus dem Ruhrgebiet, der sich als Kaufmann ausgab.

Der Schleuser Dudin holte in der vorletzten Juni-Woche das Trio Andreas Baader, Gudrun Ensslin und Ulrike Meinhof in das Wüstencamp auf einer Hochfläche unweit der Route Amman-Jerusalem. Der Transit nach Jordanien via DDR wäre ohne stillschweigende Mitwirkung des DDR-Staatssicherheitsdientes für die Rädelsführer von dem Augenblick an, da sie das Gebiet der DDR betraten, mit an Sicherheit grenzender Wahrscheinlichkeit gescheitert. Dudin hatte ihnen arabische Pässe mitgebracht, die jeweils das Foto Baaders und der beiden Frauen enthielten. Bei der Gründlichkeit der DDR-Grenzkontrollen wären die drei jedoch sofort aufgefallen, wenn der Staatssicherheitsdienst nicht beide Augen zugedrückt hätte. Gefärbte Haare allein hätten nicht ausgereicht, den Posten am Mauer-Durchlaß Bahnhof Friedrichstraße und anschließend beim Einchecken auf dem Flughafen Schönefeld arabische Herkunft vorzuspielen.

Beim Ministerium für Staatssicherheit in Ost-Berlin war anhand der Interflug-Passagierliste des Fluges 730 am 8. Juni 1970 bereits das Vorauskommando mit Horst Mahler registriert worden; denn der DDR-Geheimdienst hatte nach Erkenntnissen der westlichen Sicherheitsbehörden bei den ersten Anzeichen für eine Außerparlamentarische Opposition und der Bildung radikaler Gruppen V-Leute in die Szene eingeschleust. Ulrike Meinhof war seit ihrem geheimen Eintritt Ende der fünfziger Jahre in Ost-Berlin in die verbotene Kommunistische

Partei Deutschlands auch ohne eigenes Zutun beim Staatssicherheitsdienst registriert. Die Zusammenarbeit der Journalistin mit dem APO-Anwalt Mahler und den Kaufhausbrandstiftern war allgemein bekannt, und seit der Befreiung Baaders hing ihr Foto auf großformatigen Steckbriefen aus. „Mordversuch in Berlin – 10000 DM Belohnung . . . Der Beteiligung an der Tat dringend verdächtig ist die am 7. Oktober 1934 in Oldenburg geborene Journalistin Ulrike Meinhof geschiedene Röhl. Die Gesuchte hat am Tattag ihren Wohnsitz in Berlin-Schöneberg, Kufsteiner Straße 12, verlassen und ist seitdem flüchtig. Wer kann Hinweise auf ihren jetzigen Aufenthaltsort geben? Berlin im Mai 1970 – Der Generalstaatsanwalt bei dem Landgericht Berlin". Doch der Staatssicherheitsdienst schwieg. Es ging der Ost-Berliner Führung offenbar nicht nur darum, Streit mit arabischen Staaten zu vermeiden; die SED-Genossen übten Solidarität mit der illegalen KPD-Genossin, auch wenn diese seit Mitte der sechziger Jahre eigene Wege gegangen war. Man tat jedenfalls nichts, um eine wegen Mordversuchs im anderen Teil Deutschlands gesuchte Frau an der Flucht ins Ausland zu hindern, unternahm andererseits aber auch später, nach der Verhaftung Ulrike Meinhofs, nichts, um sie, wie Anwälte der linksextreminististischen Szene mit Verbindungen zum damaligen SED-Anwalt Professor Friedrich Karl Kaul der DDR-Führung vorschlugen, aus dem Gefängnis Stammheim gegen politische Häftlinge in DDR-Strafanstalten auszutauschen. Bei einem solchen spektakulären Austausch hätte die Führung in Ost-Berlin jedoch die öffentliche Erörterung ihres Verhältnisses zur linksextremistischen Szene und zum Terrorismus in der Bundesrepublik Deutschland und in anderen westeuropäischen Staaten in Kauf nehmen müssen.

Einen Tag lang mußten Andreas Baader, Gudrun Ensslin und Ulrike Meinhof in Ost-Berlin zubringen. Der Flug nach Damaskus war am Nachmittag des 21. Juni gestrichen worden. Es kann nicht ausgeschlossen werden, daß der Staatssicherheitsdienst sich bei der Parteiführung erst rückversicherte, ob die RAF-Gründer die DDR zum Transit nach Nahost benutzen durften. Das SED-

Regime setzte schließlich große Hoffnungen auf die neue Ostpolitik der gerade in Bonn an die Regierung gekommenen sozialliberalen Koalition. Doch die Transit-Schleusung verlief reibungslos. Die Al Fatah konnte die angekündigten Deutschen aus West-Berlin in ihrem Camp empfangen. Zum zweitenmal seit dem Sommer 1969 war eine Gruppe aus dem Westen Deutschlands zur Ausbildung angetreten. Nach den Mitgliedern der Berliner Kommune I und der Münchner Kommune „Wacker", zu denen Fritz Teufel und Dieter Kunzelmann gerechnet wurden, begann ein Jahr später die militärische Ausbildung des harten Kerns der „Rote Armee Fraktion". Unter den extremen Bedingungen des Lebens in der Wüste hielt es die Deutschen jedoch nicht lange im Fatah-Land. Es gab Differenzen zwischen den RAF-Anführern, die um Strategie und Taktik ihres Kampfes stritten und zugleich um die Gefolgschaft der Mitläufer buhlten. Da waren die Friseuse aus Spandau, der Berufslose aus Oberhausen, der beim Flug in den Orient noch an Märchen aus Tausendundeiner Nacht geglaubt hatte, und der Berliner Oberschüler, der aus der Schule getürmt war. Das harte Training bei der Al Fatah, die damals im Camp ein Spezialkommando aufbaute, das unter dem Namen „Schwarzer September" mit Flugzeugentführungen, Morden und Geiselnahmen die Welt in Schrecken versetzen sollte, überspielte bei den Deutschen zunächst die diffuse politische Basis.

Bei der Rückkehr nach West-Berlin gab es dann bei der DDR-Grenzkontrolle einen Zwischenfall. Hans-Jürgen Bäcker, der von der Berliner Polizei noch nicht verdächtigt worden war, war vorausgeflogen. Er sollte die Lage in der Stadt, vor allem die konspirativen Wohnungen auf etwaige Beobachter, abklären. Trotz seines arabischen Passes war der Posten auf dem Flughafen Schönefeld offenbar instruiert, daß er einen Deutschen vor sich hatte. Beim Verhör in einem Haus des Staatssicherheitsdienstes in Ost-Berlin ließen die Vernehmer den Rückkehrer nach dessen späteren Angaben nicht im unklaren darüber, daß sie über die Baader-Meinhof-Gruppe imformiert waren. Jedes Mitglied war ihnen namentlich bekannt; sie besaßen zudem Informationen, wer bei der Befreiung Baaders geschossen hatte. Ihnen waren auch die Decknamen geläufig und die Ausbildung im Fatah-Camp. Nach 24 Stunden entließen ihn schließlich die Geheimdienstler am DDR-Grenzbahnhof Friedrichstraße. Sie gaben Bäcker auch die Pistole zurück, die er aus Amman mitgebracht hatte. Eine Woche später sah der Paßkontrolleur in Schönefeld nur kurz in den Ausweis, den ihm Ulrike Meinhof vorlegte. Sie durfte die DDR auf dem Transitweg Richtung West-Berlin mit der ganzen Gruppe verlassen. Der Terrorismus erklärte Staat und Gesellschaft im freien Teil Deutschlands den revolutionären Bürgerkrieg. Die Warnung „Vorsicht Schußwaffen!“ war von nun an mit der Fahndung nach den Terroristen verbunden.

Das „Knastcamp“ Ebrach war am 19. Juli 1969 aufgelöst worden. Bei der Rückkehr in ihre Heimatorte verbreiteten die Anhänger der gescheiterten Befreiung die Parole, in Zukunft kleine militante Gruppen zu bilden. In einem Bericht der Sicherheitsbehörden heißt es, „die Berliner Anarchisten Dieter Kunzelmann, Ingrid Siepmann, Albert Fichter und Georg von Rauch begaben sich bis zum 23. Juli 1969 nach München. Anschließend reisten sie über die Schweiz nach Italien. Kurze Zeit später folgten Fritz Teufel und andere Münchner Kommunemitglieder.“

Aus dem später sichergestellten Tagebuch von Dieter Kunzelmann ist nach Angaben der Behörden zu ersehen, daß sich einige in Mailand, Rom, Torquinia, Anzio, Ostia, Gaeta, Varese und Palermo aufgehalten haben. Dort nahmen sie Kontakte mit italienischen Gesinnungsgenossen auf. Von Italien setzten die Berliner Gruppenmitglieder am 23. September 1969 die Fahrt über Jugoslawien, Bulgarien, die Türkei, den Libanon und Syrien nach Jordanien fort. Sie trafen am 4. Oktober 1969 in der jordanischen Hauptstadt Amman ein. Zum erstenmal bildeten Funktionäre der Al Fatah, der palästinensischen Untergrundorganisation, Deutsche im Gebrauch von Sprengstoffen und Zeitzündern aus. Auf dem Manöverplatz der Fatah-Kommandos wurden die Gäste im Schießen trainiert. Nur Ingrid Siepmann blieb nach der Ausbildung einige Zeit bei den Palästinensern. Unter den extremen klimatischen Verhältnissen des Wüstencamps stand sie als einzige ihren Mann, lobten Fatah-Führer bei der Ausbildung der Baader-Meinhof-Bande im Sommer 1970 die Siepmann, die danach Banküberfälle in West-Berlin organisierte.

Die Gruppe um Fritz Teufel ließ sich schon im September 1969 wieder in München nieder. Ihr Anführer hatte es abgelehnt, an dem „Al Fatah-Trip" teilzunehmen. Bis zu seiner Festnahme am 12. Juni 1970 in der bayerischen Landeshauptstadt lebte Teufel zeitweise unter dem Aliasnamen Thomas Bachmann, ermittelten die Behörden.

In dem Zeitraum vom Juli bis November 1969 stellte die Polizei in Berlin eine bemerkenswerte Ruhe fest. Es gab keine „nennenswerten Straftaten", registrierte die Senatsverwaltung für Inneres. Dieser Umstand wurde auf die Abwesenheit Kunzelmanns und seiner Gesinnungsgenossen zurückgeführt. In dem Bericht über das zweite Halbjahr 1969 heißt es: „Die Situation änderte sich schlagartig, als Kunzelmann mit seinem Anhang im November 1969 wieder nach Berlin zurückkehrte."

Dieter Kunzelmann wurde am 19. Juli 1970 in Berlin festgenommen. Er hatte sich den Erkenntnissen der Polizei und des Verfassungsschutzes zufolge unter dem Namen Erich Schimmang nach der Rückkehr aus Jordanien verborgen gehalten.

In West-Berlin waren es Ende der sechziger Jahre und zu Beginn 1970 hauptsächlich Angehörige der Kommune in der Stephanstraße 60, einem Gebäude im Stadtteil Moabit, in dem später das „Sozialistische Zentrum" errichtet wurde, die sich bei Straftaten hervortaten. Die Sicherheitsbehörden nannten Dieter Kunzelmann, Jahrgang 1939, aus Bamberg, Holger Meins, Jahrgang 1941, aus Hamburg, Thomas Weissbecker, Jahrgang 1949, aus Freiburg und Irmgard Möller, Jahrgang 1947, aus Bielefeld. Dazu kamen damals mehrere Frauen, die jedoch den Aufruf zum bewaffneten Kampf im Untergrund nicht mitmachten und die Kommunen verließen.

Zur „Kommune II“ in der Giesebrechtstraße 20, im einstigen altvornehmen Berliner Westen, wo ein Wahl-Berliner aus Stuttgart, eine Studentin aus Neubrandenburg (DDR), und eine Achtundzwanzigjährige aus Leoben in Österreich, den Ton angaben, bestanden enge Kontakte.

Die dritte Kommune war in der Wielandstraße 13, einer Seitenstraße des Kurfürstendamms. Dort agierten unter anderem der Professorensohn Georg von Rauch, Jahrgang 1947, aus Marburg, ein Wiener, Jahrgang 1948, die Berliner Michael „Bommi“ Baumann, Jahrgang 1947, Bernhard Braun (1946) und Ralf Reinders (1948). Reinders wurde später wegen Beteiligung an der Entführung des CDU-Landesvorsitzenden Peter Lorenz verurteilt. Dort lebte auch die Freiburgerin Susanne Plambeck, damals neunzehnjährig, die sich in den siebziger Jahren der „Rote Armee Fraktion“ anschloß. Aus dem Berliner Vorort Klein Machnow, der zur DDR gehört, war der zwanzigjährige Peter Knoll in die „Kommune Wielandstraße 13“ gezogen. Auf der Flucht vor den Fahndern, die nach Terroristen der „Bewegung 2. Juni“, der sich auch Knoll angeschlossen hatte, auf der Suche waren, wurde Knoll einige Jahre später von Beamten des Bundeskriminalamtes in der australischen Stadt Sidney aufgespürt und nach Deutschland zurückgebracht.

Dies waren Ende 1969/Anfang 1970 drei Sammelpunkte des sich rasch ausbreitenden Terrorismus. Die Kommune-Anhänger hielten sich zu unterschiedlichen Zeiten und wechselnder personeller Zusammensetzung auch unter folgenden Berliner Adressen auf: Alvenslebenstraße 4 (Kommune); Dennewitzstraße 27 (Kommune); Hornstraße 2 (Kommune); Mainzer Straße 16 (Kommune); Naunynstraße 22 (konspirative Wohnung), Nimrodstraße 29 (Wohngemeinschaft) und Nollendorfstraße 13/14. In der „Kommune 88“, so genannt, weil die Räume in der Grunewaldstraße 88 waren, wurden Aufrufe und periodische Publikationen vorbereitet. Dort entstand die erste regelmäßig erscheinende Kampfschrift für die Szene, die den Titel „883“ erhielt. Doch Andreas Baader ließen die Macher nicht an ihre

Zeitung ran, auch wenn er sich brüstete, bei einem Berliner Massenblatt in die Lehre, die er freilich bald abgebrochen hatte, gegangen zu sein. Rudi Dutschke wollte sogar Sportreporter in Berlin werden.

Die Kristallisation der Gewalt durch kleine Gruppen in Berlin war keine deutsche Einzelerscheinung. Ende der sechziger Jahre bildeten sich in westlichen Ländern Gruppierungen, die mit Gewalt eine neue Ordnung schaffen wollten. Tupamaros und Weathermen fanden Anhänger in Westeuropa, es gab Black Panther und Rote Garden, Rote Brigaden, die spanischen ETA und Frap, Gauche proletarienne und die britische Angry Brigade. „Egal wie wir uns nannten, Zwoter Juni oder ErrAeff, im Grunde waren wir alle Haschrebellen", erinnerte sich Fritz Teufel bei der Rückschau auf Anfänge der Szene der sechziger Jahre.

VI. Das Tagebuch (1969/70)

Seit April 1967 mehrten sich in Berlin politisch motivierte Gewalttaten, bei denen die Polizei meinte, Zusammenhänge erkennen zu können. Die Anschläge wurden mehreren als anarchistische Gruppen eingestuften Tätern mit gleicher ideologischer Grundlage zugeordnet. Dieter Kunzelmann, der am 19. Juli 1970 in Berlin festgenommen worden war, wurde von den Behörden als einer der Anführer verdächtigt; bei den anderen handelte es sich dem polizeilichen Lagebericht über die „Tätigkeiten der anarchistischen Linken in Berlin und ihre Verbindungen" zufolge um den Professorensohn Georg von Rauch, der am 4. Dezember 1971 bei einem Schußwechsel ums Leben kam, sowie die in den „Schwarzen Zellen" agierende Kindererzieherin Ingeborg Barz, die seit Anfang der siebziger Jahre spurlos verschwunden ist. Diese Gruppen wurden von den Sicherheitsbehörden als Vereinigungen angesehen, deren Zweck oder Tätigkeit darauf gerichtet war, strafbare Handlungen zu begehen. Ihre Angehörigen glaubten, den gewaltsamen Umsturz der Gesellschaftsordnung außer mit anderen revolutionären Mitteln auch durch Brandstiftungen und Sprengstoffanschläge zu erreichen. Viele Anhänger waren der Meinung, nach der Bildung der Großen Koalition im Jahre 1966 in der Bundesrepublik Deutschland die Basis für eine parlamentarische Opposition verloren zu haben, die sie bis dahin im linken Flügel der SPD sahen. So verlegten sie ihr Feld in die „Außerparlamentarische Opposition" (APO). Die Gruppen beteiligten sich an Demonstrationen, zelebrierten Sit-ins, Go- und Teach-ins und forderten immer spektakulärere Aktionen. In Erziehungsheimen wurden Jugendliche „anpolitisiert".

Das „Puddingpulver-Attentat" am 6. April 1967 auf US-Vizepräsident Hubert Humphrey wurde von der Justiz als Satire behandelt. Flugblätter mit der Überschrift „Wann brennen die Berliner Kaufhäuser?" wurden sechs Wochen später ebenfalls ungeachtet der Aufforderung, „ab heute in die Konfektionsabteilungen zu gehen und sich in der Ankleidekabine diskret eine Zigarette anzuzünden“, zu den Akten gelegt. Das Landgericht Berlin lehnte die Eröffnung des Hauptverfahrens gegen zwei Flugblattverteiler trotz der in den Schriften enthaltenen Aufforderung zur menschengefährdenden Brandstiftung ab. Heute erscheint es abenteuerlich, aber die Richter waren damals nicht davon überzeugt, daß die Hersteller und Verteiler eine politische Brandstiftung durch Leser der von ihnen herausgebrachten Flugblätter gewollt oder billigend in Kauf genommen hatten (Staatsanwaltschaft Berlin, Aktenzeichen 2 PJs 1005/67).

Aus dem Tagebuch der Berliner Sicherheitsbehörden werden hier auszugsweise Anschläge der zunehmenden Welle der Gewalt seit November 1969 veröffentlicht. „10. 11. 69: Versuchter Sprengstoffanschlag auf das jüdische Gemeindehaus in Berlin. Der Sprengkörper wurde vermutlich dort abgelegt. Er entspricht in Zusammensetzung und Aufbau einem in Kommune I, Stephanstraße 60, gefundenen Sprengsatz.
16. 11. 69: Der Leiter des jüdischen Gemeindehauses, Heinz Galinski, erhielt ein Anschreiben mit einer Tonbandkassette. Das Tonband war von einem Mädchen, das aus dem Palästinenser-Camp in Jordanien zurückgekehrt war, besprochen worden. Es begann mit dem Satz: „Die Bombe im jüdischen Gemeindehaus hat gezündet.“

Das Band sollte bei einem „Teach-in“ am 14. 11. 69 im Auditorium Maximum der Technischen Universität Berlin abgespielt werden. Es wurde jedoch zurückgehalten und in einem Schließfach des Bahnhofs Zoologischer Garten in Berlin deponiert.

16. 11. 69: Versuchter Brandanschlag vor dem Polizeirevier 171, am Vorarlberger Damm 1, mit Molotow-Cocktails auf parkende Polizei-Funkstreifenwagen. Das Fahrzeug, das nach polizeilichen Feststellungen benutzt wurde, gehörte einer Deutschen, die 1944 in Istanbul geboren wurde und damals unter einer West-Berliner Anschrift gemeldet war. Diese fünfundzwan-

zigjährige Frau wiederum war eng mit Ingrid Siepmann, der Al Fatah-Helferin, befreundet. Doch für die Tat selbst hatte sie ein Alibi.

27. 11. 69: Drohbrief an den Berliner Polizeipräsidenten.

28. 11. 69: Drohbrief an den Berliner Landgerichtsdirektor Heinsen. Am selben Tag verübten mehrere Kommune-Mitglieder, Georg von Rauch, Michael Baumann und Susanne Plambeck einen Sprengstoffanschlag auf die Wohnung des Richters Heinsen.

29. 11. 69: Der Psycho-Brand- und Sprengstoffterror gegen Juristen wurde fortgesetzt. Versuchter Sprengstoffanschlag auf die Wohnung des Oberstaatsanwaltes Severin.

12. 12. 69: Versuchter Brandanschlag auf das Amerika-Haus.

12. 12. 69: Versuchter Brandanschlag auf das Büro der israelischen Luftfahrtgesellschaft El-Al im Europa-Center.

12. 12. 69: Brandanschlag auf geparkten Personenwagen vor dem amerikanischen Club 50.

15. 12. 69: Bei einer Durchsuchung der Kommune Nimrodstraße 29 wurde ein Sprengkörper gefunden: von gleicher Bauart und Zusammensetzung wie die gegen das jüdische Gemeindehaus und die Wohnungen von Juristen verwendeten Sprengkörper.

20. 12. 69: Brandanschlag auf das Kaufhaus des Westens unter Verwendung eines Brandsatzes. Die gleiche Tätergruppe wie bei vorausgegangenen Anschlägen.

22. 12. 69: Drohbriefe an mehrere evangelische und katholische Kirchengemeinden in Berlin.

10. 1. 70: Versuchter Sprengstoffanschlag im „Palais am Funkturm“ in Berlin anläßlich des Juristenballes.

26. 1. 70: Brandanschlag mit Molotow-Cocktails auf den PKW des Landgerichtsdirektors Glaubrecht, Leiter des Zentralgefängnisses Berlin-Tegel. Vor dem Anschlag sollte der Gefängnisdirektor ursprünglich nach dem Plan eines Mitarbeiters des damaligen „Sozialistischen Anwaltskollektivs“ entführt und gegen den Häftling Karl-Heinz Pawla ausgetauscht werden. Pawla hatte diesen Vorschlag laut Angaben der Behörden jedoch abgelehnt.

28. 1. 70: Brandanschlag mit Molotow-Cocktail auf die Wohnung des Präsidenten des Strafvollzuges, Gerhard Schmiedeke.

6. 2. 70 und 7. 3. 70: Überfall und Brandanschlag auf zwei Berliner Journalisten.

28. 4. 70: Brandanschlag mit Benzin auf das Berliner Kammergericht.

28. 4. 70: Brandanschlag mit Molotow-Cocktails auf das US-Harnack-House.

28. 4. 70: Brandanschlag auf die Bank für Gemeinwirtschaft.

5. 5. 70: Brandanschlag mit Molotow-Cocktails auf das Amerika-Haus am Zoo. Als Täter wurde zum erstenmal eine größere Gruppe von zwölf Personen ermittelt, aus der sich die terroristische „Bewegung 2. Juni“ bildete.

10. 5. 70: Brandanschlag mit Molotow-Cocktails auf das Unternehmen General-Leasing.

10. 5. 70: Brandanschlag mit Benzin auf die Firma IBM.

14. 5. 70: Die Befreiung des Gefangenen Andreas Baader durch eine bewaffnete Bande.“

Mit diesem Datum beginnt zugleich die Chronik der linksextremistischen terroristischen „Rote Armee Fraktion“ (RAF). Die Stadtguerilla nimmt aus dem Untergrund heraus den bewaffneten Kampf auf.

VII. Treffs im Kinderladen

Vorgeführt aus der Frauenhaftanstalt Lehrter Straße in Berlin-Moabit, erklärte sich in einer Vernehmung am 29. November 1971 die Untersuchungsgefangene Edelgard G. (Name und Personalien bekannt) zur Sache. So beginnt das Protokoll der Sonderkommission B/M (Baader/Meinhof) über die Aussagen einer jungen Frau, die als Kind mit ihren Eltern aus der sowjetischen Besatzungszone Deutschlands nach West-Berlin geflüchtet war. Sie war unter dem Verdacht, die neue RAF zu unterstützen, verhaftet worden. Die junge Frau, die eine Lehre als Einzelhandelskaufmann abgebrochen hatte und anschließend auch eine Ausbildung als Verkäuferin nicht beendete, wurde in die anarcho-terroristische Szene verstrickt. Bei ihrer Vernehmung berichtete sie: „Ich will zunächst darüber aussagen, wie ich in Kontakt mit einigen Mitgliedern aus der Gruppe kam. Dazu sind Erklärungen notwendig, die etwa Ende des Jahres 1969 beginnen.

In meiner Vernehmung zur Person habe ich bereits erklärt, daß mein Sohn seit Frühjahr 1969 einen Kinderladen in Berlin 41, Schützenstraße, besuchte. Dort waren etwa zehn Kleinkinder untergebracht. Ich muß erklärend hinzufügen, daß dies etwa die Zeit war, in der diese Kinderläden entstanden, die ganz bewußt und gezielt ein Mittel zur politischen Arbeit und Bewußtseinsbildung waren.

Es war vorgesehen und wurde auch so praktiziert, daß nicht nur mit und an den Kindern im Sinne einer politischen linksorientierten Ideologie gearbeitet wurde, sondern daß auch die Eltern der Kinder sich regelmäßig im Kinderladen trafen, um politisch zu arbeiten. Das heißt, es wurde Marx gelesen und anschließend darüber diskutiert. Einen politischen Kopf hatte der Kinderladen nicht, vielmehr wurde auf gleichberechtigter Basis entschieden und diskutiert.

Es fanden dreimal wöchentlich Treffen im Kinderladen statt.

Im September 1969 war meinem geschiedenen Mann und mir klar geworden, daß die politische Arbeit im Kinderladen zu abstrakt ist und nicht weiterführt. Wir entschieden uns, die schon vorhandenen flüchtigen Kontakte zur M–L (Marxisten-Leninisten) auszubauen, das heißt, wir haben die Arbeit im Kinderladen aufgegeben und uns den M-L-Leuten angeschlossen.

Die M-L-Gruppe bestand im September 1969 aus etwa 18 Personen. Die Organisation ist bis zum Frühjahr 1970 auf etwa 100 Personen angewachsen. Ungefähr um diese Zeit wurde die Organisation in sich fraktioniert: in PROZ 1 bis PROZ 4. Die Abkürzung PROZ bedeutet ‚Proletarierzentrum'. Jedes PROZ bekam eine Aufgabe zugewiesen, so Arbeit in Kinderläden, in Stadtteilen und in Fabriken. Im Endeffekt bedeutete diese Aufteilung auch die Auflösung der M-L, denn diese Gruppen haben untereinander unterschiedliche Auffassungen entwickelt, und es war nicht möglich, sie zusammenzufassen.

Ich selbst habe mich dem PROZ 1 angeschlossen, das in der Produktion tätig werden sollte. Wir wollen in den Fabriken arbeiten und dort versuchen, auf die Arbeiter politisch Einfluß zu nehmen. Unsere politischen Vorstellungen, die sehr praxisbezogen waren, deckten sich jedoch nicht mehr mit den ausschließlich theoretischen Vorstellungen der M-L. Im Juni 1970 habe ich versucht, eine Stellung als Erzieherin in den Berliner Erziehungsheimen „Eichenhof" und „Kieferngrund" zu bekommen. Ich wurde letztlich auf Grund nicht ausreichender Schulbildung abgelehnt, und das ist letztlich auch der Grund für mein jetziges Studium.

Bei Vorbesprechungen für die Bewerbung als Erzieherin in der Wohnung von Marianne H. (einer Kontaktperson zur RAF) lernte ich auch den Studenten Jan-Carl Raspe (Terrorist im ‚harten Kern' der RAF) kennen. Wir haben die Befreiung des Andreas Baader diskutiert, wie es ja in der gesamten Linken damals der Fall war. Mir sagte der Name Baader nichts. Aus diesem Grunde haben wir ganz abstrakt über diesen Fall gesprochen. Mir ist nicht aufgefallen, daß Marianne Kontakt zu Leuten um Ulrike Meinhof, Andreas Baader und Horst Mahler hatte. Jedenfalls hat sie nicht darüber gesprochen.

Etwa Mitte September 1970 hat mich die Marianne, die von meinem Umzug von der Gotenstraße 72 zur Pariser Straße 6 wußte, gefragt, ob ich bereit wäre, etwas früher als geplant meine Wohnung zu räumen und sie ihr für die Restzeit zu überlassen. Als Begründung hat sie angegeben, daß sie dort mit jemand schlafen wolle. Mir war nicht bekannt, wer es war und ob es ein Mann oder eine Frau war. Später habe ich gehört, daß es Astrid Proll war. (A.P. gehörte zu diesem Zeitpunkt bereits zum RAF-Kommando – d. Autor). In linken Kreisen ist es allgemein üblich, daß man seine Wohnung in Notfällen einem Fremden ein paar Tage zur Verfügung stellt. Im Oktober 1970 tauchte Marianne überraschend mit Astrid Proll in dem Laden auf, in dem ich kurz zuvor als Verkäuferin für Keramikwaren angefangen hatte. Mir war damals bekannt, daß Astrid Proll im Zusammenhang mit der Baader-Befreiung gesucht wurde. Ich wurde gefragt, ob ich in der Lage wäre, eine Wohnung zu mieten. Ich habe gefragt, wie ich das machen soll und worauf die beiden mir sagten, daß ich in der Zeitung selbständig Inserate durchgeben und die Vermieter anrufen solle. Sie beide würden ab und zu vorbeikommen und sich nach dem Ergebnis erkundigen. Ich sollte in ‚bürgerlicher Kleidung' erscheinen, was mir überhaupt keinen Spaß machte. Ende Dezember 1970 bzw. Anfang Januar 1971 erhielt ich den Anruf einer mir zunächst unbekannten Frau im Keramik-Laden. Diese sagte, daß ich demnächst den Besuch einer ‚Grete' bekäme. Ich meine, es handelte sich bei der Anruferin um Gudrun Ensslin, obwohl ich sie damals überhaupt noch nicht kannte. ‚Grete' hat mich dann gezielt gefragt, ob ich nicht jemand kenne, der eine Wohnung in ihrem Auftrag mieten könnte."

Bei einem Treffen in der konspirativen Wohnung Großbeerenstraße 65 forderte Gudrun Ensslin die junge Frau auf, den Arbeitsplatz als Montiererin für Rechenmaschinen aufzugeben und als Verkäuferin in einem Warenhaus zu arbeiten. „Sie gab mir 200 Mark. Ich sollte dafür gutbürgerliche Kleidung kaufen." Es war eines der letzten Treffs vor ihrer Festnahme mit der Ensslin in Kreuzberg.

„Gudrun Ensslin hat mir unmißverständlich gesagt, daß meine Tätigkeit dazu dienen soll, das Kaufhaus, bei dem ich angestellt werden würde, auf die Möglichkeit eines Überfalls auszubaldowern." Die RAF hatte sich entschlossen, statt Banken jetzt Kaufhäuser auszurauben, was jedoch nicht gelang.

In dem Gespräch zwischen den beiden Frauen Anfang November 1971 ging die Ensslin davon aus, daß die Gruppe mit einer Million Mark Beute um die Weihnachtszeit rechne, sagte Edelgard G. Sie kaufte sich daraufhin einen schwarzen knielangen Rock und einen weißen Pullover mit rötlichen Streifen sowie ein Paar Strumpfhosen.

Der Vernehmungsbeamte fragte: „Haben Sie sich bei einem Kaufhaus beworben?"

Antwort: „Ja. Ich habe telefonisch angefragt, ob ich über Weihnachten als Aushilfsverkäuferin arbeiten könne. Mir wurde gesagt, daß das eine zu kurze Zeit sei, ich könnte aber ruhig noch einmal nachfragen.

Ich bin genau in das Kaufhaus gegangen, bei dem ich die Absage erhalten hatte und habe mich persönlich um eine Anstellung beworben. Ich habe mich im Personalbüro gemeldet und einer Dame fälschlich erklärt, daß mir vor kurzem telefonisch der Bescheid gegeben worden sei, daß eventuell eine Stelle frei sei, aber die Dame bedauerte, es seien alle Stellen besetzt. Ich bin dann erleichtert abgezogen."

Frage: „Haben Sie sich überlegt, daß eine solche ‚Aktion' (wie die von Gudrun Ensslin geplante) ein Raubdelikt ist, bei dem auch sehr leicht Menschen zu Schaden kommen können?"

Antwort: „So weit habe ich nicht gedacht. Für mich stand nur fest, daß ich daran unter keinen Umständen teilnehmen werde."

Frage: „Haben Sie überlegt, ob Sie die Polizei in irgendeiner Form in Kenntnis setzen sollen?"

Antwort: „Diese Absicht hatte ich so lange nicht, wie ich mich in Freiheit befand. Wobei ich allerdings davon ausgehe, daß die ganze Sache nicht anlaufen konnte, wenn ich nicht diese Stellung annahm. Nachdem ich mich aber zu dieser Aussage hier entschlossen hatte, habe ich nicht gezögert, der Polizei auch diesen Sachverhalt zur Kenntnis zu geben. Ich betone nochmals, daß ich mich mit den Plänen, ein Kaufhaus zu überfallen, niemals identifiziert habe und daß ich auf das Ansinnen von Gudrun Ensslin nur pro forma eingegangen bin, um keinen Ärger mit ihr zu bekommen. Ich habe die Ziele dieser Gruppe nicht vertreten, das heißt, daß ich an solchen Aktionen niemals teilnehmen würde."

Der Zwiespalt, in den sie durch die Kontakte mit der RAF geraten war, spannte ihre Nerven zum Zerreißen. Tagsüber einem Beruf nachgehen und nach Feierabend wie eine Agentin oder Kriminelle vor der Polizei sich verbergend zu einem Treffpunkt mit steckbrieflich gesuchten Tätern zu schleichen, war kaum noch auszuhalten. Der aufgestaute Frust über diese Verstrickung durch den Mißbrauch der Idee vom Kinderladen entlud sich bei einem neuen Treffen in der „KW" (Konspirativen Wohnung) Großbeerenstraße. Sie war dort im Anschluß an eine Demonstration gegen den Paragraphen 218 hingegangen. Edelgard wußte, daß die RAF-Genossen erwarteten, auf dem Weg zur Wohnung auf mögliche Verfolger zu achten. Als sie jedoch von „Cat", so der Deckname einer RAF-Unterstützerin gefragt wurde, ob sie „gecheckt" hätte, gingen ihr die Nerven durch. „Ich schrie sie an, sie solle endlich die ‚Fresse' halten mit ihrem ‚verdammten Gechecke'. Ich hatte die ‚Schnauze' voll", sagte Edelgard in der Vernehmung.

Als sie am 9. November 1971 von dem Bewerbungsgespräch im Kaufhaus in ihre Wohnung zurückkehrte, wurde sie festgenommen.

Bei den politischen Diskussionen mit Gudrun Ensslin hatte diese stets die Ansicht vertreten, daß sie den Vorwurf krimineller Motive für sich nicht gelten lasse. Vielmehr wolle die RAF als politische Avantgarde mit allen Mitteln die Revolution herbeiführen, erzählte Edelgard G. Für dieses Ziel sollten ideologische

Gesinnungsgenossen aus dem gesamten linken Spektrum eingesetzt werden; die Kinderläden spielten dabei sowohl die Rolle von Kontaktbüros als auch von langfristigen Erziehungsstätten, Kaderschmieden sozusagen. Das Endziel der Baader-Meinhof-Bande war, „die bestehende Gesellschaftsordnung zu stürzen und an ihre Stelle ein sozialistisches System zu setzen".

Aus Rache über den Bruch wurde Edelgard G., die an der Düsseldorfer Kunstakademie bei Professor Joseph Beuys einen Studienplatz erhielt, in ihrer Wohnung überfallen: geteert und gefedert dafür, daß sie die Genossen bloßstellte.

Die Terroristen entwickelten zu diesem Zeitpunkt bereits die Aktionen eines Kampfes, der in den folgenden Jahren eine immer breitere blutige Schleifspur durch die Bundesrepublik Deutschland ziehen sollte.

VIII. RAF-Start: Dreier-Schlag

Am 29. September 1970, einem Dienstag, erlebte die Zwei-Millionen-Stadt West-Berlin einen Überfall, der in der Kriminalchronik der alten Reichshauptstadt einmalig war. Um 9.45 Uhr wurden fast auf die Minute genau drei Geldinstitute überfallen. Mit einer Gesamtbeute von 217469,75 Mark entkamen die Täter, jeweils mehrere bewaffnete Männer und Frauen, unerkannt im Gewühl der Großstadt. Der Polizeibericht meldete an diesem Tag:

„Sparkasse der Stadt Berlin-West, Zweigstelle 92, Südwest-Korso 38, Beute 55152 Mark. Vier Täter mit Gesichtsmasken (drei Wollmützen, ein Strumpf). Tatwaffen zwei Pistolen, ein Kleinkalibergewehr, eine Schrotflinte mit abgesägtem Lauf. Ausführung: zwei Täter blieben am Eingang; einer holte das Personal aus den Nebenräumen, der vierte sprang über den Tresen und sammelte das greifbare Bargeld. Er ließ ein Flugblatt zurück:
‚Enteignet die Feinde des Volkes!'

Nach diesem Muster liefen die beiden anderen Überfälle auf die Sparkassenzweigstelle Altonaer Straße 5, am Rand des grünen modernen Tiergartenviertels (Beute dort nur 8135 Mark) und die Berliner Bank in der Rheinstraße 1 im gutbürgerlichen Stadtteil Friedenau (154182,75 Mark), ebenfalls ab."

Neunzehn Personen, elf Männer und acht Frauen, waren an dem Raubzug beteiligt, ermittelte die Kriminalpolizei. Sie waren danach spurlos verschwunden. Daß hinter den Überfällen politisch motivierte Gangster standen, konnten die Verfolger nur anhand des Flugblattes vermuten. Erst drei Monate später durchschaute die Polizei die Hintergründe des „Dreier-Schlages". Der Zufall half bei der Aufklärung. Bei einer Fahrzeugkontrolle durch eine Polizeistreife in Recklinghausen wurde der Arbeiter Karl-Heinz Ruhland aus Berlin am 19. Dezember 1970 festgenommen, weil er eine Pistole ohne Waffenschein trug. Im

Verhör packte er nach vierwöchigem Schweigen aus und erzählte den überraschten Beamten die Geschichte des Berliner Dreier-Bank-Raubes. Jeder am Überfall beteiligte „Genosse", so Ruhland, war privat mit 3000 Mark an der Beute beteiligt – für den Gelegenheitsarbeiter ein willkommener Anteil.

Der größte Teil des Geldes wurde in den Aufbau der „Roten Armee Fraktion" (RAF) gesteckt. Die RAF erbeutete seitdem durch Raub und räuberische Erpressung bis in die achtziger Jahre insgesamt über sechs Millionen Mark.

Beim Abtauchen in den Untergrund nach der Befreiung Baaders sah sich die neue Stadtguerilla vor der Aufgabe, Geld aufzutreiben, um die Logistik für die Illegalität aufzubauen. Personalausweise und Kraftfahrzeugpapiere wurden in einer eigenen graphischen Werkstatt in Berlin-Moabit, später in Hamburg, Stuttgart und Frankfurt am Main gefälscht. Sympathisanten mieteten unter unverdächtigen Namen Wohnungen oder überließen Häuser und Apartments Bandenmitgliedern. Unter den Anmietern waren eine Arztfrau aus Heidelberg, ein Schauspieler aus Ulm und ein Physiker aus München. Andere Helfer stellten ihr Auto zur Verfügung, mieteten für die in den Schlagzeilen als Baader-Meinhof-Bande in Erscheinung tretenden Gewalttäter Garagen. Gestohlene Autos – in der Anfangsphase besonders BMW-Modelle – wurden mit Doubletten hergerichtet, das heißt mit Kennzeichen und Papieren versehen, die anderen zugelassenen Fahrzeugen gleichen Typs, gleichen Baujahrs und gleicher Farbe entsprachen.

Waffen wurden über Händler auf dem grauen Markt erworben oder aus Bundeswehr- und Polizeidepots gestohlen. Viele Waffen kamen aus der Tschechoslowakei und Ungarn, aber auch von westlichen Herstellern. Im Badezimmer des Bandenversteckes stellten RAF-Mitglieder Sprengsätze und Bomben her. Die berüchtigte „Baby-Bombe", auf den Leib der Trägerin geschnallt, wurde bei einem Frankfurter Metallbildhauer angefertigt.

Andreas Baader tüftelte neben Vorschlägen für Geiselnahmen

unterdessen an einem anderen Plan. Er wollte durch Fernzündung per Knopfdruck in zehn deutschen Zentren von Politik, Industrie und Verteidigung gleichzeitig Bomben zünden. Nur die Verhaftung der Bandenführer 1972 verhinderte vermutlich, daß dieser Bombenteppich ausgerollt wurde.

Für seine keineswegs abstrusen Todesmechanismen holte Baader Rat von Physikern und Hochfrequenz-Fachleuten an Hochschulen ein und las technische Magazine.

An der Ruhr verlor sich wenige Tage vor dem Weihnachtsfest 1970 erneut die Spur Ulrike Meinhofs. Es war die zweite Morgenstunde des 20. Dezember, in der die steckbrieflich gesuchte Frau für eineinhalb Jahre zum letztenmal gesehen wurde.

In Gelsenkirchen-Buer stoppte der Renault R 16, an dessen Lenkrad sie saß, vor der roten Kelle eines Verkehrspolizisten. Die Fahrerin gab sich als Sabine Markwort aus. Auch der Beifahrer, der Student Jan-Carl Raspe, zeigte dem Polizisten seine Papiere. Als dieser um den Wagen ging, um den Kraftfahrzeugschein und das Kennzeichen zu vergleichen, gab die Fahrerin Vollgas und entkam in der frostklaren Nacht. Unter dem Aliasnamen Markwort hatte Ulrike Meinhof durch Vermittlung des damaligen Hannoverschen Professors Brückner im südlichen Niedersachsen für angebliche praktische Universitätskurse einen Bungalow gemietet. Brückner gewährte ihr mit Begleitern trotz der RAF-Fahndung in seiner Wohnung in Hannover mehrfach Nachtasyl. Das vereinbarte Klingelzeichen war dem skandierten Ho-Ho-Tschi-Minh-Schlachtgesang von Demonstrationen Ende der sechziger Jahre nachempfunden. Kurz-kurz-lang-kurz-Klingeln, dann wußte Brückner Bescheid. Das erfuhr die Polizei durch das Geständnis Karl-Heinz Ruhlands. Mit seinen Angaben konnten die Fahnder im Frühjahr 1971 Quartiergeber wie den niedersächsischen Hochschullehrer, ferner einen Geistlichen in einem Heim an der Autobahn Osnabrück-Bremen, einen Redakteur des Westdeutschen Rundfunks in Köln, ein Frankfurter Hochschuldozentenpaar, den Frankfurter Korrespondenten einer Nachrichtenagentur und einen Ingenieur im Ruhrgebiet als Helfer enttarnen. Enttäuscht, daß mit Ruhland ausgerechnet der einzige Proletarier in der Gruppe sich vom Terrorismus lossagte, gingen die Anführer daran, sich schärfer abzuschotten. Eine Vorstellung über ihre Ziele vermittelte die Broschüre, die im Jahre 1970 in der Gruppe zirkulierte. Tatsächlich hatte die Polizei im Sommer 1970 die Spur der RAF verloren. Um die Fahnder zu verwirren, wurde den Medien wiederholt die falsche Nachricht zugespielt, Ulrike Meinhof habe sich von ihren Genossen getrennt, ihre Opferbereitschaft als sinnlos erkannt und ihrem Leben ein Ende gesetzt. Aus Bonn berichteten Korrespondenten, Frau Meinhof sei „Ende Februar 1971 gestorben". Gewissermaßen als „letzten Liebesdienst" hätten Gesinnungsgenossen unter Mithilfe eines der Bande ergebenen Amtsarztes die Einäscherung der Toten arrangiert. Unter dem Namen Hildegard Nehls hätte die Urne einen Platz auf dem Hamburger Zentralfriedhof Ohlsdorf erhalten. Bei der Sicherungsgruppe des Bundeskriminalamtes sprach man damals von einer Räuberpistole.

Aus der offensichtlich gezielten Streuung des Gerüchtes um den angeblichen Tod der als geistiges Oberhaupt der RAF angesehenen Frau, die mit einem Stipendium der „Studienstiftung des deutschen Volkes" studiert hatte, schlossen die Fahnder auf Urheber in der RAF beziehungsweise unter Helfern, die Spuren des RAF-Weges verwischen wollten.

„Daß sie uns nicht kriegen, gehört sozusagen zum Erfolg der Geschichte", hatte Ulrike Meinhof im November 1970 bei einem großen Treffen der Gruppe in Bad Kissingen erklärt. Auf einem Matratzenlager vor einem qualmenden Kamin im nahezu unbenutzten Landhaus eines bekannten Frankfurter Soziologen-Ehepaares bereitete die RAF hier die Anschlagsstrategie für 1971/72 vor. In dem nunmehr beginnenden bewaffneten Kampf sah der damalige Leiter des Hamburger Verfassungsschutzes, Hans Josef Horchem, das Ergebnis einer explosiven Emanzipation. RAF und andere Gruppen wiesen eine personelle Zusammensetzung auf, für die es bis dahin in Deutschland kein Beispiel gab: Frauen nicht nur als Helfer, Informanten, Späher und Kuriere, sondern als aktive und brutale Kämpfer: Unter dem Mantel oder in der Handtasche Pistolen Kaliber neun Millimeter, die blitzschnell gezogen werden konnten. Als Vorbild diente das „Minihandbuch der Stadtguerilla“ von Carlos Marighella. Darin wurden Motive und Taktik des Kampfes brasilianischer Guerilleros beschrieben. Auf Seite 15 wurde der erstrebte bewaffnete Kampf der Stadtguerilla im Rahmen des Klassenkampfes mit zwei Zielrichtungen angegeben: „Die physische Liquidierung der Chefs und Henkersknechte der Streitkräfte und der Polizei.“

„Die Enteignung von Vermögen und Produktionsmitteln, die der Regierung, den Monopolkapitalisten, Großgrundbesitzern und Imperialisten gehören – mit kleineren Enteignungen für den individuellen Bedarf der SG (Stadtguerilla) und größeren für die notwendigen Mittel der Revolution selbst.“ Als typische Enteignung und zugleich „eine Art von Vorexamen während der Ausbildung in der Technik der revolutionären Kriegführung“ wurde der Banküberfall empfohlen.

Die Idee des bewaffneten Kampfes in Westeuropa wäre ohne das Vorbild revolutionärer Organisationen wie der Tupamaros nicht verwirklicht worden, stellte Hans Josef Horchem in der Einschätzung der Ereignisse fest. Die Anhänger der deutschen „Rote Armee Fraktion“ übertrugen in südamerikanischen Regionen Brasiliens, Argentiniens und Uruguays entwickelte Kampfformen auf die Bundesrepublik Deutschland. Das Handbuch der Stadtguerilla war hierfür das Lehrbuch. In der anarcho-terroristischen Berliner Zeitschrift „Agit 883“ war bereits am 18. Juni 1970 der auszugsweise Abdruck einer Übersetzung des „Mini-Handbuchs“ erschienen. Buchhandlungen der Neuen Linken vertrieben die Kampfschrift in deutscher Fassung, dazu wurden Handzettel mit Rezepturen für Selbstherstellung von Sprengsätzen, Bombenbau in Heimwerkstatt und den Diebstahl von Autos hektographiert. Der eigenen RAF-Schrift „Stadtguerilla und Klassenkampf“ wurde die Ausdeutung eines alt-chinesischen Dichterwortes über den Tod Mao Zedongs vorangestellt: „Der

Tod eines sozialistischen Kämpfers ist gewichtiger als der Tai-Berg; der Tod eines Kapitalisten hat weniger Gewicht als Schwanenflaum." Der Sprachduktus, so der damalige Hamburger Verfassungsschutzchef, wies Ulrike Meinhof als Verfasserin aus. „Die intelligenten polemischen Kommentare orientieren sich nicht an der Wirklichkeit. Wunsch und Möglichkeit werden durch Dialektik, aber auch durch das ästhetische Paradoxon verknüpft. Der Grundton der Schrift ist resignativ . . .", meinte der Sicherheitsexperte. Fünf Jahre später resignierte Ulrike Meinhof tatsächlich und dann nicht zuletzt angesichts des Psychoterrors aus den eigenen Reihen.

Eine Minute vor neunzehn Uhr wurden am 11. Mai 1972 die Bewohner in der Umgebung des Hauptquartiers vom V. Korps der US-Armee in Frankfurt am Main, durch rasch aufeinanderfolgende Detonationen, aufgeschreckt. Fensterscheiben splitterten, Metallstücke rissen Löcher in Hausfassaden, eine beißende Pulverdampfwolke zog durch das Viertel um das frühere IG-Farben-Hochhaus, Sitz des Armeestabes. Drei Bomben, davon zwei im Vorraum des Haupteingangs und eine vor dem Offizierskasino, waren mit Kurzzeitmessern gezündet worden. Der Oberstleutnant Paul A. Bloomquist wurde getötet, dreizehn Personen – sieben amerikanische Soldaten, sowie drei US-Zivilangestellte und drei Deutsche – erlitten schwere Verletzungen. Dies war nur der Auftakt für die jetzt einsetzende Bombenwelle. Zwischen dem 11. Mai und dem 24. Mai 1972 explodierten in sechs Städten von München bis Hamburg die Sprengpakete der RAF. Schauplätze waren:

München, 12. Mai, 14.25 Uhr, Parkplatz des bayerischen Landeskriminalamtes; zur gleichen Zeit der Bereich der Augsburger Polizeidirektion. Drei Tage später Karlsruhe, Sitz der obersten Bundesgerichte. Unter dem Privat-VW des Bundesrichters Buddenberg detonierte eine Haftladung in dem Augenblick, als die Ehefrau des Juristen den Zündschlüssel betätigte. Sie erlitt schwere Verletzungen.

Hamburg, 19. Mai, 15 Uhr. Der Pförtner des Seiteneinganges

zum Verlagshaus Axel Springer an der Fuhlentwiete zeigte einer hochschwangeren Frau den Weg zum Fahrstuhl. Niemand ahnte, daß die Schwangerschaft nur vorgetäuscht war. Ulrike Meinhof hatte sich die „Baby-Bombe“ um den Bauch gebunden. Die erste detonierte um 15.41 Uhr im Flur des dritten Stockwerkes neben den Pulten der Zeitungskorrektoren, die zweite von der Bande eingeschmuggelte um 15.45 Uhr im sechsten Stockwerk in einem Raum direkt gegenüber der Teeküche der Redaktionen von „Bild“ und „Bild am Sonntag“. Die Krankenhäuser der Umgebung nahmen 38 Arbeiter und Angestellte, die zum Teil schwer verletzt worden waren, in Behandlung. Bei der Durchsuchung der Räume des Verlagshauses wurden drei Blindgänger gefunden. Einer lag vor dem Rotationssaal, einer im 12. Stock der Geschäftsleitung hinter einem Bürostuhl, und der dritte in einem Schrank für Feuerlöscher in der Herrentoilette. Jede Bombe war mit je rund vier Kilogramm rotem und grauem Sprengstoff gefüllt. Gegen 15.45 Uhr fragte eine weibliche Stimme in der Telefonzentrale des Verlages: „Ist bei Ihnen eine Bombe hochgegangen?“ Als die Telefonistin dies bejahte, antwortete die Anruferin: „Danke, das wollte ich nur wissen.“

Die Bande stellte bereits die Zeitzünder für den nächsten Angriff ein: Am 24. Mai detonierten um 18.10 Uhr in kürzestem Abstand zwei Bomben im Heidelberger Hauptquartier der US-Streitkräfte in Europa. Eine Bombe barst vor dem Haus Nr. 28, in dem Büros des Geheimdienstes waren, die zweite vor dem Gebäude Nr. 22 in der Nähe des Funkantennenmastes. Die Bomben töteten die Soldaten Clyde Bonner, Charles Peck und Ronald Woodward. Fünf weitere Amerikaner, die nach Dienstschluß nach Hause gingen, wurden schwer verletzt.

In Eilbriefen an die Medien erklärten sich die „Rote Armee Fraktion“ und mehrere RAF-Kommandos als Urheber des Anschlages. Unter den Absendern war das „Kommando Petra Schelm“. Petra Schelm war eine Friseuse aus Berlin-Spandau, die sich 1970 der RAF angeschlossen hatte und am 15. Juli 1971 bei einer Razzia in Hamburg erschossen worden war, als sie – schon eingekreist – plötzlich auf die Fahnder zielte. Es meldete sich ein „Kommando Thomas Weissbecker". Der Sohn eines Professors war am 2. März 1972 bei einer Terroristenfahndung in Augsburg erschossen worden. Schließlich erhob ein anderes Kommando Anspruch auf öffentliche Beachtung, das zuvor nur in West-Berlin mit Anschlägen in Erscheinung getreten war: Das „Kommando 2. Juni" – nach dem schon erwähnten Studenten Benno Ohnesorg benannt, der während einer Straßenschlacht am 2. Juni 1967 in der Nähe der Berliner Oper von einem Staatsschutzbeamten in Zivil mit der Pistole tödlich verletzt worden war.

Die Bombenserie war ein programmierter Großangriff, mit dem die RAF den Gruppierungen der Neuen Linken ein Signal setzte, daß sie sich mit den Zielen und dem bewaffneten Kampf der „Roten Armee Fraktion" solidarisieren sollten: „Noch ein Stoß, noch eine harte Konfrontation mit der Polizei, noch eine Haus-, Universitäts- und Schulbesetzung, und schon wackelt die herrschende Gesellschaft."

Die RAF nahm zu diesem Zeitpunkt die Tötung von Menschen nicht nur in Kauf, sondern leitete eine neue gezielte Verbrechensserie des individuellen Terrors ein, die von den späteren RAF-Nachfolgern heimtückischer und mit kaum zu überbietender Brutalität im Frühjahr 1977 und weiter in den achtziger Jahren fortgesetzt wurde.

1. Juni 1972, Frankfurt, Hofeckweg 2–4. Kurz nach sechs Uhr morgens. Gepanzerte Schützenwagen der Polizei, Polizisten mit Panzerwesten, Schüsse, Schreie. Eine Lautsprecherdurchsage: „Kommen Sie einzeln heraus, es passiert nichts, sie sind umstellt." Auf das Schweigen erneut eine Aufforderung: „Sie sind in einer Situation, daß Sie uns zu nichts zwingen können, was wir nicht wollen . . . Kommen Sie heraus, Ihre Chance ist null."

Die Garagentür öffnete sich. Als erster erschien der steckbrieflich gesuchte Terrorist Holger Meins, von einem Streifschuß am linken Oberschenkel verletzt. Dann wurde Andreas Baader, der einen Steckschuß im Gesäß hatte, herausgetragen. Auch der Dritte, Jan-Carl Raspe, ergab sich daraufhin. In diesem Monat wurde der „harte Kern" zerschlagen. In Hamburg wurde fast zeitgleich Gudrun Ensslin gefaßt.

Am Nachmittag des 15. Juni 1972 meldete ein Lehrer der Polizei in Hannover folgenden Sachverhalt: In der Nacht habe ihn eine Frau, die er nicht kannte, aufgesucht und gebeten, zwei Personen für kurze Zeit in seiner Wohnung unterzubringen. Er habe die Bitte der Unbekannten nicht abgeschlagen, weil gelegentlich Gäste, die sich auf Freunde beriefen, bei ihm in der Nähe des Flughafens übernachteten. Er erwarte die beiden Personen, die bei ihm wohnen wollten, diesen Nachmittag in seiner Wohnung. Seinen Gang zur Polizei begründete er damit, daß ihm nach einem Gespräch mit Freunden Bedenken gekommen seien. Die Frau, die ihn ansprach, habe einen aufgeregten und verstörten Eindruck gemacht; sie habe auch die Namen der Gäste, für die sie Quartier machte, nicht nennen wollen. Ihm sei der Verdacht gekommen, daß es sich um Mitglieder der Baader-Meinhof-Bande handeln könnte. Daraufhin wurde die Wohnung observiert.

Gegen 17.50 Uhr betrat eine Frau in Begleitung eines jüngeren Mannes das Haus Walsroder Straße 11 in Langenhagen. Sie schleppten schweres Gepäck. Die Kriminalpolizisten beobachteten, daß sie klingelten und, als nicht geöffnet wurde, das Türfenster eindrückten. Durch Aufriegeln von innen gelangten sie in die Wohnung des Lehrers. Etwa eine Stunde später verließ der junge Mann das Haus und ging zu einer Telefonzelle. Während er mehrere Münzen in den Automaten steckte, riß ein Beamter die Tür auf und nahm ihn fest. Flucht war zwecklos, weil weitere Polizisten die Zelle umringten. Der Versuch, eine im Hosenbund versteckte Pistole zu ziehen, wurde von dem Karatekämpfer der Observationsgruppe mit einem Schlag vereitelt.

Gegen 19.10 Uhr öffnete auf das Klingeln der Polizei die Frau in der Lehrer-Wohnung die Tür. Blitzschnell warfen sich mehrere Fahnder auf die Unbekannte, die sich mit Händen und Füßen wehrte und die Beamten beschimpfte. „Schweine, Scheißbullen." Sie besaß einen Reisepaß Nr. C 8742503 auf den Namen Marion

Maria Luckow; ihr Begleiter wies sich als Westfale Dietmar Höhne aus. Er hatte den Reisepaß B 6819836, ausgestellt in Düsseldorf. Das Lichtbild des Passes hatte er ausgetauscht. Der echte Höhne stammte aus Mückenloch bei Heidelberg. Von dort kam auch der Festgenommene, den das Bundeskriminalamt als den steckbrieflich gesuchten Gerhard Müller, geboren am 16. 6. 1948 in der sächsischen Gemeinde Wuhnitz, identifizierte. Die Identität der angeblichen Maria Luckow konnte dagegen erst nach einer Röntgenuntersuchung des Schädels, mehrerer Narben am Körper sowie bei der Gegenüberstellung mit Karl-Heinz Ruhland, der eineinhalb Jahre zuvor festgenommen worden war, einwandfrei geklärt werden. Bis dahin war sich die Polizei aber bereits sicher, daß sie an diesem Tag Ulrike Meinhof, die Mitgründerin der „Rote Armee Fraktion", gefaßt hatte. Im Bundeskriminalamt gab es eine Fülle von Indizien über den Weg, den die Journalistin seit dem Untertauchen am 14. Mai 1970 zurückgelegt hatte.

Fingerabdrücke von ihr wurden in Bandenverstecken in Hamburg (Lübecker Straße 139, Heegbarg 13, Thiedeweg 56), Frankfurt am Main (Ludwig-Landmann-Straße 342, Inheidener Straße 69) und Kaiserslautern (Almenweg 7e) gefunden; ferner in dem Opel Diplomat mit dem Falschkennzeichen KI – S 205, der in der Hamburger Garage Haldersdorfer Straße 162 stand.

Handschriften, die ihr zugeordnet wurden, entdeckte die Polizei ebenfalls in diesen konspirativen Wohnungen, außerdem in Berlin (Budapester Straße 39, Eden-Apartmenthaus, Knesebeckstraße 89 und Grunewaldstraße 23), Kiel (Schweffelstraße 10), Frankfurt (Unterlindau 28) und Hamburg (Paulinenallee 36).

In dem Gepäck, das die Polizei am 15. Juni 1972 in der Wohnung des Lehrers sicherstellte, befanden sich eine Maschinenpistole mit Schulterstütze, Kaliber neun Millimeter und eine Waffe aus einem belgischen Armeedepot, die einem belgischen Soldaten am 21. 4. 1959 nach einem Manöver in Westdeutschland angeblich abhanden gekommen war. Die BKA-Techniker stellten fest, daß eine Patronenhülse, die in dem Kieler Versteck

Scheffelstraße 10 lag, in der Maschinenpistole gezündet worden war. Für diese Waffe schleppte Ulrike Meinhof drei Magazine mit 89 Schuß Munition mit. Zur Reise-Ausrüstung gehörten weiter eine Pistole Walther P 38, Kaliber neun Millimeter, zwei Magazine mit je acht Patronen, eine Pistole Heckler & Koch, Modell 9 P, ein Sprengkörper in Form einer Feldflasche und zwei Sprengkörper nach Art von Handgranaten. Diese waren sämtlich mit Sprengstoff gefüllt und mit Zündern ausgerüstet. In einer Reisetasche waren zahlreiche Werkzeuge und fünf Abziehvorrichtungen für Kraftfahrzeugschlösser. In der schwarzen Samtjacke, die sie vor ihrer Festnahme trug, entdeckten die Kriminalisten Aluminiumteilchen. Bei der chemischen und mikromorphologischen Spezialuntersuchung im Bundeskriminalamt stimmten die Teilchen mit dem von der Baader-Meinhof-Bande als Komponente der Sprengstoffgemische verwendeten Aluminiumpulver überein. Zehn verschiedene Zylinderschloßschlüssel trugen Bezeichnungen wie „Laube", „Unien" und „Sack". Der Schlüssel „Laube" paßte zu der konspirativen Wohnung Pflug, Inheidener Straße 69 in Frankfurt, ein Schlüssel zu der Wohnung im Berliner Eden-Apartmenthaus, das die RAF nach einer Verpuffung von Zündsatz-Mischungen fluchtartig verlassen hatte.

Alarm löste der Fund eines Kassibers aus, der sich in der Samtjacke befand. Durchschriften von zwei DIN-A-4-Bogen, einseitig und eng beschrieben, enthielten Nachrichten und Anweisungen an Ulrike Meinhof, die den organisatorischen Zusammenhalt der RAF unter dem Fahndungsdruck sichern und die Fortsetzung der terroristischen Anschläge gewährleisten sollten.

„Urheberin des Schreibens ist zweifelsfrei Gudrun Ensslin, die am Abend des 7. 6. 72 in die Justizvollzugsanstalt Essen eingeliefert worden war", heißt es in einem Gutachten des Bundeskriminalamtes. „In direkter Rede werden die Umstände ihrer Festnahme, ihre eigenen Reaktionen und die an sie gerichtete Frage eines Kriminalbeamten während des Überführungsfluges von Hamburg nach Essen zutrefffend geschildert."

Aus dem Gesamtzusammenhang ergab sich für die Polizei, daß der Inhalt des Kassibers für Ulrike Meinhof bestimmt war. Sie wurde in dem verschlüsselten Papier mit „Liesel" angesprochen. Die Bedeutung der chiffrierten Anweisungen, Ortsbezeichnungen und Namen wurde bis auf geringfügige Reste geklärt. So war mit der Passage „a) dem Mieter der Laube, Ga weiß welche Stadt, Tel. Buch, jetzt 680, m i. Briefkasten werden für Juli, besprochen ist auch, daß er 1. August kündigt . . ." gemeint, daß dem Anmieter des Bandenversteckes Inheidener Straße 69 in Frankfurt die Miete wie üblich in den Briefkasten geworfen werden sollte. „Ga" gleich Gabi (Irmgard Möller) kenne seinen Wohnort. Dieser war Esslingen.

Es gab ferner Hinweise auf weitere Terrorakte: „Ha: noch 2 × . . . davon 1 Mal Amerika (möglichst!) und 1 Mal wie besprochen und wäre sinnvoll in Liesels Stadt; aber erst weg, sofort, vom Faß aus ebenso gut zu machen, reicht auch: in 4 Wochen . . ."

Damit waren zwei weitere Bombenanschläge, vermutlich in Hamburg, gemeint, von denen einer gegen ein amerikanisches Objekt gerichtet werden sollte. Außerdem waren Geiselnahmen geplant.

„d) Kl. Figuren suchen, einzeln, erstmal Valentin, und wenn dafür 3 gekillt werden müssen, Ultimatum einhalten (s. neuer Beschluß d. Innenminister: ‚Leben der Geisel hat Vorrang vor Ergr. der Gewaltverbrecher')."

Mit Valentin war offenbar ein Kriminaloberrat in Hamburg gemeint, der im Austausch gegen inhaftierte Mitglieder der RAF wieder freigelassen werden sollte. Für diese Häftlinge wurde ein Aufnahmeland gesucht.

„c) Lie: wir haben i. Zusch. mit dem alten Ehepaar über ein Land gesprochen; Aufgabe für Dicken, das 1 mögliche checken; für Aufnahme od. eben das Land des Redners. Frage von Kohle in diesem Falle: Soll der Dicke selber ranschaffen, andernfalls brecht die Zusammenarbeit mit ihm ab . . ."

Mit dem einen Land war anscheinend der Libanon gemeint,

dessen Eignung jedoch wegen der Aufnahme diplomatischer Beziehungen stark angezweifelt wurde. Mit dem Land des „Redners" meinte die RAF das kommunistische Nordkorea, das wegen der riesigen Entfernung für die Terroristen in Deutschland eine Frage der „Kohle" (Geld) war. Ulrike Meinhof hatte an den nordkoreanischen Staats- und Parteichef Kim II Sung, „an die Partei der Arbeit der Volksrepublik Korea", geschrieben und auf die „Reden und Aufsätze des Vorsitzenden Kim II Sung" Bezug genommen. Die RAF dachte daran, in Nordkorea ein Ausbildungs- und Erholungslager einzurichten. Die Polizei bezeichnete den Ensslin-Kassiber als ein äußerst wichtiges Dokument für die konspirative Tätigkeit der RAF, das in seiner Bedeutung als Beweismittel für den Prozeß gegen die terroristischen Führer kaum abzuschätzen sei.

Für die Herstellung des „Tatschreibens", so die ermittelnde Behörde, wurde eine elektrische IBM-Schreibmaschine mit einem Kugelschreibkopf des Typs Dual Gotic benutzt. Der Strafgefangenen Ensslin stand in der Haftanstalt aber keine Schreibmaschine zur Verfügung. Sie muß den Inhalt handschriftlich fixiert oder einer Kontaktperson mündlich übermittelt haben, die sich dabei Notizen gemacht oder ein Tonbandaufnahmegerät benutzt hat. Die Aufzeichnungen seien aus dem Gefängnis Essen herausgeschmuggelt, in Maschinenschrift umgesetzt und eine Durchschrift an Ulrike Meinhof weitergeleitet worden, stellte die Polizei fest. Es heißt in dem Aktenbericht: „Nach Sachlage besteht der Verdacht, daß Rechtsanwalt Otto Schily, geb. 20. 7. 32 in Bochum, dafür verantwortlich ist. Nur er hat die beschuldigte Ensslin in der in Betracht kommenden Zeit – am 12. 6. 72 – besucht und zweieinhalb Stunden allein gesprochen. Der BGH bestätigte den Ausschluß Schilys von der Verteidigung mit der Begründung, die Funktion eines Strafverteidigers sei mit der Rolle eines teilnahmeverdächtigen Mitbeschuldigten unvereinbar. Das Bundesverfassungsgericht gab der Verfassungsbeschwerde statt, weil weder eine gesetzliche noch eine gewohnheitsrechtliche Handhabe für den Verteidigungsausschluß gegeben sei", heißt es in dem Ermittlungsbericht. Der Verdacht gegen Schily, der Gudrun Ensslin anwaltlich betreute, aber vor Abschluß des Prozesses die Verteidigung niederlegte, ist nicht aufrechterhalten worden. Die Kassiber-Affäre wurde ungeklärt zu den Akten gelegt.

Die terroristische Szene zeigte von 1973 an deutliche Veränderungen. Von 1969 bis 1972 traten in der Bundesrepublik Deutschland nur wenige, am Schluß straff zusammenarbeitende politisch-kriminelle Vereinigungen wie die Baader-Meinhof-Bande, das Heidelberger Sozialistische Patientenkolletiv und die Berliner „Bewegung 2. Juni" auf. Und während in den Jahren 1969 bis 1972 – von der Ausbildung einiger Mitglieder der Baader-Meinhof-Bande in Al Fatah-Lagern abgesehen – eine Begrenzung auf Tätigkeiten in der Bundesrepublik zu beobachten war, zeigte die Szene in den folgenden Jahren „vielseitige internationale Verflechtungen", analysierte der Polizeichef von Baden-Württemberg, Alfred Stümper, in der WELT frühzeitig die Veränderungen in Richtung Internationalisierung des Terrorismus. Die Gruppen nahmen untereinander Querverbindungen auf, wobei eine internationale Kommandozentrale aller Terroristen jedoch nicht existierte. In Deutschland hatten wir es von 1973 an – der bisherige „harte Kern" der RAF-Stadtguerilla war seit dem Sommer 1972 zerschlagen – mit einer aufgefächerten Szene mit Schwerpunkten in verschiedenen Städten wie Berlin, Hamburg, Frankfurt zu tun. An Häuserwänden tauchten Durchhalteparolen auf: „Der Kampf geht weiter."

IX. Politiker als Geisel: Häftlinge freigepreßt

Am 9. November 1974 starb in dem Gefängnis Wittlich in der Eifel der Häftling Holger Meins. Der frühere Berliner Kommunarde hatte sich dem Hungerstreik der „Rote Armee Fraktion“ angeschlossen, mit dem die Zusammenlegung der Gefangenen aus der terroristischen Szene erreicht werden sollte. Seinen Tod wollte die „Bewegung 2. Juni“ in Berlin durch eine gegen die Justiz gerichtete Aktion rächen und zugleich die Forderung der inhaftierten Gewalttäter unterstützen, die angebliche „Isolationsfolter“ in den Haftanstalten aufzuheben. Die Anhänger vom „2. Juni“ beschlossen, als Repräsentanten der Justiz den Präsidenten des Berliner Kammergerichts Günter von Drenkmann zu entführen. Falls das Kidnapping mißlinge, sollte der Richter erschossen werden. Für die Entführung hatte sich die kleine Gruppe raffiniert vorbereitet. Zur Tarnung war ein Trödlerladen mit einem Kellerraum in der Schenkendorfstraße 7 in Kreuzberg unweit des Checkpoint Charlie, des Ausländerüberganges zwischen Ost- und West-Berlin, als Geiselquartier hergerichtet worden.

Kammergerichtspräsident von Drenkmann wohnte im Hochparterre in einem Mietshaus an der Bayernallee 10–11 im Stadtteil Westend. Die Tür war außer mit einem üblichen Schloß mit einer zweistufigen starren Innenverriegelung gesichert. Von der Diele aus konnte die Haustürschließanlage bedient werden. Es gab eine Gegensprechanlage und in der Wohnungstür war ein „Spion“. Schilder mit dem Namen von Drenkmann waren an der Haustür, im Treppenhaus und an der Wohnungstür angebracht.

Am Abend des 10. November 1974 hielten sich die Eheleute von Drenkmann allein in ihrer Wohnung auf. Gegen 20.40 Uhr klingelte es. Frau von Drenkmann erkundigte sich an der Gegensprechanlage, wer geläutet habe und hörte die Stimme eines Mannes, der mitteilte, er habe den Auftrag, Blumen von Fleurop abzugeben. Da ihr Mann am Tag zuvor 64 Jahre alt geworden war, öffnete Frau von Drenkmann trotz später Stunde die Haustür durch Knopfdruck. Bevor sie die Wohnungstür öffnete, sah sie durch den „Spion" im beleuchteten Korridor einen Mann, der einen teilweise umhüllten Nelkenstrauß in der Hand hielt. Auch ihr Ehemann sah durch den „Spion". Seine Frau öffnete die Tür bis zur ersten Stufe der Verriegelung. Nach einem kurzen Gespräch erweiterte sie die Öffnung bis zur zweiten Verriegelungsstufe, um die Blumen in Empfang zu nehmen. In diesem Moment griff der Blumenbote zu, um die Türsicherung auszuhaken; gleichzeitig wurde von außen gegen die Wohnungstür starker Druck ausgeübt. Erschrocken stemmten sich die Eheleute gegen die Tür, unter dem Schock des Überfalls brachten sie keinen Ton heraus, mit dem sie vielleicht Nachbarn hätten alarmieren und somit die Eindringlinge in die Flucht treiben können. Die Türsicherung wurde plötzlich durch die heftigen Schwankungen entriegelt, die Wohnungstür flog auf, und der Bote stürmte zusammen mit zwei Männern in die Diele; zwei weitere sicherten das Treppenhaus. Die Täter versuchten, den Richter aus der Wohnung zu zerren, einer schrie „Komm doch mit, verfluchter Kerl!". Günter von Drenkmann wehrte sich, von seiner Frau verzweifelt unterstützt, und beide riefen laut um Hilfe. In dem Handgemenge fiel ein Schuß. Da es den Gangstern lediglich gelang, von Drenkmann bis an die Schwelle der Wohnungstür zu zerren, gaben sie den Entführungsplan auf und drängten ihn mit dem Rücken gegen die Wand zwischen Tür und Spiegelecke. Während sie ihn dort umringten, gab einer der Männer wie vorher abgesprochen zwei gezielte Schüsse auf den Gerichtspräsidenten ab. Die Kugeln trafen ihn in die Brust und töteten ihn.

In einem am selben Abend verfaßten „Bekennerbrief" rühmten sich die Mörder mit ihren Helfern, daß sie an dem hohen Berliner Richter Rache für den Tod von Holger Meins genommen hätten. Die Erklärung lautete:

„Als Petra Schelm ermordet wurde, haben wir gesagt: Rache für Petra. Als Georg von Rauch ermordet wurde, haben wir gesagt: Rache für Georg; und wir sagten es auch bei allen weiteren

Morden: Tommy Weissbecker, McLoed, Jürgen Jendrian, Günther Routhier, Richard Epple und allen ‚Verstorbenen der deutschen Knäste'. Sie alle wurden in gemeinschaftlicher Verantwortung von Justiz, Staatsanwaltschaft, Verfassungsschutz und Polizei erschossen und erschlagen. Unsere Parolen blieben in Wahrheit nur Ohnmacht. Gestern ist der Revolutionär Holger Meins dem Justizmord zum Opfer gefallen. Er war mit 42 anderen Häftlingen im Hungerstreik für die Aufhebung der Folter durch Isolation und die Sonderbehandlung der politischen Gefangenen. Nach 58 Tagen ist Holger Meins verhungert, da ihm nicht genug künstliche Nährmittel zugeführt wurden. Holger Meins hat für das Volk gekämpft, auch wenn es heute noch nicht alle begreifen. Als der Hungerstreik der Häftlinge begann, haben wir gesagt, wenn die Vernichtungsstrategie erneut das Leben eines Revolutionärs kostet, werden die Verantwortlichen selber mit ihrem Leben bezahlen.

Günter von Drenkmann war der oberste Richter in Berlin. Er gehörte somit zum ‚harten Kern' der Verantwortlichen. Unsere Forderungen nach Erfüllung der von den Gefangenen gestellten Bedingungen lehnte Richter Drenkmann ab. Damit nahm er in Kauf, daß noch weitere Revolutionäre in deutschen Haftanstalten sterben. Wer Gewalt sät, wird Gewalt ernten!!! Wir fordern Aufhebung der unmenschlichen Haftbedingungen in allen Gefängnissen der BRD und Westberlins!!! Bewegung 2. Juni".

Der Text des Bekennerbriefes und entsprechende Briefumschläge für Redaktionen wurden mit der Schreibmaschine der Marke „Diamant X", Seriennummer 3744, geschrieben. Von dieser Maschine ließ die Staatsanwaltschaft am 28. April 1975 bei einer Wohnungsdurchsuchung, fünf Monate nach dem Mord, in der Reuterstraße 43/44 eine Schriftprobe nehmen. Dort wohnten die später vor Gericht gestellten und zu hohen Freiheitsstrafen verurteilten Anhänger des „2. Juni" Ronald Fritzsch und Gerald Klöpper im Zeitraum der Ermordung des Kammergerichtspräsidenten. Sechs gleichlautende Exemplare der Schrift „Als Petra Schelm ermordet wurde . . ." sowie die Fotokopie eines Entwurfes mit gleichlautendem Text, aber einer anderen Zeilenanordnung wurden in der von allen Gruppenmitgliedern benutzten Fälscherwerkstatt Birkbuschstraße 48 gefunden. Die Polizei enteckte auch die Blumenverkäuferin, die am 10. November zwischen 18 und 19 Uhr der Terroristin Juliane Plambeck, die sich später der RAF in Süddeutschland anschloß, den Nelkenstrauß verkauft hatte, mit dem sich die Täter Einlaß in die Wohnung von Drenkmanns verschafft hatten. Frau von Drenkmann identifizierte später den Terroristen Ralf Reinders, einen früheren Offsetvervielfältiger, als „Blumenboten". Als die Fahnder schließlich im Laufe des Jahres den aus Bremen nach Berlin gereisten Andreas Vogel, geflüchteten Fürsorgezögling, festnahmen, hatte er einen geladenen Revolver „Smith & Wesson" Nr. 727606, Kaliber 38 Spezial, bei sich. Aus dieser Waffe wurden nach den Untersuchungen der Kriminaltechniker drei Teilmantel-Hohlspitz-Geschosse verfeuert, die im Korridor der Wohnung von Drenkmanns, in dessen Kleidung und in dessen Körper gefunden worden waren.

In ihren Wohnungsverstecken, die wiederum unverdächtige Sympathisanten gemietet hatten, beriet die Gruppe, wie nach dem Scheitern der Entführung des Kammergerichtspräsidenten eine Persönlichkeit des öffentlichen Lebens erfolgreich entführt werden könnte.

Mit dieser Geiselnahme wollten sie Kritik an dem skrupellosen Mord an von Drenkmann, der nicht das Geringste mit dem selbstverschuldeten Tod Holger Meins' zu tun gehabt hatte, übertönen und die Öffentlichkeit von diesem Verbrechen ablenken. Die Staatsanwaltschaft wies später bei der Anklageerhebung gegen die Täter darauf hin, daß diese die Macht kleiner Gruppen demonstrieren wollten, dem Staat durch organisierte Gewaltaktionen ihren Willen aufzuzwingen.

Andere anarcho-terroristische Gruppierungen würden dadurch vielleicht ermuntert, mit ähnlichen Aktionen den Staat und seine Einrichtungen ebenfalls zu bekämpfen. Nach gelungenem Kidnapping sollte eine Freilassung vom Austausch des

Opfers gegen zu hohen Freiheitsstrafen verurteilte Gesinnungsgenossen abhängig gemacht werden.

Bereits Anfang November 1974, mehrere Wochen vor der Ermordung des Kammergerichtspräsidenten war die Gruppe gerüstet, aus dem Untergrund heraus Entführungen zu organisieren. Die Bande besaß eine Reihe konspirativ gemieteter Wohnungen und Garagen, falsche Ausweispapiere, Waffen, Munition und das erwähnte gut getarnte Versteck als Geiselzelle in Berlin-Kreuzberg. Am 2. Dezember 1974 überfielen Mitglieder der „Bewegung 2. Juni" die Zweigstelle der Bank für Handel und Industrie in Berlin-Charlottenburg, Harlemweg 21. Dort erbeuteten sie 48 000 Mark. Einige Gruppenangehörige suchten Adressen von Persönlichkeiten des öffentlichen Lebens und beobachteten Fahrten von der Wohnung zur Dienststelle, um herauszufinden, wen sie mit geringstem Risiko entführen könnten. In einer öffentlichen Bücherei kopierten sie biografische Daten. So erkundeten sie die jeweiligen Wohngrundstücke des damaligen Regierenden Bürgermeisters von Berlin, Klaus Schütz (SPD), von Senatoren und Oppositionspolitikern, wobei die Entfernung zum nächsten Polizeirevier eine Rolle spielte. Als Opfer wurde schließlich Peter Lorenz, der Vorsitzende der Berliner Christlich-Demokratischen Union ausgewählt. Getarnt als Spaziergänger, Autofahrer und Lastwagentransporteure beobachteten Mitglieder der Gruppe, zu welchen Zeiten Peter Lorenz das Haus verließ, über welche Straßen und mit welchem Wagen er zum Haus des CDU-Landesverbandes in der Innenstadt fuhr. Dabei stellten sie fest, daß er gewöhnlich gegen 7.45 Uhr von seinem Fahrer an seinem Haus am Elvirasteig in dem Villenvorort Schlachtensee abgeholt wurde. Die Fahrtroute ging über den Quermatenweg, Onkel-Tom-Straße zur Avus und von dort zu seinem Büro an der Lietzenburger Straße. Obwohl die Berliner Polizei die Planung des Überfalls später in jeder Phase rekonstruierte, wurden daraus – wie zwei Jahre später im Fall Hanns Martin Schleyer – keine Konsequenzen gezogen. Weil die Beute des Banküberfalls vom 2. Dezember 1974 nicht ausreichend erschien, um die einkalkulierte intensive Fahndung nach einer Entführung zu überstehen, überfiel die Gruppe am 17. Februar 1975 die Zweigstelle 123 der Berliner Sparkasse. Dabei fielen den Tätern 60000 Mark und 10000 Mark in Devisen in die Hände. Nach diesem Überfall wählten sie den 27. Februar 1975 als „Tag X". Zwei Tage vorher mietete am 25. Februar ein Angehöriger der Gruppe unter dem Namen Hans-Peter Schubert aus Wilhelmshaven, Brückenstraße 12, geboren am 8. August 1950 in Hannover, bei der Firma Karolewicz in Berlin-Charlottenburg den Lastkraftwagen Mercedes LP 811 mit dem polizeilichen Kennzeichen B – L 9458. Die Miete wurde bis 27. Februar, 17 Uhr, vereinbart. Bereits am 26. Februar brachte der Mietfahrer den LKW jedoch zurück und bezahlte den vollen Mietzins für die vereinbarte Leihdauer von zweieinhalb Tagen. Am selben Tag mietete ein anderes Mitglied vom „2. Juni" unter dem Namen des Sportlehrers Bodo Spickermann denselben Lastwagen erneut bis zum 27. Februar um 17 Uhr. Er verlangte wie der Vormieter einen Tragegurt. Die dafür verwendeten Personalpapiere hatten Bandenmitglieder dem Sportlehrer Spickermann am 25. April 1974 im Berliner Arndt-Gymnasium entwendet.

Am 27. Februar fuhren die Mitglieder der Gruppe zu ihren jeweiligen Einsatzorten. Zwei parkten den Lastkraftwagen vor dem im Ithweg Ecke Quermatenweg gelegenen Haus des Pfarrers Karnack. Es war 7.15 Uhr, als sie den LKW auf der in Richtung Quermatenweg gesehen linken Straßenseite so abstellten, daß vom Führerhaus über den Vorgarten des Pfarrhauses hinweg der Quermatenweg in Richtung Fischerhüttenstraße eingesehen werden konnte.

Zwei Mitglieder fuhren mit einem am 8. Februar gestohlenen Personenwagen, einem roten Ford Consul-Kombi, vor 7.45 Uhr vor das Grundstück Quermatenweg 134. Sie stiegen aus und entfernten sich. Erst kurz vor dem geplanten Überfall kehrten sie zum Wagen zurück und fuhren in den Ithweg. Dort parkten sie kurz vor der Einmündung zum Quermatenweg auf der rechten Straßenseite.

Zwei weitere Gruppenmitglieder, eine Frau und ein Mann, fuhren mit einem am 13. August 1974 gestohlenen roten Fiat 124 Spezial zur gleichen Zeit in die Hermannstraße und blieben beim Halt unmittelbar an der Einmündung in den Quermatenweg im Wagen. Sie beobachteten zunächst den Quermatenweg in Richtung Fischerhüttenstraße. Gegen 8.10 Uhr fuhren sie in einen Parkhafen im Quermatenweg an der Einmündung zur Hermannstraße und beobachteten mit laufendem Motor die Umgebung. Bei jedem vorbeifahrenden Wagen bückte sich der Beifahrer und kündigte das Fahrzeug über ein Funksprechgerät den Komplicen des im Ithweg geparkten LKW an.

Ein Komplice hielt sich im Quermatenweg in Höhe der Einmündung des Siebenendenweges auf der Seite auf, an die der Grunewald grenzt. Dieser Mann hatte einen Besen und trat als Straßenreiniger auf.

Der Kraftfahrer Werner Sowa hatte an diesem Tag den Auftrag, den CDU-Vorsitzenden um 8.50 Uhr mit dem Dienstwagen, einem schwarzen Daimler-Benz 200, von seinem Haus abzuholen. Das Auto hatte das Tarnkennzeichen B – AC 774, zugelassen unter dem Senatsfuhrparkkennzeichen B-1-2. Sowa war der ständige Fahrer von Peter Lorenz. Er fuhr gegen 8.30 Uhr durch den Quermatenweg, Fischerhüttenstraße, Klopstockstraße bis zur Limastraße. Dort wartete er an diesem Tag wie gewöhnlich etwa 10 Minuten und fuhr dann gegen 8.45 Uhr vor das Haus von Peter Lorenz. Dieser stieg ein, nahm auf dem Beifahrersitz Platz. Gegen 8.50 Uhr startete der Wagen zur CDU-Zentrale in der Lietzenburger Straße 46. Die Fahrt führte wie üblich über den Quermatenweg.

Etwa gegen 8.47 oder 8.48 Uhr fuhr der Kraftfahrer Arno Kirsch mit dem schwarzen Daimler-Benz 200, ebenfalls einem Dienstwagen, der das Tarnkennzeichenschild B – AL 8296 hatte, den Präsidenten des Amtsgerichtes Berlin-Tiergarten, Dr. Münn, von dessen Wohnung in Schlachtensee zum Gericht. Beim Herannahen dieses Wagens im Quermatenweg Richtung Ithweg glaubte der Beobachter im Führerhaus des Lastwagens, Peter

Lorenz nähere sich, und startete den LKW. Daraufhin bremste der Fahrer Kirsch den Dienstwagen, brauchte jedoch nicht anzuhalten, weil der Lastwagenfahrer noch rechtzeitig erkannt hatte oder über Sprechfunk erfuhr, daß es sich nicht um das Fahrzeug von Peter Lorenz handelte. Folglich fuhr der LKW wieder in den Ithweg zurück.

Inzwischen war Werner Sowa vom Elvirasteig über die Fischerhüttenstraße gefahren. Als er von dort aus nach links in den Quermatensteig einbog, sah er den roten Fiat 124 Spezial mit dem gefälschten Kennzeichen B - P 8077 vor sich. Die Frau am Lenkrad fuhr den Quermatenweg von der Einmündung Hermannstraße in Richtung Wasserkäfersteig und bog bald darauf nach rechts in diese Straße ein. Während Sowa sich dem in den Quermatenweg einmündenden Ithweg näherte, fuhr der Lastwagen, den die Bande gemietet hatte, und dessen linke Blinker aufleuchteten, langsam in den Quermatenweg ein. Sowa bremste sein Fahrzeug, um dem von rechts kommenden Lkw Vorfahrt zu gewähren. Im selben Augenblick, als er anhielt, fuhr der rote Fiat 124 S, der dem Dienstwagen gefolgt war, von hinten auf das Auto auf. Sowa stellte den Motor ab und stieg aus, um sich den Schaden anzusehen. Als er das Heck des Wagens betrachtete, lief der vermeintliche Straßenfeger zu dem Fahrer und schlug ihm mit einem Knüppel auf den Hinterkopf. Sowa stürzte auf das Pflaster und blieb zwischen den Fahrzeugen liegen; benommen hörte er Hilferufe von Peter Lorenz, auf den sich mehrere Terroristen gestürzt hatten. Der Fahrer bemerkte, daß der Dienstwagen gestartet wurde. Um nicht überrollt zu werden, kroch er auf den Gehweg. Dort sah er einen der Täter auf der Fahrbahn im Quermatenweg hinter der Einmündung Ithweg stehen. Mit einer Maschinenpistole sicherte er den Überfall gegen Verfolger.

Unmittelbar nachdem Sowa kampfunfähig geschlagen worden war, rissen mehrere Personen die Wagentüren des Dienstautos auf und zerrten Peter Lorenz trotz heftiger Gegenwehr in den Wagenfond. „Halt die Schnauze, denk an Drenkmann“, schrie einer der Terroristen. „Wehr dich nicht, sonst wirst du umgelegt." Während Lorenz laut um Hilfe rief, streifte ihm einer der Gangster von hinten eine Art Kapuze über den Kopf, ein anderer zog ihm einen Stoffknebel durch den Mund und fesselte seine Hände mit einer Metallfessel der Marke „Alzyon". Bei dem Handgemenge stemmte Lorenz seine Beine derart gegen die Frontscheibe des Wagens, daß er diese aus der Fassung drückte. Drohend rief ihm einer der Kidnapper zu: „Zieh' die Beine an! Nu, mach' schon! Sonst wirst du abgeknallt!" Ein anderer rief: „Tür zu!" Danach fuhr der Wagen ab. Eine Frau spritzte ihm ein starkes Beruhigungsmittel in den Oberschenkel. Kurz vorher hatte der Fahrer des Miet-Lkw den Wagen in den Ithweg zurückgesetzt. Er stieg in den im Ithweg unmittelbar vor dem Quermatenweg fahrbereit abgestellten roten Ford Consul ein. Mit ihm erreichte auch der den Quermatenweg sichernde bewaffnete Terrorist den Ford Consul, mit dem beide nach „fliegendem Start" dem Dienstwagen folgten. Den Lastwagen und den Fiat 124 S ließen die Täter zurück.

Mit hoher Geschwindigkeit fuhren die Kidnapper durch den Quermatenweg, die Onkel-Tom-Straße und den Hüttenweg durch den Grunewald zur Avus, von der sie gegen 9 Uhr auf den Messedamm am Funkturm und anschließend in die Neue Kantstraße einbogen. In der Tiefgarage Neue Kantstraße 8–9 fand eine Polizeistreife bei der Großfahndung gegen 13.20 Uhr im hinteren Teil der Garage vor den Boxen 25 und 26 den Dienstwagen. Von hier aus waren die Täter mit ihrem Opfer verschwunden. Jetzt konnte der Geisel-Keller in Kreuzberg erstmals für ein Opfer benutzt werden.

Die Verbindung zu dem Eigentümer des Altberliner Hauses in der Schenkendorfstraße 7 hatte Gabriele Rollnick, ein zuverlässiges Gruppenmitglied, hergestellt. Sie unterzeichnete jedoch den Mietvertrag nicht selbst, sondern setzte eine unverdächtige Frau ein, die sie im Kreuzberger Frauenzentrum in der Hornstraße 2 kennengelernt hatte. Ihr täuschte sie vor, daß sie in der Ladenwohnung ebenfalls einen Frauentreffpunkt einzurichten gedenke, wobei der Laden zur teilweisen Deckung der Unkosten als Trödelgeschäft genutzt werden sollte. Die „Strohfrau", die mit der Film- und Fernsehakademie in Verbindung stand, an der auch der bald darauf an den Folgen eines Hungerstreiks verstorbene Holger Meins und der Züricher Fabrikantensohn Werner Sauber, ein Unterstützer der Gruppe, Schüler gewesen waren, bezahlte die Miete von einem von ihr eingerichteten Sonderkonto und beschaffte die Gewerbeerlaubnis auf ihren Namen. In Wirklichkeit diente der Trödelladen ausschließlich der Verschleierung des Versteckes von Peter Lorenz.

Der Kern der „Bewegung 2. Juni" setzte sich im Spätsommer 1974 aus acht Personen zusammen. Es handelte sich um Fritz Teufel, der aus München an die Freie Universität Berlin gekommen war, Ralf Reinders, Ronald Fritsch, Gerald Klöpper, Till Meyer sowie um die Frauen Inge Viett, die sich 1977 der reorganisierten „Rote Armee Fraktion" anschloß, Juliane Plambeck, die später bei einem Verkehrsunfall in der Nähe von Heidelberg getötet wurde, und Gabriele Rollnick. Auf das Konto des „2. Juni" gingen bis Anfang 1974 der nicht beabsichtigte Tod des Bootsbauers Erwin Beelitz in Berlin-Gatow und Anstiftung zum Fememord an dem Studenten Ulrich Schmücker, einem Völkerkundler, der Kontakte zu Emiraten knüpfte und sich in Deutschland an Anschlägen beteiligte. Sein Verhängnis wurde nicht, daß er beim Verfassungsschutz nach seiner Festnahme in Bad Kreuznach ein Geständnis ablegte, sondern nach dem Aussteigen aus der Terror-Szene den früheren Gesinnungsgenossen erneut seine Unterstützung anbot und vorschlug, den Berliner Terroristenfahnder Michael Grünhagen alias Peter Rühl, dem er sich anvertraut hatte, in eine Falle zu locken: Ein Wendemanöver als Preis für den Wiedereinstieg. Das hielten die Terroristen für eine Täuschung. Inge Viett gab Weisung, Schmücker als Verräter zu töten. Den Killer fand sie in einer Kommune in der Wolfsburger Bäckergasse. Mit dem Köder, die Irische Untergrundarmee IRA wolle sich seine Kenntnisse nutzbar machen, wurde Ulrich Schmücker am 4. Juni 1974 in den Berliner Grunewald gelockt und erschossen. Das Urteil gegen die als

Mitanstifterin beschuldigte Ilse Schwipper – lebenslange Freiheitsstrafe – wurde in drei Instanzen vom Bundesgerichtshof jedesmal wieder aufgehoben. Nicht nur dieser längste Strafprozeß in der deutschen Justizgeschichte, der auch 1989 noch nicht abgeschlossen war, wunderte den Bürger. Verwunderlich war auch, daß keiner aus dem Kreis der rund ein Dutzend Verteidiger in diesem Verfahren die Vorlage der Mordwaffe verlangte. Der Colt wurde im Tresor des Verfassungsschutzes aufbewahrt, um einen V-Mann in der Terroristengruppe zu decken.

Nach der Ermordung Ulrich Schmückers durch die Wolfsburger Gruppe und der Festnahme der Tatbeteiligten mit Ausnahme Inge Vietts gab die „Bewegung 2. Juni“ das Konzept, Aktionen auf Mini-Gruppen aufzuteilen, auf. Es wurde eine zentrale Gruppe gebildet. Die Bande mietete im bürgerlichen Stadtteil Steglitz eine Ladenwohnung und richtete eine große Fälscherwerkstatt ein, die als Maler-Atelier getarnt wurde. Diese Wohnung Birkbuschstraße 48 diente auch als Munitionslager, Werkstatt für Bombenherstellung wie zur Maskierung der Mitglieder von Banküberfällen. Das Quartiernetz wurde im Spätherbst 1974 mit dem Geiselversteck Kreuzberg und fünf weiteren konspirativen Wohnungen komplett.

Die Entführer von Peter Lorenz waren an jenem 27. Februar zunächst mit ihrem Opfer in eine Garage gefahren. Dort ließen sie Lorenz aussteigen und drohten: „Renn’ nicht weg! Schrei nicht! Mach’, was wir wollen, dann passiert dir nichts, sonst wirst du umgelegt!“ Auf Weisung der Entführer legte sich Lorenz, von den Kidnappern entsprechend bugsiert, auf die Ladefläche eines Fahrzeuges, auf der er wegen der Abdeckplatte von außen nicht gesehen werden konnte. Er behielt die Kapuze auf. Beim nächsten Halt hatte er das Gefühl, daß er in eine Truhe umgeladen wurde, die sich auf einem Fahrzeug befand. Mit diesem Wagen wurde er zu dem Geiselversteck gebracht. Vor dem Haus Schenkendorfstraße 7 setzten die Entführer die „Truhe“ auf einen rollenden Untersatz und schoben sie in den Hausflur. Passanten mußten annehmen, es handele sich um ein Möbelstück für den Trödelladen. Die Truhe wurde sodann über mehrere Treppenstufen in den Korridor der Ladenwohnung getragen. Dort griffen die Kidnapper Lorenz unter die Arme, um ihn aus seiner eingepferchten Lage auf die Beine zu stellen. Sie führten ihn in den hinteren Raum der Ladenwohnung, in dem sie einen Einstieg in den darunter befindlichen Keller eingerichtet hatten. Vor dem Einstieg legten sie Lorenz, der wegen der Kapuze nichts sehen konnte und zudem Handfesseln trug, ein Seil um, bevor er durch den schmalen Einstieg über eine Holzstiege in den Keller gelotst wurde. Im Keller wurde Lorenz von den Tätern am Fuß der Treppe nach links hinter einen roten Vorhang in die Zelle geführt. Zwei Meter zwanzig breit, etwa drei Meter lang und drei Meter hoch. Rückwand und Seitenwände bestanden aus Dämm- und Styroporplatten, die von Latten gehalten wurden. Die Platten waren mit weißer Rauhfasertapete beklebt. Die Vorderfront bestand aus verzinktem Draht, der auf einen Rahmen aufgenagelt war. In diesem Drahtverschlag war eine Tür eingelassen, die nach dem gleichen Prinzip wie die ganze Vorderfront erstellt war. Die Tür war an Scharnieren aufgehängt und mit Riegeln und Vorhängeschlössern gesichert. Der Fußboden bestand aus unebenem Beton, der mit türkisfarbenem Linoleum ausgelegt war. In der Zelle befand sich eine Campingliege mit drei Stützen, ausgestattet mit einer dickeren Auflage, einem grün-weiß gemusterten Kissen und zwei Wolldecken. Im Raum stand ein kleiner Tisch, ein Wandbrett, ein Metallstuhl mit aufgeklebtem Kissen, ein Kübel für die Notdurft und ein Eimer mit einer Schüssel zum Waschen.

In der Zelle wurden Peter Lorenz die Handfessel und die Kapuze abgenommen. Die Entführer trugen jetzt Monteuranzüge, die sie stets anlegten, wenn sie ihn in der Zelle aufsuchten. Ihre Gesichter hatten sie unter Kissenkapuzen verborgen. Eine Frau nahm Lorenz die persönlichen Gegenstände ab und trug jeden Gegenstand in einer Liste ein, als handele sie wie eine Justizangestellte bei der Einlieferung eines Untersuchungsgefangenen. Während der Registratur standen zwei Terroristen als Wache im Raum; einer hielt eine Maschinenpistole auf die Geisel gerichtet. Sobald die Entführer die Zelle betraten, mußte Peter Lorenz an die Rückwand des Käfigs treten. Anschließend zogen sich die Täter hinter den roten Vorhang zurück, der einen Aufenthaltsraum für die Gruppe verdeckte, die Lorenz bewachen und versorgen mußte. Als die Wachen am 27. Februar die Zelle verließen, forderten sie Lorenz auf, sich auf das Bett zu legen. Das ihm auf der Fahrt in das Versteck gespritzte Beruhigungsmittel kam jetzt offenbar voll zur Wirkung, so daß er bald einschlief. Lorenz erinnerte sich später, daß das Medikament schon in der Truhe wirksam geworden war. Er sei apathisch und schläfrig, zu keinem Zeitpunkt jedoch bewußtlos gewesen.

Am Abend gaben die Entführer in gleichlautenden „Mitteilungen" ihre Bedingungen für die Freilassung des Politikers bei verschiedenen Postämtern ab. Die Postzusteller lieferten diese Schreiben, in denen sich die Entführer als „Bewegung 2. Juni" bezeichneten, am 28. Februar beim Landesbüro der Deutschen Presse Agentur (dpa) am Savignyplatz 6 und beim Abgeordnetenhaus, dem Berliner Parlament, im Rathaus Schöneberg ab. In den Umschlägen befand sich jeweils ein Foto der Geisel. Es zeigte Peter Lorenz in der Zelle. Er war geweckt worden und die Entführer hatten ihm ein Plakat vorgehalten, auf dem in Blockbuchstaben stand: „Peter Lorenz, Gefangener der Bewegung 2. Juni". Als er sich weigerte, das Plakat in die Hand zu nehmen, lehnte einer der Terroristen das Plakat an ihn, und ein anderer fotografierte ihn mehrmals mit einer Polaroidkamera. Auf ein Foto, das seiner Frau, Marianne Lorenz, zugesandt wurde, und von ihr als eines der Bilder erkannt wurde, die er als Wahlreklame für die eine Woche später stattfindende Wahl zum Berliner Abgeordnetenhaus bei sich trug, hatte er geschrieben, daß seine Freilassung „nach Meinung der Bewacher" von der Erfüllung ihrer Bedingungen abhänge. Mit diesen „Mitteilungen" wendeten sich die Terroristen über die jeweiligen Adressaten an die zuständigen staatlichen Stellen. Die Bande sah sich plötzlich in einem Punkt ihres selbstgesteckten Programms am Ziel, vor den Augen der Weltöffentlichkeit die Macht einer kleinen Gruppe vorzuführen und dem Staat das Gesetz des Handelns zu diktieren. In der Nachricht über die gelungene Entführung rechtfertigten die Täter ihre Bewaffnung mit der unwahren Behauptung, der Fahrer des Dienstwagens von Peter Lorenz sei als Leibwächter bewaffnet gewesen. An diese Behauptung schloß sich gezielte Agitation mit der falschen Darstellung an, in den Haftanstalten der Bundesrepublik Deutschland würden „über 60000 Gefangene in Zuchthäusern gefoltert oder unmenschlich behandelt".

Die Begründung für die Entführung selbst war wirr und dazu gedacht, von der eigentlichen Absicht der Tat abzulenken. Hieran schlossen sich konkrete Forderungen an. Der Wortlaut (in Kleinschrift): „1. sofortige freilassung, d. h. annullierung der urteile, der gefangenen, die bei demonstrationen anläßlich der ermordung des revolutionären holger meins in berlin verhaftet und verurteilt sind. diese forderung ist innerhalb von 24 stunden zu erfüllen.

2. sofortige freilassung von

VERENA BECKER
GABRIELE KRÖCHER-TIEDEMANN
HORST MAHLER
ROLF POHLE
INA SIEPMANN
ROLF HEISSLER

die in westdeutschland gefangen gehaltenen genossen KRÖCHER, POHLE und HEISSLER sind binnen 48 Stunden nach west-berlin einzufliegen. eine BOEING 707 vollgetankt und mit 4 mann besatzung bereitzustehen. die obengenannten genossen werden bis zu ihrem reiseziel von einer person des öffentlichen lebens begleitet. die person ist der pfarrer und bürgermeister a.d. h e i n r i c h a l b e r t z außerdem sind den 6 genossen jeweils 20000 DM auszuhändigen. diese forderungen sind binnen 72 stunden zu erfüllen.

3. veröffentlichung dieser mitteilungen in form von anzeigen in folgenden tageszeitungen:

BZ, Tagesspiegel, Abend, Hamburger Morgenpost, Weserku-

rier, Hannoversche Allgemeine Zeitung, Westdeutsche Allgemeine Zeitung, Frankfurter Rundschau, Süddeutsche Zeitung, Kölner Stadtanzeiger, NRZ, TZ, FAZ;
die Anzeigen sind von der cdu zu bezahlen.

während der ganzen zeit seiner gefangenschaft fordern wir absolute waffenruhe von seiten der polizei. keine präsenz auf den straßen, keine kontrollen, keine hausdurchsuchungen, keine festnahmen, keine fahndungsphotos, keine fahndungsersuchen an die bevölkerung.

bei nichterfüllung oder auch nur dem versuch der täuschung ist die unversehrtheit des gefangenen bedroht!

Alle forderungen sind gleichgewichtig!!

Wir wollen keine geheimverhandlungen – dem volk darf nichts verborgen bleiben.

Nachrichten des Staatsapparates an uns und ablauf der freilassung der genannten genossen, samt ihrem abflug müssen über funk und fernsehen abgewickelt werden. bei präziser erfüllung aller forderungen ist die unversehrtheit und freilassung des gefangenen LORENZ garantiert.

Andernfalls ist eine konsequenz wie im falle des obersten richters G. v. Drenkmann unvermeidbar."

Die „Mitteilung" endete schließlich mit einer Aufforderung der Entführer an die Bevölkerung, die Polizei bei der Fahndung nicht zu unterstützen. Bei den „Genossen im Knast" wurde zugleich um Verständnis dafür geworben, weshalb nicht auch ihre Freilassung verlangt werden konnte.

Mit den Forderungen zeigten sich die Entführer als zu allem entschlossene Täter. Denn der Hinweis auf die „Konsequenz wie im Falle des obersten Richters Günter von Drenkmann" und das damit verbundene Bekenntnis zu dessen Ermordung war als Beweis ihrer Skrupellosigkeit gedacht. Es sollte den staatlichen Stellen deutlich machen, daß das Leben von Peter Lorenz nur durch Erfüllung der Forderungen gerettet werden konnte.

In einer bis dahin beispiellosen Form sahen die Entführer ihre Konzeption in der Öffentlichkeit in die Tat umgesetzt. Am

Abend des 1. März verbreiteten die West-Berliner Radiosender und das Fernsehen eine inzwischen von Pastor Albertz verfaßte, für die Kidnapper bestimmte Erklärung. Albertz hatte sich zuvor von dem Regierenden Bürgermeister von Berlin, Klaus Schütz, (SPD), die verbindliche Zusage geben lassen, daß keine Gewalt angewandt werde, falls die Justiz die namentlich geforderten verurteilten Gewalttäter herausgibt. Nur Rechtsanwalt Horst Mahler hatte eine Freilassung durch Austausch gegen eine Geisel abgelehnt.

Bis zum 2. März, einem Sonntag, war es nicht gelungen, das Versteck zu finden, in dem Peter Lorenz gefangengehalten wurde.

Mehrfach hatten die Entführer das Ultimatum zur Erfüllung ihrer Bedingungen verlängert. In Beratungen zwischen Vertretern der Bundesregierung und dem Berliner Senat, an denen die Parteien beteiligt waren, sowie die Landesregierungen von Nordrhein-Westfalen und Bayern, bei denen mehrere Terroristen inhaftiert waren, wurde beschlossen, die Forderungen zu erfüllen.

In den Morgenstunden des 3. März wurde die „Mitteilung Nr. 5" der Entführer bekannt. Sie befand sich in einem Briefumschlag mit der Aufschrift „An den SENAT! Kennwort: GERD!!" Der Inhalt lautete:

„Mitteilung Nr. 5

1. Wir nennen kein Reiseziel. Der Pilot wird die Anweisung in der Luft erhalten.
2. Das Ultimatum wird um 1 Stunde, d. h. bis 10.00 Uhr verlängert, d. h., daß in der Tagesschau um 10.00 Uhr das Einsteigen der 5 Genossen und Heinrich ALBERTZ übertragen wird. Gleichzeitig muß ihre Erklärung vom Montag 4.00 Uhr ausgestrahlt werden.
3. Die BOEING 707 muß VOLL getankt und mit 4 Mann Besatzung starten.
4. Die 120000 DM sind den Genossen auszuhändigen.
5. Heinrich ALBERTZ ist keine Geisel.

6. PETER LORENZ und wir warten auf den unverzüglichen Abflug der 5 Genossen und Heinrich ALBERTZ.

bewegung 2. juni

Kennwort GERHARD GROSS genannt GERD!“

Die beteiligten Regierungen von Bund und Ländern gaben kurz vor Eingang dieser „Mitteilung“ dem Druck der Entführer endgültig nach, weil die Polizei nicht eine einzige Spur entdeckt hatte und kurz vor Ablauf des angeblich letzten Ultimatums diese Entscheidung der einzige Weg zu sein schien, das Leben von Peter Lorenz zu retten.

Gegen 9 Uhr stiegen die im Frankfurter Rhein-Main-Flughafen eingetroffenen Häftlinge mit Pfarrer Albertz in das bereitgestellte Flugzeug der Lufthansa. Die Maschine startete um 9.56 Uhr in Richtung Salzburg. Im Cockpit waren vier Mann Besatzung. Während des Fluges gab Ingrid Siepmann dem Piloten jeweils rechtzeitig das nächste Etappenziel bekannt. Der Kurs ging über die Alpen nach Rom und über die libysche Hauptstadt Tripolis weiter Richtung Addis Abeba. Etwa 15 Minuten vor der Ankunft im Luftraum über der äthiopischen Hauptstadt im südlichen abessinischen Hochland nannte die Terroristin das tatsächliche Landeziel: Aden, die Hauptstadt der kommunistischen Volksrepublik Südjemen, einem von den Sowjets und dem DDR-Staatssicherheitsdienst betreuten Staat. Die Luftaufsicht des Flughafens Aden, die zunächst die Landeerlaubnis abgelehnt hatte, ließ die Maschine schließlich nach Rücksprache mit den zuständigen Behörden gegen 18.40 Uhr landen.

Bei der Rückkehr verlas Pfarrer Albertz auf dem Frankfurter Flughafen vor dem Fernsehen die Erklärung: „Am Morgen des vierten März 75 verließen wir, die fünf befreiten Gefangenen, die Crew und Pfarrer Albertz die Lufthansa-Maschine. In der Halle des Flughafens Aden versammelten wir uns mit dem Staatssekretär des Auswärtigen Amtes der südjemenitischen Regierung. Er bekräftigte nochmal den Entschluß seiner Regierung, uns in der Volksrepublik Südjemen aufzunehmen, wo wir uns unbegrenzt und völlig frei aufhalten können. Die Regierung gab ihr Wort, daß sie diese Aufenthaltsbedingungen einhalten will gegen unser Wort, daß dieser Text die Voraussetzung zur Freilassung von P. Lorenz schafft.

Wir danken der Crew für ihren Einsatz, wir danken Pfarrer Albertz für all seine Bemühungen. Wir grüßen die Genossen in Deutschland – die außerhalb des Knastes und die, die noch im Knast sind. Wir werden unsere Energie darein setzen, daß für sie auch bald so ein Tag, so wunderschön wie heute, anbrechen wird. Wir werden siegen! I. Siepmann, R. Heißler, Kröcher-Tiedemann, Verena Becker, R. Pohle."

Die britische Nachrichtenagentur Reuter meldete als erste am Vormittag des 4. März das Eintreffen der freigepreßten Häftlinge im Südjemen. In euphorischer Stimmung erklärten die Bewacher von Peter Lorenz daraufhin, er könne sich von nun an als ihr Gast betrachten. Am Abend wurde er von einer Frau in der Gruppe aufgefordert, bei der bevorstehenden Freilassung mit den Entführern zusammenzuarbeiten, andernfalls sie ihn betäuben oder sonstwie zum Schweigen bringen müßten. Auf keinen Fall dürfe er die Aufmerksamkeit Dritter auf sich lenken, weil die Gruppe das Haus mit dem Zellenversteck nicht verlieren wolle. Gegen 23 Uhr deckten sie seine Augen mit Klebestreifen ab und setzten ihm eine Brille auf. Sie klebten ihm einen Schnurrbart an und setzten ihm einen Hut auf. Dann führten sie ihn aus der Zelle über die Holzstiege in die Ladenwohnung und von dort aus in den Garten des Hauses Schenkendorfstraße 7. Dort wurde er in den Laderaum eines Transporters gebracht, auf dessen Boden ein einzelner Autositz montiert war. Nach einer Fahrt von etwa knapp einer halben Stunde wurde Peter Lorenz aus dem Wagen geholt und zu einer Parkbank geführt. Einer der Terroristen erklärte ihm, er sei frei, dürfe den Klebestreifen von seinen Augen jedoch erst fünf Minuten nach ihrer Abfahrt abreißen. Mit Handschlag verabschiedeten sie sich von ihrem Opfer. Peter Lorenz sah, daß er sich im Volkspark Wilmersdorf befand – etwa fünf Kilometer von seinem Geiselversteck entfernt – und telefonierte als erstes mit seiner Frau von einem Apparat unter der Stadtautobahn Mecklenburgische Straße/Ecke Rudolfstädter Straße. Es war 0.12 Uhr am 5. März, als der Streifenwagen der Polizei bei ihm eintraf.

Aus der Reaktion der Öffentlichkeit konnte die Gruppe entnehmen, daß es ihr nicht gelungen war, der Bevölkerung die angebliche politische Notwendigkeit von Gewalttaten zu vermitteln. Nach der gelungenen Erpressung des Staates und seines Machtapparates griffen sie erneut zu dem Versuch, in der Flugschrift „Die Entführung aus unserer Sicht . . ." die terroristische Gruppierung und deren politische Vorstellungen darzustellen. Dazu heißt es unter anderem:

„1. wir wollen, so weit das geht, sagen, was für leute wir sind.
2. wir wollen einen teil der ganzen lügenmärchen von presse und politikern aufdecken.
3. . . . wir sind nicht ein haufen von leuten, die nach dem motto ‚je schlimmer, desto besser' wahllos draufschlagen, wo immer wir für ‚uns' eine gelegenheit dazu sehen. wir wissen, daß ‚wir' den staat nicht aus den angeln heben, nicht kaputt machen, nicht stürzen können . . .

. . . wir begreifen unseren kampf als teil des allgemeinen widerstandes. stadtguerilla bedeutet phantasie und tatkraft; fähigkeiten, die das volk besitzt. auch wir sind listig, das heißt, wir schlagen nicht wild um uns, sondern schätzen unsere möglichkeiten realistisch ein, um dann zu handeln. wir lernen aus der praxis . . ."

Dieses Bekenntnis zu den Methoden der Stadtguerilla, wie sie von der „Rote Armee Fraktion" propagiert wurden, entsprach nach Einschätzung der Justiz früheren Bekenntnissen der Gruppe zur Gewalt, die in den nach der Ermordung des Kammergerichtspräsidenten von Drenkmann verbreiteten Flugblättern „Als Petra Schelm ermordet wurde . . ." und „Zum Attentat auf Berlins höchsten Richter: Terror oder Gegenwehr?!" enthalten waren. Gleichzeitig ließen die Schriften erkennen, daß sich die Gruppe an dem „Programm – Bewegung 2. Juni" ausrichtete, das im Sommer 1972 verfaßt worden war. Dieses Programm war nach seinem

Inhalt von den damaligen Mitgliedern der Gruppe ausgegeben worden. Es heißt dort unter anderem: „. . . die Bewegung zählt sich nur insoweit zur Avantgarde, als sie ‚zu den ersten zählt, die die Waffe ergreifen'. . . Die Bewegung muß zur Aktion übergehen, eine überzeugende revolutionäre Praxis treiben, sich den Massen durch Kontinuität und vermittelte Aktionen verständlich machen . . .".

„. . . Im Zeitalter des entwickelten Imperialismus bedurfte es keiner neuen Analysen, daß die Hauptaufgabe nicht der Aufbau einer Partei ist, sondern die Auslösung der revolutionären Aktion, die Schaffung einer Organisation der bewaffneten revolutionären Gegengewalt des Volkes gegen die organisierte Gewalt des Staatsapparates . . ." Es waren keine Hobby-Revoluzzer. Die Genossen der „Bewegung 2. Juni" betrachteten vielmehr ihre Arbeit „an der Massenfront, in der Logistik und in den bewaffneten, taktischen Einheiten als Vollzeitarbeit".

Mit der Erkenntnis, daß „der Erfolg der revolutionären Praxis der Bewegung von der dauernden, direkten und persönlichen Teilnahme der Mitglieder abhängt", bildeten die schließlich als Entführer vor das Berliner Landgericht gestellten und zu hohen Freiheitsstrafen verurteilten neun Terroristen eine „festgefügte Einheit", ermittelte die Staatsanwaltschaft. Das ursprüngliche Konzept, die Aktionen der „Bewegung 2. Juni" auf mehrere, im wesentlichen selbständig handelnde Gruppen aufzuteilen, war aufgegeben worden. Diese Konzeption wurde vielmehr nach der Verhaftung der Gründer der „Rote Armee Fraktion" und der Festnahme der Kernmitglieder des „2. Juni" von legal lebenden Unterstützern aufgegriffen und sollte anschließend von den sogenannten „Revolutionären Zellen" in die Tat umgesetzt werden.

X. „Revolutionäre Zellen“

Die Anfänge der „Revolutionären Zellen“ gehen auf das Jahr 1973 zurück. In der linken Szene gab es nach der Bombenwelle der „Roten Armee Fraktion“ im Frühjahr 1972 kontroverse Diskussionen. Die Auseinandersetzungen über diese Form des Kampfes und die zweckmäßigste Organisationsform der Gegner der bestehenden Gesellschaftsordnung führte dazu, daß sich linke Gruppen aufspalteten.

Die militante Linke übte „solidarische Kritik“ an den Genossen der RAF und suchte nach neuen Formen „revolutionärer Praxis“ in der „Einheit von legaler und illegaler Arbeit“. Man war sich einig, im Interesse eines revolutionären Reifeprozesses den bewaffneten Kampf auf jeden Fall fortzusetzen. Abweichend vom Modell der RAF-Stadtguerilla bemühten sich die Anhänger des parallelen Weges, ihre Legalität – das Leben in der gewohnten Umgebung ohne den Verdacht der Umwelt zu erregen – möglichst lange in der Öffentlichkeit aufrechtzuerhalten.

Von 1974 an häuften sich die Anschläge. Als Urheber meldete sich in Schreiben an die Medien erstmals eine Organisation mit der Bezeichnung „Revolutionäre Zellen“ (RZ). Von den Veröffentlichungen ihrer „Bekennerbriefe“ in den Medien versprachen sich die Täter beträchtliche Propaganda für ihre Aktionen.

Arbeitsweise, Angriffsziele und Motive, dazu politische und sozialkritische Argumente der Täter, vermittelten den Strafverfolgungsbehörden die Existenz einer neuen terroristischen Organisation, die sich bei ihren Aktionen teilweise auf lokale oder innenpolitische Ereignisse bezog; teilweise aber auch auf den „anti-imperialistischen Kampf“ im internationalen Rahmen. Diese Zellen bildeten sich zum Teil aus Anhängern bereits existierender Gruppen wie der „Schwarzen Hilfe“, der „Roten Hilfe“, dem „Anti-Imperialistischen Kampf“ und dem „Revolutionären Kampf“ (RK). Sie praktizierten ein Organisationsprinzip strikter Abschottung, das sich aus der gemeinsamen politischen Herkunft der Beteiligten und dem sich daraus entwickelnden Vertrauensverhältnis erklärte. Die abstrakte Zielsetzung war der gewaltsame Umsturz der Gesellschaftsordnung und der Aufbau einer nicht näher definierten sozialistischen Ordnung.

Konkrete Kampfziele wurden erstmals im Februar 1973 in einem Interview mit einer österreichischen Untergrundzeitung beschrieben, das in der ersten Ausgabe des illegalen ideologischen Orientierungsblattes „Revolutionärer Zorn“ im Mai 1975 nachgedruckt wurde. Nach der einleitenden Abgrenzung von der Politik der RAF und der ausschließlich in Berlin agierenden „Bewegung 2. Juni“ heißt es dort:

„Aktionen der ‚Revolutionären Zellen‘ lassen sich in drei Bereiche einteilen:

- Aktionen gegen die Chilenen in USA, gegen Regierungstreue in Westdeutschland, (anti-imperialistische Aktionen);“
- „Aktionen gegen die Filialen und Komplizen des Zionismus in der BRD;“
- „Aktionen, die den Kämpfen von Arbeitern, Jugendlichen, Frauen weiterhelfen sollen, die ihre Feinde bestrafen und angreifen.“

In diesem Konzept aus dem Jahre 1973 wird bereits die Befreiung inhaftierter Gesinnungsgenossen, wie sie mit der Entführung von Peter Lorenz 1975 und des BDI-Präsidenten Hanns Martin Schleyer (1977) sowie einer Urlaubermaschine der Lufthansa im Herbst 1977 auf die Tagesordnung gesetzt wurde, ins Kalkül gezogen.

Insbesondere die Stoßrichtung, sich bei Aktionen an gesellschaftliche Konflikte anzuhängen, ließ eine Vielzahl von Gewalttaten erwarten. So analysierten die Sicherheitsbehörden den Anschlag auf das Bundesverfassungsgericht am 4. März 1975 als RZ-Beteiligung an der Kampagne im Rahmen des Paragraphen 218 des Strafgesetzbuches, der einen Schwangerschaftsabbruch ohne ärztliche Indikation unter Strafandrohung stellte. Die zahlreichen Aktionen gegen Angehörige und Einrichtungen öffentlicher Verkehrsbetriebe erfolgten ebenfalls im Zusammenhang mit der breiten Diskussion in der Öffentlichkeit über den Personennahverkehr unter der Parole, den „Null-Tarif" einzuführen.

In der ideologischen Stellung zur Politik der RZ erklärte ein anonymer, jedoch nach Ansicht der Sicherheitsbehörden erkennbar autorisierter Verfasser im Januar 1979 in der Frankfurter Alternativschrift „Pflasterstrand" Nr. 45, daß in Fortschreibung aktueller Zielsetzung

- Aktionen in der Kernkraftdiskussion,
- Aktionen in der Gewerkschaftspolitik und
- – deutlicher als zuvor – zur Gefangenenbefreiung durchgeführt worden sind oder werden sollen.

Wie konsequent die neuen Zielsetzungen in der Szene verfolgt wurden, zeigte der Anschlag auf den Wetterturm eines AKW-Geländes in Ahaus-Ameln am 28. November 1979; RZ-Anhänger bekannten sich zu Farbschmierereien von Parolen in der Nacht zum 26. April 1979 gegen den damaligen Vorsitzenden der IG Metall, Eugen Loderer, und das damalige IGM-Vorstandsmitglied Mayr, die sich nicht einschüchtern ließen. „Wer Ford zur Fahrradfabrik machen will, mit dem werden die Wähler Schlitten fahren", sagte Mayr nach seiner Wahl zum Vorsitzenden der Metallgewerkschafter über radikale Grüne. Auf das Konto der RZ gingen ebenfalls Anschläge 1980 auf die Bundesanstalt für Arbeit in Nürnberg und auf das Bundesarbeitsgericht in Kassel.

Im „Revolutionären Zorn", Untertitel „6. Zeitung von Revolutionären Zellen – Januar 1981", wurden die Ziele der RZ konkret beschrieben. Nach ihrem Selbstverständnis wollten die RZ eine „populäre Guerilla" sein, deren Aktionen verstanden werden, die die Sympathie des Volkes genießt und perspektivisch breit unterstützt wird. Das Prinzip der Aktionen sollte es sein, daß sie von „gesellschaftlichen Auseinandersetzungen" ausgehen und an die „politischen Auseinandersetzungen" anknüpfen.

Als Aktionsfelder werden sowohl Angriffe auf die „kleinen Feinde des Volkes (Werkschützer, Meister, Ärzte, Wohnungsmakler, Hausbesitzer, Bullen, Ämterbürokraten usw.) ganz persönlich" in Betracht gezogen als auch Angriffe auf Betriebe, die „am Geschäft" (AKW, Umwelt) beteiligt sind, in Form von Aktionen gegen „Baumaschinen, Abrißkräne, Konstruktionsbüros oder Materiallager" bis Betriebe „in Schutt und Asche fallen". Darüberhinaus werden nunmehr auch „Geldbeschaffungsaktionen" und die „Bestrafung von besonders schweinischen Richtern und Zwangsverteidigern" als unumgängliche zusätzliche Stoßrichtung der „RZ" propagiert und letztlich zum „Klauen, Plündern, Schwarzfahren, Häuserbesetzen, Volksstrom benutzen, Krankfeiern" aufgerufen, um ein „neues Bewußtsein von Recht und Unrecht" auszulösen. Die strategischen Überlegungen der RZ orientieren sich an der gewünschten Breitenwirkung der Konzeption. Unter Verzicht auf eine dogmatische revolutionäre Theorie wird jedem Mitglied die Auswahl des Betätigungsfeldes und die Intensität seines Engagements überlassen. So heißt es unter anderem: „Gegenmacht in kleinen Kernen organisieren, die autonom in den verschiedenen gesellschaftlichen Bereichen arbeiten, kämpfen, intervenieren, schützen, die Teil der politischen Massenarbeit sind". Mit einer Vielzahl von Kernen soll „die Stoßrichtung für die Stadtguerilla als Massenperspektive geschaffen" werden. Auf diese Weise wurde ein Weg vorgezeichnet, der über einen relativ leichten Einstieg in einfache militante Aktionen bis zur Anwendung schwerster terroristischer Gewalt führen kann.

Wenn auch in dieser Strategie ein beinahe nahtloser Weg von der Legalität zum illegal bewaffneten Kampf abgesteckt ist, wird hier die Existenz unterschiedlicher Ebenen der revolutionären Bewegung deutlich hervorgehoben.

Entsprechende Erklärungen konnten dem „Revolutionären Zorn" im Mai 1976 entnommen werden: „Organe der Volksmacht . . ., in denen sich Arbeiter, Frauen, Studenten, offen bzw. halblegal organisieren können, und die politisch-militärischen Kerne der revolutionären Linken, der Stadtguerilla."

Hier kristallisierte sich eine Art Arbeitsteilung zwischen den offenen beziehungsweise halb-legal operierenden „Kämpfen des Volkes" heraus, die sich nur „gegen bürgerliche Legalität entfalten können", nämlich durch

- Fabrikbesetzungen,
- Aktionen zur Herabsetzung von Preisen und Gebühren,
- sogenannten kostenlosen Einkauf,
- Widerstand gegen „kapitalistische Stadtzerstörung" einerseits und den „Revolutionären Zellen" im Untergrund andererseits. Deren Rolle wurde wie folgt definiert:
„Die Stadtguerilla unterstützt die Kämpfe des Volkes durch Angriffe gegen seine Feinde, baut einen illegalen Apparat auf, der neue Aktionsformen ermöglicht, entwickelt Möglichkeiten subversiver Medienbenutzung, beschafft Informationen aus Büros der Herrschenden."

In diesem grundsätzlichen Beitrag wurde die – von der RAF schon früher erkannte – Problematik der ursprünglich angestrebten „Einheit von legaler und illegaler Arbeit" des einzelnen deutlich. Die nunmehr taktisch als notwendig erachtete arbeitsteilige Organisationsform kam nach Einschätzung der Polizei in einem umfangreichen Gutachten der Realität nahe.

Grundlegend für das Wirken der RZ wurde darüber hinaus die Erkenntnis gewertet, daß Illegalität nur die „ultima ratio" sein dürfe. Dies wurde als ein weiterer Unterschied zur RAF-Konzeption gesehen, bei der das Abtauchen ein bewußter, auf eigener Entscheidung beruhender Schritt ist. Für ein RZ-Mitglied dagegen kann nur ein „dicker Fehler" oder „gottverdammter Zufall" Motiv für den Weg in die Illegalität sein. Dazu hieß es im April 1978 im „Revolutionären Zorn", Nr. 5: „Das Prinzip, viele selbständige Widerstandszellen zu gründen, ist richtig, weil das gewährleistet, daß jede Zelle ihre eigene Politik macht, daß sich die vielfältigen Initiativen und Kampagnen entwickeln und weil es für die Bullen keine Methode gibt, diese Struktur aufzurollen.

Man kann dafür keine Fahndungsraster aufstellen, das einzige, was einem das Kreuz brechen kann, ist ein dicker Fehler oder ein gottverdammter Zufall." Über Konzepte, wie sich RZ-Anhänger im Fall eines plötzlich notwendigen Abtauchens verhalten sollen, ist dagegen nichts bekannt geworden.

Die Taktik der RZ wurde an der legalen Arbeit ausgerichtet. Dies hatte zur Folge, daß Anhänger nicht nur einer normalen unverdächtigten Tätigkeit nachgehen konnten – Studium, Lehre, Beruf oder Hausfrau – sondern es auch vermeiden mußten, sich „legalpolitisch“ zu exponieren! In ihrer Selbstdarstellung im „Revolutionären Zorn“ Nr. 6, der im Januar 1981 erschien, wurde es jedoch für wichtig erachtet, daß sich RZ-Mitglieder gemäß ihren persönlichen Möglichkeiten an der Arbeit „legaler Gruppen“, die sich mit aktuellen „gesellschaftlichen Auseinandersetzungen“ beschäftigen, beteiligen.

Am 23. Juni 1978 wurde die Heidelberger Feuerwehr alarmiert, daß in der Schneidmühlstraße 9 eine Bombe explodiert war. Die Rettungsmannschaft barg aus den Trümmern den Studenten Hermann Feiling. Dem 26jährigen waren so schwere Verletzungen zugefügt worden, daß beide Unterschenkel amputiert werden mußten und er fast das Augenlicht verlor. Unter seinen Händen war ein von ihm hergestellter Sprengkörper detoniert, der bei einer Aktion gegen das argentinische Konsulat in München gezündet werden sollte. In der Klinik erklärte Feiling einem Vertreter der Staatsanwaltschaft zunächst, er habe zu einer Gruppe von fünf Gesinnungsgenossen gehört, die sich seit etwa einem Jahr kenne. Diese Gruppe habe sich intensiv mit Menschenrechtsverletzungen in Argentinien beschäftigt. Er sei beauftragt worden, am 25. Juni 1978 einen Sprengstoffanschlag gegen das Konsulat des südamerikanischen Staates in der bayerischen Landeshauptstadt auszuführen. Wegen eines Fehlers sei die Sprengladung aber auf seinem Schoß vorzeitig explodiert.

Aus den Aussagen Feilings konnten laut Gutachten der Polizei Erkenntnisse über die Existenz weiterer „Revolutionärer Zellen“ gewonnen werden, auch wenn Feiling seine Angaben später widerrief. Die aufgrund seiner detaillierten Hinweise eingeleiteten Ermittlungen des Bundeskriminalamtes und der Staatsschutzpolizei in Hessen, Rheinland-Pfalz und Baden-Württemberg machten das zur Tarnung verwendete Zellenprinzip der RZ deutlich. Dennoch umfaßten die einzelnen Zellen jeweils nur drei bis fünf Personen. Die Kontakte der Zellen untereinander wurden von jeweils einem Beauftragten wahrgenommen. Jede Zelle operierte weitgehend selbständig ohne Wissen von Einsätzen der anderen. Für eine zentrale Steuerung lagen den Behörden keine Erkenntnisse vor. Aufgrund erkannter Tatmittelzusammenhänge und der einheitlichen Herstellung des „Revolutionären Zorn" gingen die Fahnder dennoch von einem übergreifenden, wenn auch möglicherweise nicht hierarchischem Gremium aus, das Anstöße zu einzelnen Anschlägen und propagandistischen Aktionen gab und dies in veränderter Form möglicherweise über die Mitte der achtziger Jahre hinaus noch fortsetzt. Eine bedingt zentrale Leitung wird auch im Rahmen des arbeitsteiligen Vorgehens einzelner Gruppen sowie der Logistik und Materialbeschaffung dabei nicht ausgeschlossen. Der Taktik und Struktur der RZ wurde besonders in der „Praxis Sondernummer", dem „Revolutionären Zorn Nr. 5" im April 1978 breiter Raum gewidmet. Dort heißt es: „Wir müssen erreichen, daß jeder selbst entscheiden kann, ob diese oder jene Aktion, diese oder jene Erklärung der Politik der RZ entspricht oder nicht, ohne auf die Bestätigung oder das Dementi eines nicht vorhandenen ZK's (Zentralkomitees) zu warten.

Wir wissen, daß das Konzept, viele selbständige Zellen zu schaffen, eine langwierige und anstrengende Angelegenheit ist. Doch es ist richtig, weil es auf der Eigeninitiative und der Eigenverantwortlichkeit der Militanten aufbaut, Funktionalisierung verhindert, Arbeitsteilung entgegenwirkt und optimal sicher ist; die Bullen beißen sich schon seit Jahren erfolglos die Zähne daran aus!"

Außer Sprengstoff- und Brandanschlägen sowie Aufrufen zum aktiven Widerstand, beteiligten sich einzelne Mitglieder der RZ nachweisbar an Gewalttaten palästinensischer Terroristen im Ausland. Dabei handelte es sich unter anderem um den Überfall auf die Konferenz der Minister Ölproduzierender Staaten, der

OPEC-Runde, in Wien, die Entführung einer Passagiermaschine der Air France nach Entebbe/Uganda sowie den gescheiterten Raketenanschlag auf die israelische Fluggesellschaft EL AL in Paris. Schwerpunkt der RZ-Verbrechen waren stets West-Berlin, das Rhein-Main-Neckar-Gebiet und das Ruhrgebiet, vereinzelt auch Nordwestdeutschland und Hamburg.

Die Ermittlungen nach der Bombenexplosion in der Wohnung Feilings ergaben folgendes Bild: In Frankfurt konnten vier RZ geortet werden, deren Mitglieder unter Decknamen zusammenkamen. Eine RZ in Mainz wurde von einem Mann geleitet, der zu den Treffen aus Frankfurt anreiste. Weitere Kleinst-Gruppen entdeckten die Fahnder in Wiesbaden, Berlin, im Raum Wuppertal und Bochum. Ein RZ-Mitglied hatte den Auftrag, Kontakte zur baskischen Terrororganisation ETA zu unterhalten und auf diesem Weg Waffen zu beschaffen. Feiling war erstmals am 20. Februar 1970 in einer Versammlung des „Demokratischen Clubs Papenburg" aufgetreten. Dort agierte bereits der später wegen Brandstiftung in einem Kino in Nordrhein-Westfalen unter dem Verdacht der RZ-Mitgliedschaft festgenommene Albartus.

Frankfurter RZ-Mitglieder verübten den Ermittlungen zufolge Sprengstoffanschläge auf ein US-Depot in Gießen, die Firma MAN in Nürnberg, die Firma MSB in Frankenthal, das ESWE-Hochhaus in Wiesbaden, die Polizei- und Ordnungsbehörde in Frankfurt, das Haus des Sozialdezernenten der Stadt Mainz sowie auf Fahrkartenautomaten des Frankfurter Verkehrsverbundes. Die Fahnder erfuhren, daß die erste Ausgabe des „Revolutionären Zorn" in der Schweiz gedruckt worden sei; anschließend wurde das unregelmäßig herausgegebene Blatt im Raum Frankfurt hergestellt. Die Druckmaschine wurde auf Matratzen in Frankfurt „von einer Wohnung zur anderen geschleppt", erfuhr die Polizei von Feiling. Beim Drucken legte man die Matratzen unter die Druckmaschine, um die Geräusche zu mildern, damit Wohnungsnachbarn nicht aufgeschreckt wurden. Ähnlich wie die RAF hatten die „Revolutionären Zellen" Erddepots angelegt. Beim Durchkämmen mehrerer Waldgebiete im Raum Heidelberg wurden nach Hinweisen Feilings zwei Sprengstoffdepots gefunden.

Dort wurden Handgranaten, Spreng-Momentzünder, Pistolenmunition und Bauteile für Zündlösevorrichtungen sichergestellt. Ferner fand die Polizei Aufzeichnungen über Brandsätze, Zündeinrichtungen sowie Dokumentenfälschungen. Bei der Auswertung der Depotfunde stellten Techniker des Kriminaltechnischen Institutes im Bundeskriminalamt Verbindungen zu Gegenständen aus konspirativen Wohnungen der RAF in Frankfurt und Hamburg fest, sowie zu Waffen, die am 25. April 1975 beim Überfall auf die Botschaft der Bundesrepublik Deutschland in Stockholm verwendet worden waren.

Für den Bau von Sprengsätzen verwendeten die RZ meist Selbstlaborate und nicht gewerblichen Sprengstoff. Komponenten selbstgebauter Spreng- und Brandsätze kauften RZ-Angehörige häufig in Maler- und Farbengeschäften. Kabel, Lötzinn und Isolierband wurden in Bastelabteilungen von Kaufhäusern eingekauft, ebenso elektrische Wecker. Materialreste und benutzte Werkzeuge wurden nach dem Bau eines Spreng- oder Brandsatzes vernichtet. Für den Fall, daß Mitglieder einer Zelle enttarnt wurden und mit der Festnahme rechnen mußten, besaßen einige „Reserveausweise", die gestohlen worden waren, um „abzutauchen". Diese echten Papiere, die oft nur durch Auswechseln des Fotos verfälscht wurden, beschafften sich Zellenmitglieder auf Universitätsfeten und in Lokalen. Sie durchsuchten an den Garderoben abgelegte Mäntel und Taschen.

Das Verhältnis der „Revolutionären Zellen" zur „Bewegung 2. Juni" war nach Erkenntnissen der Polizei und des Verfassungsschutzes durch ein hohes Maß an konzeptioneller Übereinstimmung gekennzeichnet. Die personelle RZ-Struktur in Berlin ließ, soweit sie in Ansätzen erkennbar war, die Schlußfolgerung zu, daß die Kleinstzellen in der Zwei-Millionen-Stadt ein geeignetes Rekrutierungsfeld der Bewegung darstellten. RZ-Anschläge gegen Pflichtverteidiger standen den Feststellungen der Sicherheitsbehörden zufolge offensichtlich mit der Befreiung des

Terroristen Till Meyer durch die „Bewegung 2. Juni" im Zusammenhang und deuteten auf Absprachen zwischen beiden Gruppierungen hin.

Unter den RZ-Gruppen an Rhein und Ruhr sowie im Großraum Frankfurt gab es beträchtliche Streitigkeiten über das Ausmaß der auszuübenden Gewalt. Die „Ruhr-RZ" setzte sich stärker als andere Gruppierungen für Anschläge ohne Rücksicht darauf, ob Personen zu Schaden kamen, ein. Als der Frankfurter Linksextremist Wilfried Böse, Komplice des Venezolaners Ilich Ramirez-Sanchez, genannt Carlos, bei der Befreiung der Geiseln einer Air-France-Maschine in Entebbe erschossen wurde, gab es an der Ruhr den Plan, ein „Luxus-Hotel" zu zerstören. Der aus Bochum nach Frankfurt übergewechselte Geschäftsführer einer politischen Buchhandlung, Johannes Weinrich, verlangte von Frankfurter Kleinstgruppen härtere Anschläge. Den deutschen Behörden war seine Beteiligung an Raketenanschlägen in Frankreich 1975 nicht verborgen geblieben. Dennoch konnte sich Weinrich in Frankfurt fast zwei Jahre bewegen, ehe er sich, wiederum von den Sicherheitsbehörden unbehelligt, aus der Main-Szene 1977 absetzte und sich wie später seine Freundin Magdalena Kopp (Ulm) dem Bandenführer im internationalen Terrorismus, Carlos, anschloß. Spuren Weinrichs wurden seitdem in Paris ebenso wie auf dem DDR-Zentralflughafen Berlin-Schönefeld und in der rumänischen Hauptstadt Bukarest entdeckt, nach Erkenntnissen der Nachrichtendienste als Begleiter und Komplice von Carlos.

Das Thema Gewalt wurde in der Frankfurter Linksszene unterschiedlich behandelt. Bei Anschlägen, die sich gegen Israel richteten, bestanden nach Angaben Feilings wegen etwaiger Verletzung oder Tötung von Menschen keinerlei Skrupel. „Skrupel waren ziemlich weggewischt", protokollierten die Sicherheitsbehörden eine Aussage des ehemaligen RZ-Mitgliedes. In Diskussionen mit Palästinensern erwarteten diese von den deutschen Gesinnungsgenossen schärfere Gewalttaten.

Bei Sprenstofftransporten aus dem Ausland in die Bundesrepublik trat damals auch die an der Frankfurter Johann-Wolfgang-von-Goethe-Universität agierende AStA-Vorsitzende und spätere Diplom-Volkswirtin Brigitte Heinrich. Nach der Verbüßung einer zweieinhalbjährigen Haftstrafe wurde sie von den Grünen für die Regenbogenfraktion im Europa-Parlament in Straßburg nominiert. Sie starb 1988. Unter dem Decknamen „Märchentante“ hatte sie nach Angaben eines Aussteigers früher versucht, junge Männer für eine militärische Ausbildung in Palästinenser-Camps anzuwerben. Bei der pilzartigen Ausbreitung der Anschläge durch die Roten Zellen spielte breitgefächerte logistische Unterstützung aus der Szene heraus, und nicht zuletzt durch stille Sympathisanten, die sich an den Gewalttaten zwar nicht selbst beteiligten, eine weitaus größere Rolle, als die Öffentlichkeit bisher angenommen hat.

XI. Der Hydra wachsen neue Köpfe

Die Hydra des Terrorismus, die viele nach den Fahndungserfolgen gegen die „Rote Armee Fraktion“ und ihre Nachfolger 1974 in Hamburg sowie durch die Festnahme der Entführer von Peter Lorenz 1975 besiegt geglaubt und schon totgesagt hatten, bekam plötzlich neue Köpfe. Sie tauchten diesmal nicht so sehr in den Metropolen, sondern aus den verschiedensten Orten auf. Von der Baader-Meinhof-Bande übernahmen sie lediglich deren konspirative Regeln für das Leben im Untergrund. Diese neuen Gruppen befaßten sich zunächst fast ausschließlich mit Planungen zur Befreiung von Gesinnungsgenossen und Überfällen zur Geldbeschaffung.

Im Jahre 1976 bildete sich um den Rechtsanwalt Siegfried Haag und dessen Vertrauten Roland Mayer in Süddeutschland eine Gruppe, die es sich zum Ziel setzte, als neue Stadtguerilla das Vertrauen der Bevölkerung in die staatliche Ordnung zu erschüttern. Diese Unruhe sollte durch Kapitalverbrechen wie Mord, Geiselnahme, erpresserischen Menschenraub, ferner durch Sprengstoffanschläge, Raubüberfälle und ähnliche Delikte geschürt werden. Ihre Aufbauphase war, wie die Polizei bei der Festnahme der Anführer Siegfried Haag und Roland Mayer am 30. November 1976 feststellte, zu diesem Zeitpunkt weitgehend abgeschlossen. Die sogenannte „Haag-Mayer-Bande“ plante ein Kommandounternehmen, das den Tarnnamen „Margarine“ trug und weitere Aktionen mit dem Code „Big Money“ sowie „Big Raushole“ für Geiselnahme, Geldbeschaffung und Befreiung inhaftierter Terroristen.

Die Festnahme des Anwaltes, der schon vor dem „Abtauchen“ in den Untergrund von Baader-Meinhof-Anhängern geschickt manipuliert worden war, änderte jedoch an den Zielen der neuen Gruppierung nichts. Die Bande geriet unter den Einfluß von Mitgliedern der in den Gefängnissen weiter agierenden Rädelsführer der „Rote Armee Fraktion“, insbesondere den in Stuttgart-Stammheim einsitzenden RAF-Gründern Andreas Baader und Gudrun Ensslin. Diese bereiteten Brigitte Mohnhaupt, eine frühere Studentin der Pädagogik, die ebenfalls zur RAF gehörte und in Stammheim inhaftiert war, gerade darauf vor, nach ihrer bevorstehenden Strafverbüßung in der Haag-Mayer-Gruppe Führungsaufgaben zu übernehmen. Unverzüglich reorganisierte die damals 27jährige nach ihrer Entlassung am 8. Februar 1977 die Bande, die sich seitdem ebenfalls „Rote Armee Fraktion" nannte, nach den Vorstellungen von Andreas Baader und Gudrun Ensslin. Die Verbindung zwischen den Stammheimer Häftlingen und den in Freiheit befindlichen Terroristen wurde nach Feststellungen der Sicherheitsbehörden in erster Linie über das Büro des Rechtsanwaltes Klaus Croissant in Stuttgart sichergestellt. Die Bande setzte Kuriere ein. Für das Einschmuggeln von Waffen, Radioteilen und die Weitergabe brisanter Anweisungen konnten die Häftlinge die jungen Anwälte Arndt Müller und Armin Newerla gewinnen. Damit wurde gewährleistet, daß Andreas Baader und Gudrun Ensslin nach dem Tod Ulrike Meinhofs auf die Planungen und die Arbeitsweise der Bande bestimmend einwirken konnten.

Der Selbstmord

Die Aufseherin im 7. Stockwerk des Gefängnisses Stuttgart-Stammheim schraubte um 22 Uhr vorschriftsmäßig die Glühlampen aus den Fassungen der Leuchtschirme in den Zellen des Hochsicherheitstraktes, in dem die Gefangenen aus der „Rote Armee Fraktion" untergebracht waren. Tagsüber hatte Ulrike Meinhof an diesem ersten Wochenende im Mai 1976 mit Andreas Baader, Gudrun Ensslin und Jan-Carl Raspe auf dem Flur mit einem Anwalt über „Identität und Bewußtsein" diskutiert. Es war das letztemal, daß sie mit den Genossen zusammentraf. Den Vollzugsbeamten waren die Spannungen zwischen ihr und den anderen nicht verborgen geblieben. Manche Auseinandersetzung trug nach der Erinnerung der Beamten Züge von Haß gegen die einstige ideologisch tonangebende Frau in der Bande. Sie zog sich immer stärker in ihre Zelle zurück, wenn Umschluß war, die Bezeichnung dafür, daß Zellen tagsüber geöffnet werden und Besuche von Gefangenen untereinander zum Gespräch, Schachspiel oder Tischtennis erlaubt waren.

„Diese Frau, die sich als Revolutionärin verstand und die laut Anklage für fünf Morde und über fünfzig Mordversuche mitverantwortlich gewesen sein soll, hatte alles getan, was eine Extremistin nur tun konnte – und schließlich nichts erreicht", schrieb der Spiegel am 17. Mai 1976. Die Intellektuelle habe geschrieben, was derart radikal kaum jemand zuvor formuliert hatte – und sei am Ende kaum noch verstanden worden.

Was sich in der Nacht vom Samstag zum Sonntag des 8./9. Mai 1976 in der Zelle Ulrike Meinhofs abspielte, protokollierte die Justiz nach einem Lokaltermin anhand der Aussagen von Vollzugsbeamten und Gerichtsmedizinern. Mit einem blau-weißen Gefängnishandtuch, das sie in Streifen gerissen und um den Hals geknotet hatte, erhängte sie sich am Zellenfenster. Der Aufseher, der Sonntag früh um 7.30 Uhr die Zelle betrat, fand die Gefangene stranguliert.

An ihrem Grab auf dem Friedhof der evangelischen Dreifaltigkeitsgemeinde Berlin-Mariendorf sangen die Anhänger das Kampflied „Venceremos" – „Wir werden siegen". Über einen Lautsprecher wurden die Trauergäste aufgefordert: „Zuerst gehen die Angehörigen, es folgen die ‚Sponti-Gruppen', Rote Zellen und Rote Hilfe, denen sich die ‚K-Gruppen', die neue Kommunistische Partei, anschließen."

Nach dem Selbstmord wollten Anwälte von RAF-Mitgliedern eine Leichenöffnung in Ost-Berlin vornehmen lassen. Bei einem Besuch in der Ständigen Vertretung der DDR in Bonn hatten sie direkten Kontakt zu offiziellen Stellen von Einheitspartei und Regierung in Ost-Berlin gesucht. „Mit einer Obduktion in der DDR sollte die andauernde Kampagne gegen die Justiz der Bundesrepublik Deutschland international geschürt werden", schrieb am 17. Mai 1976 die Tageszeitung DIE WELT. In die

Verhandlungen schalteten sich Funktionäre der 1956 verbotenen KPD ein, die Ulrike Meinhof viele Jahre gekannt hatten. Bei den Gesprächen wurde auch über frühere Überlegungen zu Lebzeiten der Terrorchefin gesprochen, sie im Austausch gegen politische Häftlinge in der DDR aus Stammheim in die DDR abzuschieben, wo ihr die Einheitspartei als KPD-Mitglied Asyl hätte gewähren können. Rechtsanwalt Otto Schily hatte nach Berichten aus Paris dazu erklärt, diese Gespräche seien nicht über das „Stadium der Vorerörterungen“ hinausgekommen. Das SED-Zentralorgan „Neues Deutschland“ publizierte nach dem Selbstmord Sympathieerklärungen, wobei die SED-Führung jedoch bemüht war, jeden Anschein zu vermeiden, als solidarisiere sie sich mit dem terroristischen Kampf der „Rote Armee Fraktion“ gegen die Gesellschaftsordnung in der Bundesrepublik Deutschland.

Der Entschluß, sich selbst zu töten, den siebzehn Monate später die Zellennachbarn Ulrike Meinhofs ebenfalls faßten, schien mit der Überzeugung einherzugehen, daß es den Erben leicht fallen würde, die Öffentlichkeit mit einem Mythos zu mobilisieren, der Legende vom Mord durch Polizei, Geheimdienste und Justiz an den Häftlingen in Stammheim. Verwandte weckten Zweifel an der Todeserklärung, Verteidiger forderten eine internationale Kommission, die den „geplanten Mord“ untersuchen solle. Eine Nachobduktion, wie sie von den Vertrauensanwälten beantragt worden war, bestätigte jedoch die Angaben der Gerichtsärzte. Dennoch hatten die Anhänger des bewaffneten Kampfes die Genugtuung, daß die Legendenbildung stets aufs neue zur Mobilisierung von Sympathisanten für die Forderungen der weiter agierenden Terroristengeneration eingesetzt werden konnte. Auf Flugblättern mit Texten aus einem neuen Legendenbuch wurde 1989 in der Bonner Universität und an anderen Orten dem ehemaligen Präsidenten des Bundeskriminalamtes, Horst Herold, unterstellt, daß Ermittlungen zur Todesursache manipuliert worden seien. Gegen den Verfasser, einen Anwalt der Szene, erwirkte Herold daraufhin ein Unterlassungsurteil der Stammheim-Legende.

Die personelle Zusammensetzung der neuen „Rote Armee Fraktion“ änderte Brigitte Mohnhaupt nach dem Tod Ulrike Meinhofs zunächst nicht. Ihr gehörten Verena Becker, Peter-Jürgen Boock, Waltraud Boock, Christian Klar, Sabine Schmitz, Adelheid Schulz, Günter Sonnenberg und Johannes Thimme an, der 1985 beim Transport einer Bombe in einem Kinderwagen in Stuttgart-Vaihingen auf dem Weg zu einer Computerfabrik durch vorzeitige Explosion getötet wurde.

Dieser 77er RAF schlossen sich Susanne Albrecht, Hans-Joachim Dellwo, Rolf Heißler, Monika Helbing, Elisabeth von Dyck, Christine Kuby, Silke Maier-Witt, Gert Schneider, Angelika Speitel, Volker Speitel, Sigrid Sternebeck, Willy Peter Stoll, Christof Wackernagel, Rolf Clemens Wagner und Stefan Wisniewski an. Willy Peter Stoll wurde am 6. September 1978 in einem Düsseldorfer China-Restaurant bei dem Versuch, angesichts seiner Entdeckung durch Fahnder seinen Colt zu ziehen, am Tisch erschossen. Elisabeth von Dyck erlitt das gleiche Schicksal am 4. Mai 1979 an der Tür einer konspirativen Wohnung der Bande in Nürnberg. Zwölf weitere Mitglieder wurden in den folgenden Jahren verhaftet. Zwei, Hans-Joachim Dellwo und Volker Speitel, haben sich inzwischen von der RAF gelöst und erhielten mit Unterstützung der Behörden eine andere Identität. Der Rest wurde jedoch auch in den achtziger Jahren steckbrieflich als „harter Kern“ der RAF mit internationalen Haftbefehlen weiterhin gesucht.

Bei der Aufstellung der Nachfolgebande im Frühjahr 1977 waren allen Mitgliedern ihren Fähigkeiten entsprechend bestimmte Aufgaben zugewiesen worden. Die Willensbildung unter den Mitgliedern erfolgte nicht nur nach hierarchischen Gesichtspunkten sondern auch bei der Diskussion untereinander über Aufgabenstellung, Rollenverteilung und allgemeines Verhalten. In der Durchführung der Aufgaben sahen sich die Mitglieder gegenseitiger Kontrolle und Kritik ausgesetzt.

Aus Banküberfällen nach dem Muster der 1970 gebildeten RAF verfügte die von Brigitte Mohnhaupt reorganisierte Gruppe über erhebliche finanzielle Mittel. Zur Vorbereitung von Anschlägen und Aktionen mieteten Bandenmitglieder unter falschen Namen gleichzeitig mehrere Wohnungen. Diese dienten entweder als Kommandostand oder als Ausweichquartiere und Speicher. Nach Abschluß einer Aktion wurden in den Wohnungen in der Regel die Spuren sofort beseitigt, die Mieten hingegen einige Monate weiter bezahlt. Anschließend wurden die Wohnungen – in den meisten Fällen ohne die vereinbarten Kündigungsfristen einzuhalten – schriftlich gekündigt. Gezahlte Kautionen oder zurückgelassenes Mobiliar wurden dem Vermieter überlassen. Unter den aus dieser Zeit ermittelten konspirativen Wohnungen waren Unterkünfte in der Frankfurter Wiener Straße 63, in Hannover in der Ihme-Passage 10 und Voltmerstraße 45. Um im Untergrund zu agieren und Polizei- und Grenzkontrollen zu passieren, verschaffte sich die Bande durch Einbrüche und Raubüberfälle Blankoausweispapiere, in die falsche Namen eingetragen wurden. Beim Überfall auf die Bezirkshauptmannschaft Landeck in Tirol am 12. November 1976 waren 394 Personalausweise und 82 Waffenpässe erbeutet worden.

Eines der Anschlagsziele war die Ermordung von Generalbundesanwalt Siegfried Buback, den die Terroristen als „Akteur des Systems“ und „zentrale Schalt- und Koordinationsstelle zwischen Justiz und Nachrichtendiensten“ bezeichneten.

Am 7. April 1977 hielt gegen 9 Uhr ein Motorradfahrer am Rand der Tankstelle an der Linkenheimer Landstraße in Karlsruhe, sein Soziusfahrer hantierte mit einem Schraubenzieher an dem Suzuki GS 750-Modell. Fahrer und Beifahrer waren dunkel gekleidet und trugen olivgrüne Helme. Nach wenigen Minuten fuhren sie langsam in Richtung Stadtmitte weiter. Der Tankstellenwart sagte später, er hatte den Eindruck, als erwarteten sie jemand.

Kurz nach 9 Uhr näherte sich der Dienstwagen des Generalbundesanwaltes auf der Linkenheimer Landstraße der Einmündung zur Moltkestraße. Siegfried Buback saß auf dem Beifahrersitz, der Kraftfahrer Wolfgang Göbel steuerte den Wagen. Auf dem Rücksitz rechts saß der Leiter der Fahrbereitschaft der Bundesanwaltschaft, Erster Justizhauptwachtmeister Georg Wurster.

Beim Heranfahren an die Abzweigung zur Moltkestraße schaltete die Verkehrsampel auf „Rot". Göbel stoppte den Wagen unmittelbar vor der Haltelinie auf der rechten der beiden Geradeausspuren. Auf der linken Geradeausspur wartete ein Opel Ascona eines Mannes aus Karlsruhe. Von hinten kommend fuhr das Motorrad-Gespann, das ab der Tankstelle langsam zur Innenstadt gefahren war, rechts neben den Dienstwagen des Generalbundesanwaltes.

In dem Augenblick, in dem die Ampel auf Grün schaltete, zog der Soziusfahrer plötzlich aus einer Reisetasche, die er zwischen sich und dem Fahrer gehalten hatte, ein Schnellfeuergewehr. Aus nur etwa 70 Zentimeter Entfernung gab er schräg von oben nach unten eine Salve von 15 Schüssen durch die rechten Seitenfenster auf die Insassen des anfahrenden Autos ab. Lauf und Schaft des automatischen Gewehrs Marke Heckler & Koch, HK 43, Kaliber 223, waren verkürzt worden. Die meisten Geschosse trafen Siegfried Buback. Die Projektile zertrümmerten seine mittlere Brustwirbelsäule, das rechte Schlüsselbein und den rechten Oberarm. Das rechte Schulterblatt wurde von der Wucht der Aufschläge gebrochen, mehrere Rippen zerschlagen und beide Lungenflügel zerrissen. Mehrere Geschosse durchschlugen den rechten Herzvorhof, die große Körperschlagader, das Zwerchfell, den Magen und den Darm.

Wolfgang Göbel erhielt einen Lungendurchschuß, einen Bruch der fünften Rippe sowie Verletzungen am rechten Oberarm und Streifschüsse. Georg Wurster wurde von zwei Geschossen getroffen. Diese durchtrennten das Zwerchfell und drangen in die Milz, die Bauchspeicheldrüse, die linke Niere sowie die Bögen des ersten und zweiten Lendenwirbels ein.

Der Generalbundesanwalt und sein Fahrer verstarben am Schauplatz des Überfalls. Georg Wurster erlag am 13. April seinen schweren Verletzungen. Nach dem Feuerüberfall vergewisserten sich die Täter vom Gelingen des Mordanschlages. Sie folgten mit ihrem Motorrad langsam dem führerlos weiterrollenden Dienstwagen, fuhren an dessen linke Seite, blickten im Vorbeifahren in das Wageninnere und flüchteten sodann über die Brücke am Wasserwerk durch den Oberwald und über einen an einer Kleingartenanlage vorbeiführenden Feldweg zur Autobahnbrücke Wolfartsweier. Dort versteckten sie das Motorrad in der Kammer eines Brückenpfeilers und stiegen in den bereits wartenden Alfa Romeo mit dem Kennzeichen GER-AM 25 um. Mit diesem Wagen passierten sie unbehelligt um 9.51 Uhr eine im Rahmen der polizeilichen Ringfahndung bei Remchingen/Singen eingerichtete Kontrollstelle und fuhren ungehindert weiter nach Sachsenheim im Kreis Ludwigsburg. Dort trafen sie zwischen zehn Uhr und zehn Uhr 30 ein und stiegen auf einem Parkplatz aus.

Fahrer der Suzuki, so ermittelte die Polizei später, war Günter Sonnenberg, der Mann auf dem Rücksitz war Knut Detlev Folkerts, in Singen geboren, in der Schillerstraße 28 in Karlsruhe wohnhaft. Als Urheber des Anschlages auf den Generalbundesanwalt und seine Begleiter bezeichnete sich ein „Kommando Ulrike Meinhof der RAF“. Entsprechende Bekennerschreiben, denen jeweils eine Fotokopie des von Günter Sonnenberg mit der Firma Hein Gericke abgeschlossenen Mietvertrages über die Suzuki-Maschine beigefügt war, erreichten am 13. und 14. April 1977 elf Nachrichtenagenturen und Zeitungen.

In den gleichlautenden, vier Seiten umfassenden Schreiben, deren erste Seiten das Emblem der „RAF“ zeigten, wurde der Mord als „Hinrichtung“ des Generalbundesanwaltes bezeichnet. Er sei, so wurde ausgeführt, für die „Ermordung von Ulrike Meinhof, Siegfried Hausner und Holger Meins direkt verantwortlich“. Die gleichfalls getöteten Begleiter des Generalbundesanwaltes wurden dagegen nicht erwähnt.

Die Planung des Attentates reicht nach Ansicht der Bundesanwaltschaft wahrscheinlich bis in die Zeit vor der Verhaftung der früheren Rädelsführer Siegfried Haag und Roland Mayer zurück.

Diese hatten bei ihrer Festnahme am 30. November 1976 Notizen, mit dem Code „Margarine“ bei sich. Dabei handelte es sich um verschlüsselte Aufzeichnungen über verschiedene Fluchtwege und eine mit Zahlen markierte Handskizze eines Straßenbereichs.

Wahrscheinlich war auf dieser Skizze der Straßenbereich der Herrenstraße in Karlsruhe zwischen Zirkel und Erbprinzenstraße dargestellt. In diesem Bereich, der in unmittelbarer Nähe des Bundesgerichtshofes liegt, verlief damals eine von drei möglichen Zufahrten, die der Generalbundesanwalt auf der Fahrt zu seinem Dienstgebäude passieren mußte. Die Eintragung „BÜAW“ wies auf den von den Mördern tatsächlich bei der Flucht überquerten „Bahnübergang am Wasserwerk“ hin.

Nach dem Mord faßten Mitglieder der RAF im Frühsommer den Entschluß, nunmehr den Amtssitz der Bundesanwaltschaft zu zerbomben. Das sollte durch einen nach Art der Stalinorgeln gebündelten Raketenwerfer erfolgen. Für die Schießvorrichtung hatten die Täter eine Wohnung im Hinterhaus Blumenstraße 9 in Karlsruhe gewählt.

Nur durch eine etwa drei Meter hohe Steinmauer getrennt, befand sich damals in etwa achtzehn Meter Entfernung der Nordflügel der Bundesanwaltschaft. Dort waren vor allem Mitarbeiter der obersten Anklagebehörde der Bundesrepublik Deutschland untergebracht. Die Mieter, ein Kunstmaler und seine Ehefrau, waren unter dem Vorwand, ein Gemälde in Auftrag zu geben, überfallen und gefesselt worden: „Hier geschieht eine Aktion der Roten Armee Fraktion; verhalten Sie sich ruhig, dann geschieht Ihnen nichts! Die Aktion ist nicht gegen Sie gerichtet!“

Die Täter bauten eine Abschußanlage auf, die insgesamt 42 Abschußrohre aus Metall, 1 1/4 Zoll, ca. 60 Zentimeter lang, besaß. Die Öffnungen zielten auf die gegenüberliegende, drei Stockwerke mit jeweils 12 beziehungsweise 18 Zimmerfenstern umfassende Gebäudewand des Nordflügels des Bundesgerichtshofes. In jedem der 42 Abschußrohre, die am hinteren Ende mit einer Abschlußklappe versehen waren, befand sich ein gewehrgranatenähnliches Geschoß und ein Treibladungseinsatz.

Die Geschosse setzten sich aus einem verchromten Rohr von insgesamt 18 Zentimeter Länge, an dem ein circa 15 Zentimeter langes vierflügeliges Leitwerk aus Aluminiumteilen befestigt war, zusammen. Die Rohre bestanden aus zusammengeschraubten handelsüblichen Verlängerungsstücken, sogenannten Distanzstücken, unterschiedlicher Länge, wie sie bei der Installation von Wasserleitungen verwendet werden. Sie hatten einen Durchmesser von 1/2 Zoll. An der Spitze der Geschosse war eine selbstgefertigte Aufschlagzündungsvorrichtung aufgeschraubt, die aus einer Messinghülse und einem darin befindlichen Nagel bestand. Beim Abschrauben des Aufschlagzünders wurde ein Patronenboden mit einem Zündhütchen sichtbar. Durch den Aufschlag des Nagels auf dem Patronenboden sollte über das Zündhütchen eine in dem Geschoß befindliche Ladung aus 25 Gramm Pulver gezündet und dadurch der Flugkörper zur Explosion gebracht werden.

Hinter dem Leitwerk der Geschosse war eine Vorrichtung angebracht, die dem Geschoß als Treibsatz dienen sollte. An diesem Stück fanden die Beamten der Kriminalpolizei, als die Abschußrampe entdeckt und entschärft werden konnte, die erste Spur der Täter: den Abdruck des rechten Daumens und des linken Zeigefingers der Hamburgerin Susanne Albrecht. Die Tochter eines angesehenen Patentanwaltes war über eine Gruppe Hausbesetzer in der Hansestadt zur RAF gekommen. Daß die Zündung zum vorgesehenen Zeitpunkt nicht funktionierte, war einem Versehen der Täter zu verdanken. Beim Läutwerk hatten sie schlicht das Aufziehen des Weckers vergessen. Untersuchungen ergaben, daß die bei Aufschlag und Detonation der Geschosse auf die Fensterscheiben freigewordene Splitterenergie bis zu 2000 Splitter pro Geschoß verursacht, die beim Auftreffen auf entsprechende Körperteile von Menschen tödlich wirken. Ihre Energie lag erheblich über der in der Wissenschaft angenommenen Toleranzgrenze. Außer Susanne Albrecht ermittelte die Polizei

Peter Boock und Knut Folkerts als diejenigen, die in der Wohnung die Schießanlage montierten.

Susanne Albrecht hatte drei Wochen zuvor bereits ein unsägliches Verbrechen ermöglicht. In Frankfurt-Oberursel führte sie unter dem Vorwand, ihren Patenonkel, den Vorstandssprecher der Dresdner Bank, Jürgen Ponto, besuchen zu wollen, mehrere Begleiter in das Haus. Als Ponto erkannte, daß er entführt werden sollte und sich zur Wehr setzte, wurde er erschossen. Susanne Albrecht konnte mit den Mördern entkommen. Zu dieser Tat gab sie folgende schriftliche Erklärung ab: „Wir haben in der Situation, in der Bundesanwaltschaft und Staatsschutz zu Massakern an Gefangenen ausgeholt haben, nichts für lange Erklärungen übrig. Zu Ponto und den Schüssen, die ihn jetzt in Oberursel trafen, sagen wir, daß es uns nicht klar genug war, daß diese Typen, die in der Dritten Welt Kriege auslösen und Völker ausrotten, vor der Gewalt, wenn sie ihnen im eigenen Haus entgegentritt, fassungslos stehen. Es geht darum, das Neue gegen das Alte zu stellen, den Kampf, für den es keine Gefängnisse gibt, gegen das Universum der Kohle, in dem alles Gefängnis ist. Susanne Albrecht, 14. 8. 1977 aus einem Kommando der RAF".

Auch in Karlsruhe gelang es ihr, die Stadt zu verlassen. Knut Folkerts wurde am Tattag zusammen mit ihr im Intercity-Zug 175 erkannt, der um 16.01 Uhr den Hauptbahnhof Karlsruhe in Richtung Basel verlassen hatte. Bald danach verließ sie die Bundesrepublik Deutschland und suchte bei Palästinensern im Nahen Osten Unterschlupf.

Im September 1977, etwa zur selben Zeit, als Dr. Hanns Martin Schleyer, der Präsident des Bundesverbandes der Deutschen Industrie und der Bundesvereinigung der Deutschen Arbeitgeberverbände, nach seiner Entführung in Köln gefangengehalten wurde, hielt sich Knut Folkerts in den Niederlanden auf. Als er dort nach der Ermordung eines Polizeibeamten festgenommen wurde, erklärte er dem Gericht in Utrecht am 7. Dezember 1977: „Die Rote Armee Fraktion ist eine politisch-militärische Organisation, die den bewaffneten anti-imperialistischen Kampf in den

Metropolen, den Machtzentren des internationalen Kapitals in der BRD als Subzentrum des US-Imperialismus führt."

Die RAF kämpfe aus der Illegalität, so Folkerts, nachdem „die Vietnambewegung, aus der sie sich entwickelt hat", auf die Grenze der legalen Opposition stoßen mußte „und deren Konsequenz – beharren auf imperialistischer Legalität – Integration, ein Zurück zu Reformismus und Pazifismus bedeuten mußte". Deshalb habe die RAF im Hinterland des Imperialismus eine Front eröffnet. Der Hauptfeind sei „der US-Imperialismus, in Westeuropa die Bundesrepublik der Sozialdemokratie". Die „geo-strategische Brisanz der RAF" bestehe darin, daß sie „das US-Projekt, das Modell Deutschland" behindere und es letztlich unmöglich machen werde, „in Westeuropa einen Machtblock für die Strategie des US-Kapitals zu organisieren", ließ Folkerts seinen Anwalt dem Gericht mitteilen. Vor diesem Hintergrund versuchte er die Ermordung von Generalbundesanwalt Buback und Hanns Martin Schleyer zu rechtfertigen.

Am 5. September 1977 hatten Mitglieder der RAF in Köln das Auto des BDI-Präsidenten und ein Begleitfahrzeug überfallen. Sie erschossen seinen Fahrer Heinz Marcisz sowie die zu seinem Schutz eingesetzten Polizeibeamten Reinhold Brändle, Helmut Ulmer und Roland Pieler. Sodann verschleppten sie Schleyer. Die Entführung diente dem Zweck, durch die Drohung, den Industriepräsidenten zu erschießen, die Freilassung der inhaftierten RAF-Rädelsführer in Stammheim und anderer Gesinnungsgenossen zu erzwingen und Geld zu erpressen.

Vierundzwanzig Stunden nach dem Verbrechen forderten die Entführer unter der Bezeichnung „Kommando Siegfried Hausner RAF" in einem in Wiesbaden hinterlegten Brief die Bundesregierung auf, elf inhaftierte deutsche Terroristen freizulassen und in ein Land ihrer Wahl auszufliegen. Außerdem verlangten sei, jeden dieser Häftlinge mit einhunderttausend Mark auszustatten.

Gleichzeitig drohten sie für den Fall, daß die Zeit des Ultimatums für die Erfüllung ihrer Forderung überschritten wird, Dr. Schleyer zu töten. Sie verstärkten ihre Drohungen gegenüber dem im Bundeskanzleramt in Bonn permanent beratenden Großen Krisenstab, in dem alle Parteien vertreten waren. Mehrfach wurden die Forderungen wiederholt. Bundeskanzler Helmut Schmidt lehnte es im Konsens mit allen gesellschaftlich relevanten Gremien jedoch ab, den Erpressern und Entführern noch einmal wie im Fall Peter Lorenz nachzugeben.

Als die Anti-Terroristenbrigade „Grenzschutzgruppe 9“ (GSG 9) unter dem Kommando von Ulrich K. Wegener schließlich in Mogadischu eine entführte Passagiermaschine der Deutschen Lufthansa am 18. Oktober 1977 stürmte und alle Fahrgäste unversehrt befreite, sahen die inhaftierten RAF-Anführer ihre Chance, freizukommen, verspielt.

In derselben Nacht verübten Andreas Baader, Gudrun Ensslin und Jan-Carl Raspe Selbstmord durch Erschießen mit eingeschmuggelten Pistolen. Die Entführer töteten Hanns Martin Schleyer an einem unbekannten Ort durch mehrere Schüsse in den Kopf. Seine Leiche wurde am 19. Oktober 1977 in Mühlhausen im Elsaß im Kofferraum eines Personenwagens gefunden.

„Blanker Terror – ohne Grenzen. Die Kugeln aus den Gewehrläufen, von denen man sich einst die Eroberung der Macht versprach, sind nichts anderes als Mordinstrumente, die ihre Opfer unberechenbar, da gezielt, dort blind treffen“, schrieb die Neue Zürcher Zeitung. Die Erben besitzen nicht die Fähigkeit zur Unterscheidung des eigenen Anspruchs von „Gewalt gegen Sachen“ von der „Gewalt gegen Personen“, wohl aber die Bereitschaft zum Mord, die unverhüllte Eigenschaft des Killers. Der Mythos der RAF-Gründer entwickelte sich nach den Selbstmorden in der Szene zur Heldenverehrung der Toten von Stammheim. Eine Generation ihrer Anhänger fühlte sich dazu aufgerufen, die Bewegung fortzuführen, um den Euroterrorismus aufzuziehen.

XII. Stumme Zeugen

Voraussetzung für den Kampf aus dem Untergrund war seit der Bildung der „Rote Armee Fraktion" 1970 ein Netz von Stützpunkten, konspirativen Wohnungen, Quartiergebern und Waffendepots. Ohne logistische Basis wäre es der RAF 1977 nicht möglich gewesen, eine Aktion wie den Überfall in Köln-Braunsfeld auf das schwerbewaffnete Begleitkommando Hanns Martin Scheyers zu verüben und den Präsidenten des Bundesverbandes der Deutschen Industrie zu entführen. Mit der Entdekkung von 17 Erdverstecken im November 1982 erlitt die RAF in der Bundesrepublik Deutschland den bisher schwersten Schlag. Außer Revolvern, Maschinenpistolen und Gewehren mit Munition verlor die RAF ca. 450 Personalausweise, Reisepässe und Kraftfahrtzeugdokumente, Fälschungsmaterialien, Druckstöcke und Bargeld in deutscher und ausländischer Währung. Der Direktor des Kriminaltechnischen Institutes beim BKA in Wiesbaden, Wolfgang Steinke, konnte noch sechs bis sieben Jahre alte Fingerabdrücke von Terroristen in den Depots sicherstellen.

Mit welcher Akribie sich die RAF ihrer Logistik gewidmet hatte, ersah das Bundeskriminalamt aus „Depotlisten", in denen detailliert registriert wurde, welche Gegenstände, Geldbeträge und Waffen sich im geheimen Versteck befanden. Die RAF-Buchhaltung enthielt weitere Angaben, zu welchem Zeitpunkt etwas entnommen oder hinzugefügt wurde. Diese Funde lieferten den Behörden den Nachweis, daß die RAF von Anfang an ein Archiv besaß, das regelmäßig mit Berichten aus der in- und ausländischen Presse sowie Artikeln aus Fachzeitschriften vervollständigt wurde. Unter den Zeitungsausschnitten über potentielle Zielobjekte sowie die Arbeitsweise und Methodik der Sicherheitsbehörden befanden sich auch Veröffentlichungen über Probleme der Dritten Welt sowie Unterlagen aus den Bereichen Technik, Chemie und Elektronik.

Von den Depots waren vier im Raum Gravenbruch unweit von

Offenbach: Depot 1, Depot 2, Deckname „Rotkehlchen" im Ortsteil Steinberg, Depot 3 „Altes Matsch" ebenfalls in Gravenbruch, Depot 4 „Neues Matsch" am Ortsausgang Heusenstamm. Andere Depots befanden sich in einem Waldstück von Heigenbrücken bei Aschaffenburg (Deckname „Sarg"), ferner im Sachsenwald bei Hamburg („Daphne"), in Marburg-Cappel („Künstler"), in der Nähe der niedersächsischen Gemeinde Rasse bei Hannover. Das Depot „Wi" lag bei Wiesbaden-Naurod, das Versteck mit dem Codewort „X 1" in Wald Oftersheim unweit von Schwetzingen, „H 3" an der Bundesstraße 54 bei Hagen. In Belgien konnte trotz einer Skizze ein Versteck bisher nicht entdeckt werden. Das nach der Entschlüsselung durch das Bundeskriminalamt aufgespürte Erddepot „Daphne" im Wald bei Friedrichsruh in der Nähe von Hamburg, an dem am 16. November 1982 Christian Klar festgenommen wurde, enthielt zwei Revolver, eine Maschinenpistole, ein Gewehr, etwa 250 Schuß Munition, sechs Magazine, rund 90 Personaldokumente, Fälschungsmaterialien sowie 11100 Mark. Der größte Teil des Geldes stammte – ebenso wie das zuvor im Erddepot bei Frankfurt am Main bei der Festnahme von Brigitte Mohnhaupt und Adelheid Schulz am 11. November gefundene – aus dem Raubüberfall am 15. September 1982 auf die Bochumer Stadtsparkasse.

Die RAF-Logistik auf deutschem Boden und somit Planung und Programmierung für Angriffe wie auch Rückzüge in Ruhezonen war durch die Aktion „Eichhörnchen", so der Polizei-Code für die Depot-Razzia, nachhaltiger zerstört worden als dies bei den bisherigen Zugriffen der Fahnder der Fall gewesen war. Außer dem Verlust der Führungsfiguren mußte als „zusätzliche, deprimierende Erkenntnis auf die RAF und ihre Unterstützer wirken", daß es dem Bundeskriminalamt gelungen war, „den gruppeninternen Geheimcode zu entschlüsseln", sagte BKA-Präsident Heinrich Boge.

Warnungen des Präsidenten des Bundesamtes für Verfassungsschutz, Gerhard Boeden, der vom Bundeskriminalamt kam, vor der neuen RAF-Generation, basierten auf Erfahrung. Schon einmal hatten Polizei und Verfassungsschutz 1974 in einer abgestimmten Aktion einen über Ländergrenzen hinweg – bis in Amsterdamer Ausweichquartiere – reichenden Schlag geführt, von dem die Sicherheitsbehörden annahmen, daß ihn die damals in der Wiederaufbauphase befindliche RAF nicht überstehen würde. Am 4. Februar 1974 – knapp zwei Jahre nach der Verhaftung Ulrike Meinhofs, Andreas Baaders und Gudrun Ensslins – fielen in Hamburg die RAF-Stützpunkte Bartholomäusstraße 20, Beim Schlump 58 und Erikastraße 119.

In einem Berliner Bandenversteck fand die Polizei aus der Maskenbildnerei des Terrorismus neunzehn Oberlippen- und einen Kinnbart, Perücken, Zöpfe, Gummimasken und Gummi-Gesichtsverformer, Nasenkitt, Zahnschwarz, Glatzenmonturen, Spezialteint und viele andere Schminkutensilien. Mehrere Koffer enthielten 32 Offsetdruckfolien beziehungsweise Filmfolien mit und ohne Ortsangaben, Folien für Bundeswehraufträge, 26 Siegelplaketten, Letrasetfolien für Fälschungszwecke, Filmfolien für holländische Kraftfahrzeugscheine, Filmfolien für Rezeptvordrucke, 21 Offsetfolien mit Stempeln und Siegeln verschiedener deutscher und westalliierter Behörden, Städte und Dienststellen in der Bundesrepublik Deutschland, ferner Ösenzangen und Ösen, Urkundentinte, Tuschpatronen, Musterblock für Offsetfarben und Büchsen mit roter Druckfarbe. Das Sortiment umfaßte ferner 7 Folien für HUK-Kraftfahrzeugversicherungskarten, internationale Versicherungskarten, ein Film-Positiv für den Waffenschein Hessen Nr. 0904, hand- und maschinenbeschriebene Zettel mit Notizen über 48 Kraftfahrzeug-Kennzeichen, Lebensweise der Kraftfahrzeughalter und einen selbstgefertigten Vordruck zur Erfassung von Autos, Foto-Negative mit mehr als 30 Stempeln und Siegeln deutscher Städte, die zum Fälschen von Ausweisen, Kfz-Papieren und Auto-Kennzeichen geeignet waren. Dazu wurden 102 Schlüssel verschiedener Art gefunden. Die Polizei besaß plötzlich ein Arsenal an stummen Zeugen.

Welche Bedeutung stumme Zeugen haben können, ist aus einem Gutachten des Bundeskriminalamtes im Fall Gudrun Ensslin zu ersehen. Bei der Festnahme am 7. Juni 1972 in der Hamburger Boutique „Linette" am Jungfernstieg – eine Woche nach der Verhaftung Baaders in Frankfurt – besaß sie einen Revolver Smith & Wesson, Kaliber 38 special, Modell 60, Nr. 40774/S 935337, mit fünfschüssiger geladener Trommel, und eine Pistole „FN-High Power", Kaliber neun Millimeter Parabellum, Nr. 32 194, 13 Patronen im Magazin, eine befand sich vorgeladen im Rohr. Der Revolver war am 23. 9. 1971 von dem Terroristen Rolf Pohle unter dem falschen Namen Christian Feustel bei der Firma Hommel in Aschaffenburg gekauft worden, die FN-Pistole stammte aus belgischen Vorkriegsbeständen. Der Reisepaß Nr. C 1564280 war am 28. 6. 68 in Hamburg auf den Namen der tatsächlich existierenden Rosemarie Reins, geboren in Königsberg, ausgestellt und durch Austausch des Lichtbildes verfälscht worden. Sechs Sicherheitsschlüssel, die in der Handtasche waren, paßten zum BKS-Zylinderschloß des Stuttgarter Bandenversteckes Seidenstraße 7, ein Flachschlüssel Nr. 898 stimmte mit Flachschlüsseln, die bei Brigitte Mohnhaupt am 9. Juni 72 und Ulrike Meinhof am 15. 6. 72 gefunden worden waren, überein. Die Schlüssel paßten zum Briefkasten der konspirativen Wohnung Inheidener Straße 69 in Frankfurt; ein Schlüssel gehörte zur Wohnung Paulinenallee 36 in Hamburg, und ein Sicherheitsschlüssel war für die Zentralschließanlage des Hauses Paulinenallee 36 bestimmt. Die beiden letzten Schlüssel befanden sich an einem Ring, der mit dem Etikett „Bunker" gekennzeichnet war. Gudrun Ensslin hatte ferner einen roten Damenhandschuh und eine Rodenstock-Brille Exclusiv 302 bei sich. Das Gegenstück des Handschuhs wurde in dem Hamburger RAF-Quartier Ohlsdorfer Straße 1–3, gefunden. Gleichgroße Brillen mit annähernd gleicher Optik entdeckte die Polizei am 16. 6. 72 in dem Frankfurter Versteck Inheidener Straße und in dem am 17. 6. 72 in Berlin sichergestellten Opel Commodore mit dem Falschkennzeichen HG-TU 40.

Fingerabdrücke von Frau Ensslin hatten die Fahnder bereits nach dem Berliner „Dreier-Schlag" 1970 an zwei zur Flucht mit der Beute bei dem Bankraub benutzten Mercedes 220 festgestellt, weitere Spuren waren in der Berliner Banden-Wohnung Knesebeckstraße 89. Dort war als erstes führendes RAF-Mitglied schon am 8. Oktober 1970 Rechtsanwalt Horst Mahler festgenommen worden.

„Bevor die RAF wieder in Erscheinung tritt", schrieb Andreas Baader 1974 in einem aus der hessischen Haftanstalt Schwalmstadt geschmuggelten Kassiber zur Warnung vor Werbern anderer linker Gruppen, „müßt ihr bei Kontakten mit anderen sehr vorsichtig sein . . . sie würden versuchen, euch zu schlucken oder euch hochgehen zu lassen." Manfred Grashoff, RAF-Mitglied der ersten Stunde, schimpfte in der Haft auf die neuen RZ-Anhänger und nannte sie einen Lumpensammlerverein mit Nachtrabepolitik. Mancher, dem die „Feierabendaktionen" der RZ in den folgenden Jahren nicht genügten, wanderte in das RAF-Umfeld ab und tauchte schließlich in den Untergrund. Die Grenzen zwischen den „Revolutionären Zellen" und der RAF wurden fließend. „Die kommen alle vom Regen in die Traufe", vermutete der Leiter des Hamburger Verfassungsschutzes, Christian Lochte.

Nach der Zerschlagung der Kette „Konspirativer Wohnungen", beginnend mit der Großfahndung nach den Tätern der Geiselnahme und Ermordung Hanns Martin Schleyers im Herbst 1977 bis 1980, wurde ein vergleichbares Netz von Stützpunkten nicht wieder aufgebaut. Die Polizei geht davon aus, daß das Material aus Wohnungen, die seit Anfang der siebziger Jahre als Lager oder Archive gedient hatten, soweit es nicht beschlagnahmt worden war, gegen Ende der siebziger Jahre in Erdverstecken deponiert wurde. Die Funde in den Depots wiesen auf keine einzige konspirative Wohnung der RAF in der Bundesrepublik Deutschland hin. Stattdessen bediente sich die RAF, um vor allem gezielten Fahndungen zu entgehen, seit 1980 folgender Methoden der Quartierbeschaffung:

- Über besonders vertrauenswürdige Angehörige des engeren RAF-Umfeldes wurden Anfang 1980 in Hamburg und Frankfurt bei unverdächtigen „coolen“, vertrauenswürdig erscheinenden Personen kurzfristig Übernachtungsräume beschafft.
- Es wurde zeitlich befristet in bestehende Mietverhältnisse eingetreten, zum Beispiel bei Studenten, die für mehrere Monate abwesend waren und den Zwischenmietern für diese Zeit ihre Wohnung einschließlich Telefon etc. gegen Entgelt überließen; so in Heidelberg-Rohrbach, Karlsruher Straße, und in Paris, Rue de Chaillot.
- Von Frühjahr 1982 bis Februar 1983 übernachteten Illegale auch in Zimmern von Studenten in Studentenwohnheimen. Das wurde in Darmstadt und Münster festgestellt.
- In Sommermonaten zelteten RAF-Mitglieder gelegentlich im Freien. Darauf deuten Funde von Schlafsäcken, Zelten etc. sowie Diebstähle von Pässen, insbesondere auf Campingplätzen in Nordspanien und Südfrankreich hin, die später bei Illegalen oder in RAF-Erdverstecken sichergestellt wurden.

Der Engpaß auf dem Wohnungssektor ging unter anderem aus einer Passage in einem „Strategiepapier“ hervor, das in dem Bandenversteck Heidelberg-Rohrbach gefunden worden war: „. . . nur die, die cool sind, können z. B. Buden zur Verfügung stellen, was notwendiger denn je erscheint.“ Bei der RAF-Unterstützerin Gisela Dutzi fand die Polizei diese Notiz: „Wenn Du noch nichts zum Pennen für unsere Freunde gefunden hast, dann such noch weiter. Es ist sehr wichtig, daß sie, wenn Du sie holst, mindestens für die erste Nacht was haben.“

Mit der Entdeckung der Erdverstecke und den damit verbundenen Festnahmen büßte die RAF den größten Teil ihrer Waffen ein. Es handelte sich um 33 Kurz- und Langwaffen mit über 5000 Schuß Munition, die der Polizei in die Hände fielen. Einige Langwaffen, zum Beispiel die aufgefundenen Gewehre HK 93, darunter eine Tatwaffe bei der Entführung Hanns Martin Schleyers, stammten aus Käufen, die RAF-Mitglieder bereits vor dem Jahre 1977 mit falschen Personalpapieren bei Schweizer Waffenhändlern getätigt hatten. Ein Teil der übrigen Waffen und Munition kam aus dem Ostblock. Auch die beim Anschlag auf US-General Kroesen am 1. September 1981 abgeschossene Panzerabwehrrakete RPG 7 war sowjetischer Herkunft.

Während bis 1979 keine Hinweise auf Totalfälschungen von Personaldokumenten vorlagen, hat die RAF sich später nach Angaben der Polizei auch dieser Methode bedient. So wurde bei dem Verkehrsunfall von Juliane Plambeck und ihres Begleiters Beer am 25. Juli 1980 die Schweizer Identitätskarte Nr. 28649 auf den Namen der nicht existenten Dorothea Kremm, geboren 5. 5. 1952, gefunden. Bei diesem Ausweis, in den das Lichtbild Juliane Plambecks eingefügt worden war, handelte es sich um eine Totalfälschung. Diese war vermutlich mit drei weiteren Schweizer Identitätskarten in der Pariser Wohnung Rue Flatters hergestellt worden.

Nach drei Banküberfällen im Jahre 1979 – am 19. März in Darmstadt, am 17. April in Nürnberg und am 19. November in Zürich – sind 1980 und 1981 keine „Geldbeschaffungsaktionen" der RAF bekannt geworden. Diese seien lange Zeit wohl entbehrlich geworden, hieß es in einem Lagebericht der Sicherheitsbehörden, weil die RAF durch den am 2. Juni 1980 bekanntgegebenen Zusammenschluß mit den Restkadern der „Bewegung 2. Juni" in den Besitz eines Teils des Lösegeldes gelangt war, das diese Gruppe Ende 1977 durch die Entführung des Wiener Textilindustriellen Michael Palmers erpreßt hatte. Es handelte sich umgerechnet um 4,3 Millionen DM.

Fast drei Jahre nach dem letzten bekannten Bankraub in Zürich überfiel die RAF am 15. September 1982 dann eine Filiale der Bochumer Stadtsparkasse. Dabei wurden 124000 Mark erbeutet. Bereits sechs Wochen später fand die Polizei im Erdversteck bei Heusenstamm 54800 Mark. Darunter befanden sich zwanzig Banknoten aus dem Überfall auf die Bochumer Sparkassenfiliale, weitere 11000 Mark lagen wie erwähnt im Depot „Daphne". Die RAF-Angehörigen fuhren in den letzten Jahren sowohl im Fernverkehr wie im Nahbereich häufiger mit Omnibus und

Eisenbahn. Fast alle Ende 1982 ausgehobenen Erdverstecke waren mit Buslinien im regionalen Nahverkehr erreichbar. Sobald Pläne für Bombenanschläge und Attentate in das konkrete Stadium rückten, setzte die Bande dann Kraftfahrzeuge ein. Während im Jahre 1977 Autos und Lieferwagen teilweise von Mitgliedern des RAF-Untergrundkommandos mit falschen Ausweisen gemietet oder auf dem Gebrauchtwagenmarkt gekauft wurden, griff die RAF später, wie Anfang der siebziger Jahre, wieder auf „Doubletten" bei Pkw und Motorrädern zurück. Die Kraftfahrzeuge wurden nach Typ und Farbe den amtlich zugelassenen entsprechend gestohlen und mit dazu passenden Papieren ausgestattet.

Seit den Selbstmorden in Stammheim 1977 stellten die Behörden sich weiter verschärfende Führungs- und Koordinierungsprobleme zwischen den Inhaftierten und den Illegalen fest. Auf die offenbar kaum noch erträglich gewesene Atmosphäre der alten Führung, die Angehörige und Sympathisanten auch nach den Selbstmorden geheimzuhalten versuchten, wies als erster Stefan Aust in der Dokumentation über den „Baader-Meinhof-Komplex" hin. Aus Kassibern, die sowohl in Erdverstecken als auch bei Häftlingen in den Jahren 1982 und 1983 gefunden wurden, geht hervor, daß die Inhaftierten ebenso wie die Angehörigen des Kommandos gegenseitig aufeinander kontrovers einzuwirken versuchten. In einer Anweisung der Illegalen, die 1982 im „Zentraldepot" bei Heusenstamm gefunden wurde, werden die Inhaftierten aufgefordert, einen Kreis von sechs Personen, ein „Kränzchen", zu bilden. Dieser Zirkel sollte vermutlich die Vorbereitung des Hungerstreiks 1981 organisieren und die Kommunikation zwischen den Häftlingen und der Außenwelt gewährleisten. In diesem Kassiber hieß es: „. . . keiner von euch darf extratouren reiten – auch was schon den weg über den das zeug läuft betrifft; zurück nur genauso wie es reinkam."

An anderer Stelle wird von den Illegalen auf einen Brief des Gefangenen „Fe" (Felix), hinter dem die Behörden Rolf Heissler vermuteten, an die Genossen im Untergrund wie folgt geantwortet:

„fe, wir haben mit deinen briefen an uns das problem, daß sich die funktion die du ihnen geben willst hier draußen in allen details mit anzupacken ins gegenteil verkehrt . . . wir glauben, daß du nicht ticken willst, daß euer kampf drinnen und wir draußen notwendigerweise eine große unabhängigkeit braucht sich als einheit zu begreifen . . . statt sich voll dafür reinzuhängen, daß die front drinnen steht, willst du hier draußen rumfingern."

Eine Leseabschrift des Schreibmaschinenfarbbandes aus dem Bereich von Gisela Dutzi gibt Einblick in einen weiteren Brief der Illegalen an die Inhaftierten, der das Datum vom 13. Februar 1983 trägt.

Dieses Schreiben befaßt sich erneut mit der Bildung einer Kerngruppe, über die sich die Gefangenen „vereinheitlichen" sollen. Der Brief war an „Brigitte" (gemeint war B. Mohnhaupt), „Heidi" (Adelheid Schulz), „Christian" (Klar) und „Lutz" (Taufer) gerichtet: „Es geht nicht mehr anders als über eine solche zentralisierung. über euch 4 müssen sich die gefangenen vereinheitlichen. und die situation und die politik wieder ticken – soweit manche überhaupt noch ticken wollen (bochum, rolf!)"

Zahlreiche im Herbst 1982 in den Erdverstecken gefundene Kassiber belegten den vermuteten intensiven und aktuellen Informationsaustausch der verschiedenen Ebenen der RAF. Nicht nur die Häftlinge, sondern auch die Illegalen wurden durch Anhänger des RAF-Umfeldes über Veranstaltungen und ideologische Auseinandersetzungen unterrichtet. Als Brigitte Mohnhaupt und Adelheid Schulz festgenommen wurden, erhielten die Illegalen per Kassiber die Anweisung: „Ändert den Code!" In einem Kassettenfarbband der Terroristen des Untergrundkommandos, das nach der Verhaftung Gisela Dutzis bei einem RAF-Wohnungsgeber in Darmstadt sichergestellt wurde, wurde die Möglichkeit der Kommunikation über „Tote Briefkästen", wie sie in der Geheimdienstszene von Agenten benutzt werden, beschrieben: Als Zeichen, daß ein solcher Briefkasten eine

Nachricht enthielt, wurden an markanten Stellen Marienkäfer-Aufkleber angebracht. Wie die Verbindung mit den Illegalen hergestellt werden sollte, wurde wie folgt beschrieben (im Original in Großbuchstaben): „ES LÄUFT JETZT SO: ENTWEDER WIR LEGEN DIR AM MITTWOCH, DEM 23. 2. HIER WAS INS FACH, WO DRIN STEHT, DASS DU AM NÄCHSTEN TAG – ALSO DONNERSTAG LOS GEHEN MUSST UND UNSERE FREUNDE ABHOLEN ODER: WENN AM MITTWOCH NICHTS IM FACH LIEGT RUFEN WIR DICH AN FREITAG, 25. 2.
ZU DEM TELEFON KANN AUCH UNSER ANDERER FREUND KOMMEN ...“

An einer anderen Stelle des Farbbandes wird beschrieben, wie ein Brief der von den Illegalen an den Häftling Karl Friedrich Grosser („Theo“) gerichtet ist, von einer Person mit dem Namen „Cordel“ aufbereitet und von einem Rechtsanwalt in die entsprechende Haftanstalt transportiert werden soll. Bei Grosser handelt es sich um einen zunächst im Umfeld der RAF tätigen Unterstützer, der schließlich 1984 nach vorausgegangener Haftentlassung abtauchte. Er wurde 1985 bei dem Versuch, eine Geldbotin mit einem in Papier gewickelten Meißel niederzuschlagen, in Ludwigsburg wieder verhaftet. Der Brief an ihn (alias Theo) lautete: „13. 2. nic. CORDEL, DER BEILIEGENDE BRIEF IST FÜR THEO! ES IST WICHTIG, DASS ER IHN SCHNELL BEKOMMT. ÜBERLEG DIR IN RUHE JEDEN SCHRITT WIE DU ES MACHST, ALSO WIE ER IHN BEKOMMT. LEG DIR DEN BRIEF AN EINEN SICHEREN ORT BIS DU ZUM RA FÄHRST UND ÜBERLEG DIR WAS WIE DU IHN SICHER VERSTECKST, GECOVERT ZU IHM TRANSPORTIERST. EINE SICHERE MÖGLICHKEIT WIE DER RA IHN ZU THEO REINBRINGEN KANN, IST, WENN DER BRIEF IN EINEM GANZ NORMALEN ANTRAG STEHT. AM BESTEN IST DU MACHST DIR DIE ARBEIT, NIMMST EINEN ANTRAG DES ANWALTS DER SICH AUF IRGENDWAS VON THEO BEZIEHT, TIPPST IHN

AB IN DER RICHTIGEN FORM MIT KOPF ALLEM DRUM UND DRAN, AUF DER 2. SEITE NOCH EINEN ABSCHNITT NORMAL UND DANN TIPPST DU DIESEN BRIEF MITTEN REIN. ES SCHEINT UNS BESSER? WENN ES NICHT DER SAUER MACHT, DER EH NUR RUMQUATSCHT. ABER DAS MUSST DU BESSER WISSEN. KÜMMER DICH DA UM JEDEN SCHRITT."

Eine wesentliche Rolle in dem RAF-Informationssystem, besonders zwischen den Ebenen der Illegalen und den Inhaftierten, kam somit den Anwälten zu, die RAF-Mitglieder vor Gericht verteidigten. Dies wurde laut Gutachten der Sicherheitsbehörden aus Aufzeichnungen deutlich, die Brigitte Mohnhaupt und Adelheid Schulz bei ihrer Festnahme trugen. Die Notizen enthielten unter der Überschrift „Vereinbarung mit Uli" Angaben darüber, wie in der Illegalität lebende RAF-Angehörige konspirativ sowohl telefonisch als auch mit der Briefpost Kontakt zu einem Anwaltsbüro aufnehmen können. Ebenfalls über Anwälte dürfte den Ermittlungen zufolge auch die Kommunikation der Inhaftierten untereinander abgelaufen sein. In dem erwähnten Kassettenfarbband hieß es dazu: „EINE WICHTIGE MÖGLICHKEIT DABEI SIND HÄUFIGERE KLEINE TREFFEN EURER ANWÄLTE."

. . .

„INFORMIERT DEN ANWALT VON LUTZ (gemeint L. Taufer) ÜBER ZL-STAND, ZEUGENAUSSAGE, 4-ER-GRUPPE, AKTUELLE LAGE DRAUSSEN USW. SOWEIT NÖTIG."

Die Briefe sind zum Teil mit Namenskürzeln und Ziffern zur verschlüsselten Bezeichnung von Absendern, Empfängern und weiteren Personen versehen. In einem von Verena Becker vermutlich zur Koordinierung des Hungerstreiks 1981 verfaßten Papier, das 1980 in der konspirativen Wohnung in Heidelberg gefunden wurde, las sich diese Kommunikation wie folgt: „Nur an vier: ihr müßt die, die bisher nicht einbezogen sind, informieren . . . Die Koordination muß im wesentlichen über vier laufen, aber es sollten mehr als einer von uns voll informiert sein: Ga, Ha, (oder L.), Ne, Fe . . . sind folgende Gruppen vorstellbar: In Stammheim: Kh, Be, Eg, Yo, Te, Se . . . in Ossendorf: Ali, L, Mi, Ko, Fu, Fe . . . Kh du mußt mal sagen, was deine beiden Typen wollen. Endgültig wird man die Zusammenlegung wohl erst danach, wie sich der Hs (gemeint ist der Hungerstreik) entwickelt entscheiden können."

Die Namenskürzel bezeichnen laut Gutachten Monika Berberich, eine frühere Mitarbeiterin des Berliner Anwaltes Horst Mahler, die hier als Ne = Nelly aufgeführt wird, „Kh" ist Karl Heinz Dellwo, „Eg" gleich Egon, der frühere Anwalt Siegfried Haag, nach dem die Haag-Mayer-Bande genannt wurde, und „Fu" gleich Fury Stefan Wisniewski. Unter der Abkürzung „Fe" vermuteten wie erwähnt die Behörden Rolf Heissler („Felix").

Ungeachtet des Sicherheitsrisikos wurde der empfohlene Beförderungsweg zu „L." (Lutz Taufer) im Fall schneller Übermittlung genutzt. An anderer Stelle des Farbbandes hieß es dazu: „Wenn es für Lutz nicht anders jetzt schnell geht außer über die bekannte Wahnsinnsfrau, dann für sie im geschlossenen Umschlag, daß sie es nicht lesen kann."

Seit dem Spätherbst 1977 reihte sich für die RAF, „militärisch" wie politisch, Niederlage an Niederlage. Versuche, schon 1978 wieder anzugreifen und in der Phase 1980/81 eine neue Offensive zu starten, mißlangen. Mit geringem Erfolg versuchte der Verfassungsschutz V-Leute in die terroristische Szene einzuschleusen. Dabei wurde zu nachrichtendienstlicher List gegriffen: Ein fingierter Anschlag am 25. 7. 1978 auf die Mauer des Gefängnisses Celle sollte dem V-Mann die Legende für die Anbahnung von Kontakten zur RAF bieten. In Celle sitzen Terroristen des Anschlages auf die deutsche Botschaft in Stockholm und der 77er Morde. Der Versuch scheiterte. Polizei und Verfassungsschutz war es allerdings gelungen, logistische und personelle Basis weitgehend zu zerschlagen. Das RAF-Kommando konnte den Anhängern keine Perspektive vermitteln. Der Versuch, im Mai 1982 die konzeptionelle Aussagefähigkeit wieder zu beweisen und einen „neuen Abschnitt" des „antiimperialistischen Kampfes" zu beginnen, blieb zunächst erfolglos. Neue alternative Protestbewegungen, die sich entwickelten, trugen ebenfalls dazu bei, die Krise der RAF zu verstärken. Diese Bewegungen stellten sich entgegen den Erwartungen der terroristischen Szene der RAF nicht als Bündnispartner zur Seite, sondern entwickelten sich nach ihrem Selbstverständnis eher als konkurrierende Bewegung.

Einige inhaftierte RAF-Mitglieder machten kein Hehl aus ihrer Enttäuschung. So äußerte Bernd Rösser 1983 einer Besucherin gegenüber, er frage sich dauernd, wofür er überhaupt gekämpft habe. Aber die „Rote Armee Fraktion" gab den Kampf nicht auf. Die Sicherheitsbehörden, die vor vorschneller Beruhigung warnten, sollten recht behalten. „Ruhepausen" hatten die Terroristen auch früher schon eingelegt.

XIII. Die Jemande

Von vier Projektilen getroffen, verstarb am 11. Mai 1981 gegen 6.25 Uhr der hessische Wirtschaftsminister Heinz-Herbert Karry an den Folgen innerer Verletzungen. Unbekannte hatten gegen fünf Uhr durch das Fenster des Schlafzimmers in der Hofhausstraße 51 auf den Politiker der Freien Demokratischen Partei geschossen.

Vor dem Attentat hatten die Täter das Telefon im Haus blockiert, so daß die Ehefrau Karrys Nachbarn erst wecken mußte, bevor die Polizei und eine Ambulanz gerufen werden konnten. Die Ärzte konnten trotz sofortiger Bluttransfusionen das Leben des Ministers jedoch nicht mehr retten.

Am Tatort, im Garten unterhalb des Schlafzimmers, ließen die Täter eine Aluminium-Stehleiter zurück, die dem Schützen dazu gedient hatte, den Höhenunterschied zwischen Erdboden und Fensterbrüstung zu überwinden. Die Leiter war einseitig um 32 Zentimeter nachträglich verkürzt worden, so daß die Stufen trotz der Bodenneigung waagerecht verliefen.

Während Streifenwagen die Umgebung des Hauses im Frankfurter Vorort Seckbach absuchten, fanden zwei Jugendliche am Rand der verlängerten Hofhausstraße gegen 6.30 Uhr eine Pistole. Es war ein Modell High Standard, Kaliber 22, mit der Nummer 1109382. Fast gleichzeitig mit der Waffe lieferte die Tatort-Kommission Projektile aus dem nächtlichen Überfall im Bundeskriminalamt ab. Es handelte sich um Geschosse des Kalibers 22 mit der Bezeichnung „Mini Mag Long Rifle Solid P 22 HS“. Bei den Vergleichsuntersuchungen der Sachverständigen wurde festgestellt, daß die am Straßenrand gefundene Pistole die Tatwaffe war. Das Magazin dagegen blieb verschwunden.

Die Beamten der hessischen Sonderkommission zur Aufklärung des Verbrechens an Heinz-Herbert Karry erfuhren vom Bundeskriminalamt, daß diese Waffe aus der Waffenkammer der amerikanischen Kaserne in Butzbach stammte. Dort war sie bereits am 19. November 1970 gestohlen worden. Einem Bericht amerikanischer Sicherheitsbehörden zufolge war als Anstifter des Diebstahls ein Mitglied der „Black Panther Bewegung“ ermittelt worden. Zehn Jahre nach diesem Einbruch wurden 1980 aus der Waffenkammer der Taylor-Kaserne in Mannheim-Käfertal fünf Schnellfeuergewehre „M 16 A 1“, Modell AR 15, Kaliber 223, 5,56 Millimeter, samt Munition entwendet. Bei einer Revision um die Jahreswende 1971/72 im US-Munitionsdepot Weilerbach in der Pfalz wurde schließlich das Fehlen von 75 Splitterhandgranaten festgestellt.

Aus diesen drei Waffendiebstählen zu Beginn des terroristischen Krieges in der Bundesrepublik Deutschland tauchten folgende Waffen allein oder in Verbindung mit anderen in der terroristischen Szene wieder auf:

Am 13. November 1971 wurden in Postpaketen, die mangelhafte Verpackung hatten, mehrere Waffen entdeckt. Absender war die „Rote Armee Fraktion“, bei der Gudrun Ensslin die Waffensendung an die Adresse eines unverdächtigen Berliner Keramikhandwerkers zu Händen des Bandenmitgliedes Holger Meins veranlaßt hatte. Das Paket Nr. 10, das am 9. November 1971 in Darmstadt bei der Post aufgegeben worden war, enthielt eine Pistole Ithaka Kaliber 45, Nummer 780745 aus dem Einbruch in das Butzbacher US-Depot sowie zwei Schnellfeuergewehre mit Munition aus dem Diebstahl in Mannheim-Käfertal.

Am 4. Februar 1974 wurde in der Eleonore-Sterling-Straße 56 in Frankfurt eine konspirative Wohnung entdeckt. Bei der Durchsuchung fand die Polizei ebenfalls Waffen, Munition, Handgranaten und Ausweispapiere. Unter den Waffen befand sich eine Pistole M 1911, Remington, Kaliber 45, Nummer 3192856.

In Butzbach war eine Pistole, Kaliber 45, Nummer 2192856, entwendet worden. Bei den Ermittlungen des Mordes an Heinz-Herbert Karry sagte ein früheres Mitglied einer Nachfolgegruppe der RAF am 15. Juni aus, in dem Bandenversteck an der Eleonore-Sterling-Straße habe er zwei Waffen dieses Typs gesehen.

Am 13. September 1974 überfielen japanische Terroristen der „Roten Armee“ in der niederländischen Hauptstadt Den Haag die französische Botschaft. Von den Tätern wurde eine Pistole Marke „High Standard“, Kaliber 22, Nummer 1135642 zurückgelassen. Sie stammte ebenfalls aus dem Einbruch in Butzbach. Ferner fand die niederländische Polizei am Überfallort vier Splitterhandgranaten M 26, die aus dem pfälzischen US-Munitionsdepot Weilerbach stammten. Eine Handgranate M 26 wurde bei einem Anschlag auf das Cafe St. Germain am 15. September 1974 in Paris gezündet. Der Anschlag stand im Zusammenhang mit der Geiselnahme in Den Haag und wurde von der französischen Polizei dem international gesuchten Terroristen Ilich Ramirez Sanchez, genannt „Carlos“, angelastet. Der Venezolaner, der an der Moskauer Lumumba-Universität studiert hatte und in Paris mit der marxistisch orientierten palästinensischen Organisation „Popular Front for Liberation of Palestine (PFLP)“ zusammenarbeitete, konnte sich auf seine in Frankfurt angeworbenen deutschen Helfer verlassen, auf den früheren Geschäftsführer linksorientierter Buchhandlungen in Bochum und Frankfurt, Johannes Weinrich, sowie auf dessen Mitarbeiter Wilfried Böse.

Bei dem Überfall auf die Botschaft der Bundesrepublik Deutschland am 24. April 1975 in Stockholm, bei dem Diplomaten als Geiseln genommen wurden und nach dem Muster der Lorenz-Entführung gegen inhaftierte Terroristen ausgetauscht werden sollten, was jedoch scheiterte, wurden wiederum drei Handgranaten der Marke M 26 verwendet.

Im Juli und September 1978 wurden im Wald bei Heidelberg und in einer Wohnung in der Dotzheimer Straße in Wiesbaden größere Mengen Waffen, Munition, Sprengmittel gefunden. Diese Depots wurden der terroristischen Vereinigung „Revolutionäre Zellen“ zugeordnet. Es waren dies die ersten deutlichen Spuren dieser Klein-Zellen, die sich allmählich in der linksradikalen Szene gebildet hatten. Unter den sichergestellten Waffen befand sich ein Gewehr M 16 A 1, Modell AR 15, Nummer

4098643 aus dem Diebstahl in Mannheim-Käfertal, ferner vier Handgranaten M 26 und 699 Schuß Munition Kaliber 22 Long-Rifle verschiedener Fabrikate. Das war die einzige Munitionsart in dem Depot, für die keine geeignete Schußwaffe vorhanden war.

Siebzehn Tage nach dem Mord an Wirtschaftsminister Karry wurden am 28. Mai zwischen 12.00 Uhr und 13.45 Uhr in Worms zwei identische Bekennerschreiben einer „Revolutionären Zelle" aufgegeben. Die Mitteilungen waren an die Alternativzeitschrift „Pflasterstrand" in Frankfurt sowie an den Offenbacher Buchladen „Tucholsky" gerichtet.

Inhalt, Diktion und äußere Aufmachung der Erklärung zeigen die bekannten typischen Merkmale von RZ-Äußerungen, heißt es in dem Bericht der Fahnder vom 30. Juli 1981. Es sei daher von der Urheberschaft einer oder mehrerer „Revolutionärer Zellen" auszugehen.

Der Anschlag auf den Minister stand nach Einschätzung der Abteilung Terrorismusbekämpfung (Te) im Bundeskriminalamt in Übereinstimmung mit dem seit langem propagierten RZ-Konzept, das „Vergeltungs- und Bestrafungsaktionen" auch gegenüber Einzelpersonen vorsah. Dennoch war diese Aktionsform in der RZ-Taktik bis zum Tod Karrys selten angewendet worden. Als direkten Angriff auf eine Person verzeichnete die Polizei bisher nur den Anschlag auf den Berliner Rechtsanwalt Hohla. Vor seiner Haustür in der Innenstadt war der Jurist am 31. Mai 1978 durch Schüsse in die Beine erheblich verletzt worden. In einer Erklärung hatte eine „RZ" den Überfall mitgeteilt und ihn mit der Funktion Hohlas als „Zwangsverteidiger" in einem Prozeß gegen Mitglieder der terroristischen „Bewegung 2. Juni" begründet.

In der mit großer Verspätung abgegebenen Erklärung zum Tod Heinz-Herbert Karrys behaupteten die Absender, der Politiker sollte nicht erschossen werden. Sein Tod sei „nicht beabsichtigt" gewesen. Bei ihren Anschlägen hatten „Revolutionäre Zellen" bisher die Tötung eines Menschen bewußt vermieden. Unter diesen „Feierabend-Terroristen", eine Bezeichnung, die keinesfalls verniedlichen soll, wurde Brutalität lediglich deshalb gemieden, weil man eine in ihrem Sympathisantenumfeld innerhalb der undogmatischen Neuen Linken latent vorhandene Neigung zur Kritik am „bewaffneten Kampf" nicht herausfordern wollte.

Die Verfasser hatten ein starkes Rechtfertigungsbedürfnis, analysierten Gutachter die vier Seiten umfassende Erklärung. Das kommt insbesondere in der vorsorglichen Auseinandersetzung mit „Reaktionen in der Bewegung" zum Ausdruck. Die Verfasser wandten sich gegen das Argument, ihr Anschlag falle „auf die legal operierenden Gruppen" zurück. Sie ließen damit die Besorgnis erkennen, sie könnten im legalen Bereich der Bewegung kritisiert werden. Aus der Analyse der weiteren Äußerungen zu ökologisch orientierten Proteströmungen zu Beginn der achtziger Jahre wie in dem propagierten Gewaltkonzept mit lokalen Schauplätzen – Wiederaufbau der Frankfurter Oper, Ausbau der Startbahn West, Erweiterung des Kernkraftwerkes Biblis – schloß die Polizei, daß zumindest die Verfasser des Tatbekenntnisses im Großraum Rhein-Main ihren Lebensmittelpunkt haben.

Infolge der Ortskenntnis einer in der Szene seit 1970 bekannten Frankfurterin war dem Personenkreis, der sich aggressiv mit der Politik Heinz-Herbert Karrys auseinandersetzte, eine relativ risikoarme Vorbereitung der Tat möglich gewesen, stellte die Polizei anschließend fest. Doch der ermittelte Sachverhalt und die erkennbaren Personenverbindungen, die die Polizei veranlaßt hatten, damals zeitweise auch das Telefon des 1985 zum Minister in der hessischen SPD-Grüne-Koalition gewählten Grünen-Bundestagsabgeordneten Joschka Fischer abzuhören, führten nicht zur Aufklärung des Mordes, an dessen Anfang der Plan gestanden hatte, Karry mit einem „Knieschuß" einen „Denkzettel" zu verabreichen.

Die nahezu perfekte Abschottung der „Revolutionären Zellen" erschwerte – von wenigen Ausnahmen abgesehen – die namentliche Ermittlung von Mitgliedern dieser heimtückischen Gruppierung.

Die Zentren zahlreicher Brand- und Sprengstoffanschläge lagen während der ersten Hälfte der achtziger Jahre im Großraum Frankfurt am Main, an Rhein und Ruhr, in Nordwestdeutschland, Hamburg, Berlin, sowie im Rhein-Neckar-Raum. Stützpunkte gab es weiter im Dreiländer-Eck Deutschland-Schweiz-Frankreich, vor allem in den badischen Städten Karlsruhe und Freiburg.

Der Abteilungspräsident im Bundeskriminalamt, Klaus-Herbert Becker, damals Leiter der Terrorismusbekämpfung, ließ im Sommer 1982 die Ermittlungen gegen mutmaßliche Mitglieder und Anhänger der „RZ“ verstärken. In die langfristigen Erkundungsoperationen schalteten sich die Sicherheitsbehörden in Nord-Irland, England, der Schweiz und anderen westeuropäischen Staaten ein.

Überraschend tauchte zu Beginn des Jahres 1986 ein Name in der Öffentlichkeit wieder auf, der in der Frankfurter Szene schon fast in Vergessenheit geraten war. Der Anlaß waren kontroverse Diskussionen hessischer Politiker. Die Opposition im hessischen Landtag fragte nach der Rolle des zum Umweltminister ernannten Grünen Joschka Fischer in den frühen siebziger Jahren in der Frankfurter linksradikalen Szene. Dabei wurde auf einen Umstand hingewiesen, der viele Jahre später bei den Ermittlungen nach der Tatwaffe im Fall Karry Bedeutung erlangte. Diese Waffe hatte angeblich ein Mann bereits 1973 getragen, der damals ein von Joschka Fischer gefahrenes Auto benutzt hatte. Während der Grünen-Aufsteiger dagegen protestierte, daß aus zufälliger gelegentlicher Benutzung seines Autos durch einen anderen, ein – nicht einmal von der Bundesanwaltschaft angenommener – Verdachtsfall konstruiert werde, erinnerten sich Kenner der Frankfurter Szene plötzlich wieder an Hans-Joachim Klein und dessen damalige Begleiterin. Unter dem Decknamen „Galia“ wurde ihr in der „Revolutionären Zelle“ eine führende Rolle zugeschrieben. Nach der vorzeitigen Explosion einer selbstgebastelten Bombe, bei der er Opfer seines Hantierens geworden war, hatte der Heidelberger Student Hermann Feiling unter dem

Schock der Selbstverstümmelung ausgesagt, „Galia“ wolle in den Untergrund gehen, falls Klein festgenommen werde. Das war der erste Hinweis auf Aktivitäten des Frankfurters vor 1975 in der Szene gewesen. Unter dem Namen „Galia“ glaubte die Polizei die später steckbrieflich als Terroristin gesuchte Sonja Suder enttarnt zu haben, die anschließend aus dem „legalen Umfeld“ in die Illegalität abtauchte.

Hans-Joachim Klein war für den Überfall auf die OPEC-Ministerrunde in Wien 1975 von Weinrich angeheuert worden und erhielt dabei einen Bauchschuß. Unter Führung von Carlos und dessen damaliger deutschen Begleiterin Gabriele Kröcher-Tiedemann erpreßten die Terroristen für ihren Abzug freies Geleit. Klein wurde mit dem Flugzeug nach Libyen transportiert und dort operiert. Seitdem ist er verschwunden. Aus einem Versteck, das das Bundeskriminalamt Anfang der achtziger Jahre in Südtirol ortete, dankte er der Frankfurter Szene für die Unterstützung. Der Dank galt besonders Helfern, die auf dem Marsch durch die Institutionen inzwischen beachtliche Stellungen erlangt haben dürften. Damit meinte Klein die von ihm so bezeichneten „Jemande“, Personen aus den Jahren 1972 bis Anfang 1975 in der linken Main-Szene.

In seinem Buch, in dem er den Ausstieg aus dem internationalen Terrorismus erklärte, schilderte der gebürtige Frankfurter, Jahrgang 1947, wie er zunächst als „politisch unbedarfter Hilfsarbeiter“ nach und nach in die Frankfurter Linke eingeführt wurde. Später schloß er sich verschiedenen linken und linksextremen Gruppierungen an. In einer „Revolutionären Zelle“ beteiligte er sich an gewalttätigen Aktionen und nahm schließlich im Auftrag der Frankfurter RZ an dem Überfall auf die OPEC-Konferenz in Wien am 21. Dezember 1975 teil. Bei dem Anschlag wurden drei Sicherheitsbeamte erschossen und Teilnehmer der Konferenz als Geiseln genommen. In der Genesungszeit nach seiner schweren Bauchverletzung reifte in ihm der Entschluß, aus der „internationalen Guerilla“ auszusteigen. Mit seinem Bericht „Rückkehr in die Menschlichkeit – Appell eines ausgestiegenen Terroristen“

verknüpfte er nach seinen Angaben die Hoffnung, junge Leute von dem Eintritt in die Guerilla abzuhalten. In einer Analyse seines Buches durch die Arbeitsgemeinschaft RZ beim Bundeskriminalamt wurden die Schilderungen ausgewertet. Auszugsweise heißt es dort unter der Rubrik „Auswertungs- und Ermittlungsergebnisse über eine der von Klein genannten Personen aus der Frankfurter Szene: ‚Klein' spricht ‚Barbara' als eine der ‚hochverehrten Damen' der RZ an. Sie konnte nicht eindeutig identifiziert werden. Interessant ist allerdings, daß die als Mitglied einer Frankfurter RZ mit Haftbefehl gesuchte Sonja Suder bis zum Erscheinen der ‚Klein-Austrittserklärung aus der Guerilla' im Spiegel Nr. 20/1977 den Decknamen ‚Barbara' führte, erst anschließend nannte sie sich ‚Galia'.

‚Bonni' und ‚Brigitte': Brigitte ist laut Klein die Freundin von ‚Bonni', die ihm bei einem Treff mitgeteilt habe, daß er, Klein, seitens der RZ an dem Überfall auf die OPEC-Konferenz in Wien teilnehmen soll. Bei Brigitte dürfte es sich um Brigitte Kuhlmann aus Hannover handeln, die seinerzeit schon als Freundin Wilfried Böses bekannt war. Böse wird von Klein ‚Bonni' genannt. Laut Klein soll Böse ‚Chef der RZ-Europa-Truppe' gewesen sein, bis er am 4. Juli 1976 auf dem Flugplatz in Entebbe/Uganda von einem israelischen Befreiungskommando erschossen wurde. Böse gehörte einem palästinensischen Kommando an, das am 28. Juni 1976 eine Maschine der Air France nach Entebbe entführt hatte. Bei dieser Befreiungsaktion soll auch Brigitte Kuhlmann getötet worden sein.

‚Buddy': In seinem Brief ‚aus Resignation', der im Dokumentationsteil des Buches abgedruckt ist, schreibt Klein, daß er nicht so ein Typ wie Buddy sei, der durch seine Angaben bei der Polizei beinahe die ganze Frankfurter ‚Rote Hilfe' (RH) in den Knast gebracht hätte. Bei Buddy handelt es sich um den anpolitisierten Kriminellen Helmut H., der kurzfristig Mitglied der Roten Hilfe in Frankfurt war und gegenüber den Ermittlungsbehörden umfangreiche Aussagen über die RH und die Frankfurter ‚Linke Szene' gemacht hat.

,Danny': Klein schreibt unter anderem auch über die Diskussion für oder wider das Konzept des bewaffneten Kampfes der Guerilla, die in der Frankfurter Szene seinerzeit geführt wurde. Danny wurde dabei als ,Abweichler' angesehen, da er gegen dieses Konzept war. Bei Danny handelt es sich um Daniel Cohn-Bendit, der sich offen dazu bekennt, einer der ,Jemande' zu sein, die Klein bei seinem Ausstieg aus der Guerilla geholfen hätten und die ihn auch heute noch unterstützten.

,Eva': Eva wird von Klein als Mitglied der ,Roten Hilfe' Frankfurt genannt. Es dürfte sich dabei um Eva M. handeln, die der extremen Linken in Frankfurt zugerechnet wird.

,Hahlimeh': Hahlimeh war der Kampfname der Mittäterin bei der Entführung der Air France-Maschine nach Entebbe am 28. 6. 1976. Die Entführer wurden am 4. 7. 1976 bei der Befreiung der Geiseln durch ein israelisches Kommando erschossen. Aufgrund von Zeugenaussagen und Veröffentlichungen von Nachrufen auf die ,gefallenen Kämpfer' in arabischen Zeitungen und auf Plakaten steht mit großer Wahrscheinlichkeit fest, daß es sich bei Hahlimeh (,die Sanfte') um Brigitte Kuhlmann handelte.

,Heipe', ,Melchior', ,Obelix': Laut Klein wurde er von diesen drei Personen als ,bis dahin politisch unbedarfter Hilfsarbeiter' nach und nach in die Frankfurter linke Szene eingeführt. Bei ,Heipe' handelt es sich der Analyse zufolge um Heinz Peter W., bei ,Melchior' um Wilfried Melchior J. v. G., einen Berliner, und bei ,Obelix' um den Frankfurter Rainer L.

Klein schreibt in seinem Buch, daß ihm die ,Jemande' bei seinem Ausstieg aus der Guerilla behilflich waren und ihn später dadurch unterstützten, daß sie ihn mit Falschpapieren, Geld und wechselnden Unterkünften versorgten. Laut Klein handelt es sich um Angehörige der sogenannten ,Legalen Linken'. Von dem Rechtsreferat des Bundeskriminalamtes wurde zur Strafbarkeit der ,Jemande' folgendes festgestellt:

„Daniel Cohn-Bendit und die ,Jemande' haben – unterstellt man die im Klein-Buch geschilderten Aktivitäten als wahr – folgende Straftatbestände im objektiven Teil verwirklicht:

1. Durch das Gewähren von Unterschlupf bzw. Vermitteln von einschlägigen Adressen und die finanzielle Unterstützung für Hans-Joachim Klein ist der Tatbestand der Strafvereitelung gemäß Paragraph 258 StGB erfüllt.
2. Das Besorgen gefälschter Papiere unterfällt je nach der Art der Fälschung bzw. Beschaffung, den Tatbeständen der §§267, 274, 275 u. 281 StGB.

Zur subjektiven Seite findet sich im Klein-Buch nur die Aussage, daß alles geschehen sei, um ihm zu ermöglichen, sich der staatlichen Vernichtung zu entziehen und sich aus der Stadt-Guerilla zu entfernen'. Dies reicht nicht aus, um den Vorsatz der ‚Jemande' pauschal zu bejahen.

Laut Klein wurde von Wilfried Böse die RZ telefonisch aufgefordert, Waffen nach Wien zu schaffen, als die für den OPEC-Überfall benötigten Waffen über andere Kanäle bis Mitte Dezember 1975 noch nicht in Wien eingetroffen waren. Tatsächlich sei am Freitag vor dem Anschlag, also am 19. 12. 75, ein RZ-Angehöriger mit einem Riesenkoffer voller Waffen, Munition und Sprengstoff im Hotel in Wien eingetroffen. Im einzelnen waren es: Schnellfeuergewehre M-16, eine tschechische Maschinenpistole ‚Scorpion', zwei Revolver, eine Pistole, circa 15 bis 20 Kilogramm Sprengstoff nebst E-Zündern. Bis auf einen Revolver und den Sprengstoff wurden die Waffen aber von dem RZ-Mitglied wieder mit in die Bundesrepublik zurückgenommen, da inzwischen die ‚anderen Waffen' aufgetaucht waren. Am 11. September 1978 wurde in der Dotzheimer Straße 77 in Wiesbaden ein umfangreiches Depot der RZ sichergestellt. Darin befanden sich auch zwei M-16-Schnellfeuergewehre, eine tschechische ‚Scorpion', ein Revolver, mehrere Pistolen. Es kann davon ausgegangen werden, daß die in Wien nichtbenötigten Waffen wieder in das RZ-Depot zurückgebracht wurden." Soweit der Auszug aus dem Bericht des Bundeskriminalamtes.

Wie umfassend die Beamten der Abteilung „Te" (Terrorismusbekämpfung) der zentralen deutschen Polizeibehörde ermittelten, geht auch daraus hervor, daß sie den Aufenthaltsraum des

RZ-Mitglieds Hans-Joachim Klein, in dem er sich bei der Niederschrift seines Buches wahrscheinlich aufhielt, im Ausland generalstabsmäßig einkreisten.

In seinem „Brief aus Resignation", der im Buch ab Seite 305 abgedruckt und mit „Resignation, den 2. 12. 1978" datiert ist, schreibt Klein unter anderem, daß es draußen schneit und es in seiner Unterkunft hundekalt geworden sei. Die Polizei ermittelte dazu: „Beim Deutschen Wetterdienst in Offenbach konnte in Erfahrung gebracht werden, daß es am 2. 12. 78 in Zentraleuropa zwar überall kalt war (Temperaturen von minus 2 Grad Celsius bis minus 13 Grad), die Kombination von Temperaturen unter Null Grad Celsius und Schneefall lag aber nur im Bereich Eupen/Malmedy in Belgien und im Bereich des Wetteramtes Toblach in Südtirol vor. Da weitere Äußerungen, Interviews und Schreiben von Klein in der letzten Zeit eindeutig erkennen lassen, daß er sich in Italien aufhalten muß und da er keine Fremdsprachen spricht, wird davon ausgegangen, daß sich Klein zumindest am 2. 12. 78 im Bereich Toblach/Bruneck in Südtirol aufhielt und sich unter Umständen noch weiterhin aufhält."
Den ersten Teil des Buches hatte Klein seinen Angaben zufolge in der Zeit von Anfang Februar bis Ende April 1977 zeitweise in einer „Hütte in den italienischen Bergen" geschrieben. Die Hütte war – so Klein – von Wilfried Böse und Brigitte Kuhlmann angemietet. Die Beschaffung und Renovierung der Hütte erfolgten kurz vor der Flugzeugentführung der Air-France-Maschine am 27. 6. 76 nach Entebbe. Angeblich war dort die erste Station Kleins nach dem Wiener OPEC-Überfall, von dem er zunächst nach Libyen zur klinischen Behandlung seiner Schußverletzungen transportiert worden war. Die Hütte wurde von der RZ, der „Bewegung 2. Juni" und von Klein benutzt. Klein schrieb, daß es die einzige Bleibe war, die in Italien damals zur Verfügung stand. Sie hätte den „RZ" und dem „2. Juni" gelegentlich als Stützpunkt gedient.

Klein hielt sich etwa zwei Wochen dort auf. Am 1. April 1977 wurden in Stockholm von der schwedischen Reichspolizei circa

25 Personen wegen Verdachts der Planung einer Geiselnahme der Politikerin Anna Grete Leison festgenommen. Darunter befanden sich die Deutschen Norbert Kröcher und Manfred Adomeit. In diesem Zusammenhang notierte Klein, daß „sie gestern im Radio gemeldet haben, daß sie in Stockholm 30 Terroristen verhaftet" hätten. Er schrieb es offenbar am Morgen („ist fast acht Uhr morgens"). Nachmittags setzte er sich auf den Fenstersims, hörte das erste Klavierkonzert von Chopin (auf einem Grammophon) und ließ sich die Sonne ins Gesicht scheinen.

„Laut Auskunft des Deutschen Wetteramtes in Offenbach schien in diesem Zeitraum – 1. 4. 77 und 2. 4. 77 – nur im Bereich der Wetterstation Bozen und Toblach die Sonne, in den anderen Gegenden war es ausnahmslos bedeckt." Dies stellte die Arbeitsgemeinschaft „RZ" im Bundeskriminalamt abschließend fest. Die Ermittlungen in Südtirol blieben nachträglich jedoch erfolglos. Mit Unterstützung der Frankfurter „Jemande" gelang es Klein offenbar, in eine neue unverdächtige Identität zu schlüpfen und, falls er in Not geriet, Hilfe bei früheren Mitgliedern der Szene zu erlangen.

Dieses Netzwerk der „Jemande" wurde in Hessen 1985 – zwölf Jahre nach Bildung der „Revolutionären Zellen" – offenbar in wechselseitiger Beziehung zu Gruppierungen des linken Umfeldes gesehen, die den „langen Marsch" durch die Institutionen dem bewaffneten Kampf vorzogen. Diese sahen sich bei der Bildung der rot-grünen Koalition in Hessen in ihrer Zielsetzung bestätigt; auf eine Veränderung des gesellschaftlichen Systems durch Reformen hinzuarbeiten und nicht künstlich eine revolutionäre Situation herbeizuführen. Die RZ hatten mit ihren Bombenanschlägen die angestrebte Massenbasis nicht gefunden. Diese Bilanz zog 1983 das vor den Fahndern ebenfalls in den Untergrund abgetauchte Szenenblatt „Radikal". Unter konspirativen Adressen wurde die Nachrichten- und Agitationsschrift seit einem Ermittlungsverfahren der Staatsanwaltschaft beim Berliner Kammergericht gegen die früheren Herausgeber Benedikt Härlin und Michael Klöckner – beide daraufhin von den Grünen als Abgeordnete in das Europa-Parlament entsandt – wechselnd aus der Schweiz, Österreich, Dänemark und 1989 aus den Niederlanden auf den Untergrundmarkt gebracht.

XIV. Die „Rote Armee Fraktion" härter, brutaler

Die farbigen Steckbriefe, im Frühjahr 1984 an den Anschlagtafeln ausgehängt, wurden von den Passanten kaum noch eines Blickes gewürdigt. In den Medien wurde die Fahndung, die das Bundeskriminalamt nach den noch im Untergrund befindlichen restlichen Mitgliedern der „Rote Armee Fraktion" mit neuen bildlichen Darstellungen einleitete, lediglich als Routine bezeichnet. Mit der Gewöhnung an die Existenz von Terroristen und ihren Anschlägen hatte sich unter der Bevölkerung eine gewisse Ermüdung eingestellt. Ausgelöst wurde die neue Fahndung durch einen Banküberfall in Würzburg, bei dem sich die Polizei in Bayern und das Bundeskriminalamt anfangs nicht sicher waren, ob es sich tatsächlich um die RAF handelte.

Die Terroristen kommen allmählich in die Jahre, und für manche Gefangene endet die Haftzeit, schrieb die „Frankfurter Allgemeine" am 28. April 1984. Ob von der Freilassung eine Wiederbelebung der Aktivitäten ausginge oder nur die Zahl der Veteranen in der Bewegung vergrößert wird, die inzwischen von Randpersonen aus der „Friedensbewegung" und Ökologieszene Auffrischung auch im Sinne neuer Methoden erfahren könnte, darüber sei man sich bei den Sicherheitsbehörden nicht im klaren. „Über 100 Gefangene aus Rote Armee Fraktion (RAF), Bewegung 2. Juni, wegen der Demonstrationen gegen Ronald Reagan und George Bush sitzen in bundesdeutschem Knast – politische Gefangene, an denen der Staatsschutzapparat Resozialisierung probt, was nichts anderes bedeuten kann, als Gehirnwäsche", wärmte „Konkret", die in den fünfziger Jahren mit Geldern aus Ost-Berlin als Blatt für Studenten und Lehrlinge finanzierte Zeitschrift der Linken, die Erinnerung auf. Die „Konkret"-Schlagzeile: „Die Vergessenen".

Für viele Beobachter der Reisebewegungen in der terroristischen Szene schienen die vom früheren Bundesinnenminister Gerhart Baum erlassenen Amtshilfe-Richtlinien der Sicherheitsbehörden eher hinderlich. Die Pläne der Bundesregierung unter Helmut Kohl und des Bundesinnenministers Friedrich Zimmermann, die schließlich zu einem Sicherheitspaket geschnürt wurden, sahen eine effektive, rasche und dennoch gegen Datenmißbrauch geschützte Ermittlungsarbeit der Polizei, des Bundesgrenzschutzes und der Nachrichtendienste vor. Daß diese Änderungen der Szene nicht paßten, wunderte niemand.

Am 4. Dezember 1984 erlebten die Justizbeamten in den Hochsicherheitstrakten der Häftlinge aus dem Terrorismus eine – bei geheimen Kontakten zwischen denen im Knast und denen draußen – sorgfältig vorbereitete Aktion. Wo immer Essen serviert wurde, schlug den Beamten Ablehnung entgegen. Die Gefangenen aus der „Rote Armee Fraktion" riefen zum Hungerstreik auf. Ihre Nahrungsverweigerung wurde von Anschlägen der „Illegalen" begleitet. In Versammlungen riefen Anwälte, Verwandte und Sympathisanten das Umfeld auf, die Forderungen der Inhaftierten zu unterstützen. Mit einer kaum faßbaren Brutalität eskalierten plötzlich die koordinierten Aktionen nach neunwöchigem Hungerstreik. An circa 60 Solidaritätsmeetings und Diskussionsveranstaltungen beteiligten sich jeweils bis zu 200 Personen. Zu Demonstrationen, zu denen Anwälte und Familienangehörige aufriefen, kamen in Berlin etwa 1500 Anhänger, in Hamburg rund 1000 und in Göttingen 500. Zu der als zentrale Solidaritätskundgebung angemeldeten Demonstration am Sitz des Bundesgerichtshofes und der Generalbundesanwaltschaft in Karlsruhe, für die im Januar 1985 zwei Wochen lang geworben worden war, erschienen circa 1800 Teilnehmer. Von ihnen waren mehrere Hundert vermummt. Um die linke Szene zu mobilisieren, wurde zu Besetzungen von Amtsgebäude und des Informationsbüros des Europäischen Parlaments in Bonn aufgerufen. Jugendliche blockierten zeitweise die Botschaft der Bundesrepublik Deutschland in Den Haag, der Schnellzug Amsterdam-München wurde nach der Ausfahrt aus dem Amsterdamer Hauptbahnhof von Sympathisanten gestoppt, die RAF-Parolen an den Waggons anbrachten. Es gab Sprengstoffanschläge in

Barcelona und Brüssel. Plötzlich tauchten Killer-Kommandos auf. Opfer waren der französische General René Audran am 25. Januar 1985 in Paris und der Vorstandsvorsitzende der bayerischen Motoren-Turbinen-Union, Dr. Ernst Zimmermann, am 1. Februar in München.

Die Bevölkerung war geschockt. Man hatte inzwischen geglaubt, der Terrorismus in der Bundesrepublik Deutschland sei bezwungen. Parallel zum Zerschlagen der Logistik durch die Entdeckung der 17 Erddepots 1982 hatte die RAF seit Ende 1977 eine personelle Auszehrung erlitten, die bis zum Oktober 1983 anhielt. Von etwa zwanzig Mitgliedern des Untergrundkommandos Ende 1977 verringerte sich deren Zahl trotz neuer Rekrutierungen bis auf etwa ein Dutzend zur Jahreswende 1984/85. Ein großer „Knick" war nach Feststellungen der Sicherheitsbehörden 1980 eingetreten, als sich drei Frauen in den Nahen Osten absetzten und sich von der RAF lösten.

Peter Boock trennte sich im Frühjahr 1980 in Paris von seiner Gruppe und lebte seit Mai 1980 in Hamburg, ohne allerdings den letzten Schritt zu gehen und sich mit einem umfassenden Geständnis die Voraussetzung für ein Leben nach seiner Vorstellung zu schaffen. Am 22. Januar 1981 wurde er dort festgenommen. Sieglinde Hofmann wurde in Paris mit vier früheren Anhängern der inzwischen aufgelösten „Bewegung 2. Juni" festgenommen und später an die Justizbehörden der Bundesrepublik ausgeliefert, zwei weitere Mitglieder, Juliane Plambeck und Wolfgang Beer, kamen auf dem Weg zu der konspirativen Wohnung in Heidelberg-Rohrschach bei einem Verkehrsunfall ums Leben. In der folgenden Zeit fand die Polizei Spuren von sieben weiteren langjährigen RAF-Mitgliedern, dazu gehörten der frühere Arzt im Hamburger Untersuchungsgefängnis Ekkehard Freiherr von Seckendorf-Sudent, die ehemalige Anwaltsgehilfin Sigrid Sternebeck und die aus der Hamburger „Kommunistischen Revolutionären Jugend" zur RAF abgetauchte Christa Eckes. In Lagebesprechungen glaubten Beamte schon, daß sich diese ebenfalls von der RAF gelöst hätten. Eine voreilige Annahme. Die Erfolgsstatistik der Festnahmen täuschte über das Potential und das Versteckspiel der Terroristen.

Seit Herbst 1977 waren folgende RAF-Mitglieder festgenommen worden beziehungsweise an Schußverletzungen bei dem Versuch, sie festzunehmen, verstorben. Festgenommen wurden Christof Wackernagel und Gert Richard Schneider am 10. November in Amsterdam; Christine Kuby am 21. Januar 1978 in Hamburg; Stefan Wisniewski am 11. Mai 1978 nach einer Fahndungskooperation des Bundeskriminalamtes mit der französischen Polizei auf dem Pariser Flughafen Orly; Willy Peter Stoll am 6. September 1978 in Düsseldorf beim Versuch der Festnahme erschossen; Angelika Speitel am 24. September 1978 in Dortmund, Michael Peter Knoll am 24. September 1978 in Dortmund, er starb am 7. Oktober 1978 an den Folgen der Schußverletzungen; Elisabeth von Dyck am 4. Mai 1979 in Nürnberg erschossen.

Festgenommen weiter: Rolf Heissler am 9. Juni 1979 in Frankfurt am Main; Rolf Clemens Wagner am 19. November 1979 in Zürich; Sieglinde Hofmann sowie die aus der Bewegung 2. Juni“ hervorgegangenen RAF-Mitglieder Ingrid Barabaß, Regina Nicolai, Carola Magg und Karin Kamp-Münnichow am 5. Mai 1980 in Paris. Die Rädelsführer der 1977 reorganisierten RAF, Brigitte Mohnhaupt und Christian Klar wurden mit Adelheid Schulz am 11. November 1982 vor dem Erddepot Heusenstamm (Hessen) beziehungsweise am 16. November 1982 im Sachsenwald (Klar) gefaßt. Schließlich entdeckten Zielfahnder am 1. März 1983 auf dem Bahnhof Darmstadt die erst kurze Zeit bei der RAF aktive Gisela Dutzi. Am 17. Oktober desselben Jahres stellte sich bei der Botschaft der Bundesrepublik Deutschland in Paris das RAF-Mitglied Günther Maria R. 1984 setzte sich die Auszehrung mit der Festnahme Manuela Maria Happes am 22. Juni bei Deizisau in der Nähe von Esslingen fort. Zehn Tage später gelang der Frankfurter Polizei der größte Schlag seit der Verhaftung Brigitte Mohnhaupts und Christian Klars. In der Bergerstraße 344 nahmen die

Beamten sechs RAF-Mitglieder fest, ohne daß ein Schuß fiel. Es handelte sich um Christa Eckes, die nach zwischenzeitlicher Strafverbüßung wieder zur RAF gestoßen war, sowie um den früheren Hamburger RAF-Aktivisten Helmut Pohl, ferner um die steckbrieflich gesuchte Ingrid Jakobsmeier und zwei weitere neu in das Kommando aufgenommene Unterstützer aus dem terroristischen Umfeld.

Diese Bilanz schien die Annahme, daß die RAF nach der gescheiterten Freipressungs- und Entführungsaktion 1977 erheblich geschwächt war, zu bestätigen. Hinzu kam außer der Selbststellung des Studenten in Paris die Absetzbewegung weiterer Mitglieder. Susanne Albrecht schloß sich 1980 der marxistisch orientierten palästinensischen Organisation PFLP-GC („Popular Front for Liberation of Palestine-General Command") an. Ende der achziger Jahre wurde sie in der syrischen Hauptstadt Damaskus vor deutschen Fahndern abgeschirmt. Friderike Krabbe, die zu den Gründern der RAF mit Ulrike Meinhof gehörte, siedelte sich mit einem Angehörigen der palästinensischen „Gruppe 15. Mai" in Bagdad an. Ingrid Siepmann, die frühere Anführerin zahlreicher Banküberfälle durch die „Bewegung 2. Juni" in Berlin, verließ 1979 Deutschland und trat in den Dienst des PFLP-Special Command im Nahen Osten. Dieses Kommando ist auch als „Haddad-Fraktion" bekanntgeworden. Sie hielt sich angeblich überwiegend in Sidon (Saida) südlich von Beirut auf. Nach den Angaben zuständiger Stellen ist sie – wie schon erwähnt – im Juni 1982 bei Bombenangriffen auf Sidon ums Leben gekommen. Eine einwandfreie Todesfeststellung existiert bei den Behörden jedoch nicht.

Nach dem Scheitern des Konzeptes für die Befreiung der inhaftierten RAF-Angehörigen und der Aufarbeitung der „Niederlage 77" hatte sich die „Rote Armee Fraktion" sofort um die Rekrutierung zuverlässiger Personen aus dem Umfeld in verschiedenen Städten der Bundesrepublik bemüht. Das Untergrundkommando wurde wieder aufgefüllt. In der Gruppe wurde eine neue Strategie entwickelt. Nach knapp zweijähriger „Atempause" (Analyse der Sicherheitsbehörden) gingen die Terroristen von 1979 an wieder zu größeren Aktionen über. Das RAF-Kommando wollte insbesondere die „militärstrategische" und die „politisch-ökonomisch-strukturelle Linie" der „imperialistischen Gesamtstrategie angreifen. Das bekam der damalige US-General Frederick Kroesen in Heidelberg bei einem Anschlag, bei dem Zentimeter über sein Leben entschieden, zu spüren.

Das Zelt war halbrund nach dem Muster grönländischer Iglus aufgebaut. Der Heidelberger Kaufhof bot es im Frühjahr 1981 als Modell „Nordkap" an. Beim Absuchen des Waldes am Heidelberger Schloßhotel fanden es Polizisten auf einem kleinen Plateau am Steilhang zum Neckar. Zehn Meter unterhalb des Zeltplatzes entdeckten die Fahnder, weshalb sich die Camper auf dem abschüssigen Gelände niedergelassen hatten.

Auf dem Waldboden lag ein raketenähnliches längliches Geschoß, das die Sachverständigen sogleich identifizierten. Es handelte sich um die Panzerabwehrwaffe „RPG 7 W", ein Modell aus dem Ostblock, das unter der Bezeichnung „Rutschno Protivotankovy Granatomyet" bei den Streitkräften der Staaten des Warschauer Paktes eingesetzt wird. Die Polizisten standen auf einem provisorischen Abschußplatz, der Sicht auf die Schlierbacher Landstraße in Höhe des berühmten Karlstors bot. Die Entfernung bis zu der Ampelanlage an der Straße „Am Karlstor" betrug 126,2 Meter.

Vor der Ampel stoppte am 15. September 1981 gegen 7.25 Uhr der Chauffeur eines gepanzerten Mercedes, als das Lichtzeichen Rot anzeigte. Dicht hinter der Limousine hielt ein amerikanischer Personenwagen, Marke „Plymoth" an. In dieser Sekunde gab der Beobachter auf dem Abschußplatz unterhalb des Schloßhotels das Kommando „Feuer frei". Im offenen Klappvisier präsentierte sich der schwere Mercedes wie eine Zielscheibe. Mit einer Abgangsgeschwindigkeit von einhundert Stundenkilometern flog der Gefechtskopf aus dem Rohr mit dem offenen Trichter dem vor der Ampel auf Grün wartenden Wagen entgegen. Das Schießgerät mit Zieleinrichtung war auf Kanal 3 auf dem Digitalanzeiger eingestellt. Innerhalb von acht Sekunden luden zwei Mann nach und feuerten die zweite Rakete ab. In dem Wagen, den ein Beamter der Heidelberger Schutzpolizei fuhr – nebem ihm saß ein amerikanischer Offizier – hatten der Befehlshaber der US-Streitkräfte in Europa, Frederick Kroesen, und die Ehefrau des Generals Platz genommen. Die baden-württembergischen Sicherheitsbehörden hatten das gepanzerte Auto dem Befehlshaber wegen akuter Warnungen vor terroristischen Anschlägen geradezu aufdrängen müssen. An diesem Morgen befand sich der General von seiner Wohnung kommend auf der Bundesstraße 37 auf der Fahrt zu seiner Dienststelle im Heidelberger Hauptquartier. In dem Begleitfahrzeug saßen als Body-guards zwei amerikanische Soldaten.

Das erste Geschoß traf das linke Heck des Mercedes, glitt an der Panzerung ab und detonierte auf dem Pflaster. Die zweite Rakete bohrte sich in das Erdreich zwischen Straße und Neckar-Uferweg. Nur zwei Zentimeter von dem hinteren Wagenfenster entfernt streifte die Rakete die Heckscheibe und durchschlug am rechten hinteren Holm den Tankeinfüllstutzen nach außen. Von der Wucht des Aufpralls wurde die Heckscheibe aus der Halterung gerissen. Dabei erlitt Frederick Kroesen am Hals Hautabschürfungen; seine Frau und die Begleiter blieben ohne Verletzungen.

Daß die Insassen unter dem Schock im Wagen sitzenblieben, rettete ihnen vermutlich das Leben. Denn im gleichen Augenblick, als die Gefechtsköpfe innerhalb von acht Sekunden ins Ziel flogen, eröffneten Gewehrschützen auf die Wagentüren das Feuer – in der Erwartung, daß die Insassen, falls sie dazu noch in der Lage sein sollten, ins Freie flüchten würden. An der Karosserie wurden vier Einschüsse festgestellt.

Bei der Abteilung Terrorismusbekämpfung des Bundeskriminalamtes, die den Leitenden Kriminaldirektor Erich Ruckmich an der Spitze einer Sonderkommission nach Heidelberg entsandte, war die Raketenwaffe RPG 7 nicht unbekannt. In einer Pariser Wohnung, in der am 25. Mai 1978 eine Deutsche festgenommen worden war, hatte die Polizei handschriftliche Aufzeichnungen gefunden, in denen diese Waffe beschrieben wurde: „RPG 7 für Abschießen von Autos“. Bereits 1976 waren neu rekrutierte Mitglieder der wieder aufgebauten RAF und von „Revolutionären Zellen“ in Palästinenser-Lagern im Libanon sowie im kommunistischen Süd-Jemen an dem sowjetischen RPG-Modell ausgebildet worden.

Schon bei dem gescheiterten Anschlag auf eine Maschine der israelischen Luftfahrtgesellschaft EL-AL in Paris-Orly am 13. Januar 1975 durch den Deutschen Wilfried Böse, der jedoch ein abgestelltes leeres jugoslawisches Flugzeug traf, war eine RPG 7 abgeschossen worden. Diese 8,3 Kilo schwere Waffe wurde auch bei einem Anschlag auf das Gebäude der Zivilregierung in San Sebastian am 19. Januar 1978 und drei Jahre später gegen ein Haus der Zivilregierung im spanischen Pamplona eingesetzt.

Der Flugkörper ist nach Testversuchen der Kriminalisten nach dem Abschuß ungelenkt und folgt der Seelenachse des Rohres. Von einem geübten Schützen können etwa drei Schuß in einer Minute abgegeben werden.

Bei der Suche nach Spuren in Heidelberg wurden Patronenhülsen gefunden. Die Verfeuerungsspuren waren mit Spuren an 39 weiteren Hülsen identisch, die nach der Entführung des Präsidenten des Bundesverbandes der Deutschen Industrie, Hanns Martin Schleyer, und der Ermordung seiner vier Begleiter am 5. September 1977 in Köln sichergestellt worden waren.

Bei der Untersuchung eines am 17. September 1981 in Heidelberg geparkten, gestohlenen silberfarbenen Audi 80 GLS, wurde eine Fingerspur an der Rückseite des falschen Kennzeichens HD-SU 966 entdeckt. Die Auswertung ergab, daß diese Spur mit dem Abdruck des linken Mittelfingers von der steckbrieflich gesuchten neuen RAF-Führerin Brigitte Mohnhaupt identisch war. Die Terroristenfahnder fühlten sich in ihrer Annahme, daß die RAF den Überfall verübt hatte, vollends bestärkt, als eine Fingerspur gefunden wurde, die dem linken Zeigefinger Christian Klars zugeordnet werden konnte. Diese befand sich an der Innenseite eines Klebebands an einem Funkgerät „DRT", Typ M 54 FM, das auf dem Abschußplatz der Rakete zurückgelassen worden war.

Der mißglückte Bombenanschlag gegen den NATO-Oberbefehlshaber Alexander Haig am 25. Juni 1979 in Brüssel war der erste von drei Angriffen auf Symbolträger im Rahmen der neuen RAF-Strategie gewesen. Als Ziele wurden in dem bereits erwähnten Strategiepapier sowohl Einrichtungen als auch „Typen" der amerikanischen Streitkräfte, der Bundeswehr und der SPD, an der Spitze der damalige Bundeskanzler Helmut Schmidt, genannt. Bei dieser Offensive richtete sich ein weiterer Bombenanschlag am 31. August 1981 gegen das Hauptquartier der US-Luftwaffe in Europa und der NATO-Luftstreitkräfte Europa-Mitte in Ramstein, größter Luftwaffenstützpunkt in Westeuropa. Mitglieder eines RAF-Kommandos „Sigurd Debus" hatten vor einem Gebäude innerhalb des Kasernenkomplexes unbehelligt einen Personenwagen geparkt. Im Wagen befanden sich drei Propangasflaschen mit insgesamt circa 90 Kilogramm Sprengstoff. Es handelte sich um ein Selbstlaborat aus Rohrzucker und Natriumchlorat. Nur zwei Bomben explodierten. Vierzehn Personen auf dem Stützpunkt erlitten zum Teil schwere Verletzungen, die technischen Anlagen des Hauptquartiers wurden jedoch nicht in Mitleidenschaft gezogen. Zwei Wochen später entging General Kroesen dem sorgfältig vorbereiteten Raketenüberfall. Fünf Jahre später wurde ein sorgsam, aus außenpolitischen Gründen, von der Bundesregierung in Bonn gehütetes Geheimnis des deutschen Auslandsnachrichtendienstes BND in Bonn bekannt: Die Raketen waren aus Libyen in die RAF geschleust worden. Daß diese Erkenntnis im April 1986 publik wurde, hing offensichtlich mit der terroristischen Offensive zusammen, zu der Libyens Staatschef Muammar Ghadafi gegen die USA und die NATO in Westeuropa aufgerufen hatte. Bei einem Bombenanschlag, der in Libyen geplant worden sein soll, wurden am 5. April 1986 in der West-Berliner Diskothek „La Belle" zwei Gäste getötet und 200 verletzt.

Mit ihren vorgenannten Anschlägen wollte die RAF im

Rahmen einer Offensive „auf der militärischen und politischen Ebene“ die „Schaltzentralen der Macht“ direkt angreifen. Das Ziel dieser ersten Welle nach der Erneuerung wurde aber nicht annähernd erreicht, stellten die Sicherheitsbehörden anschließend fest. Im Gegenteil: Die Aktionen gegen Alexander Haig, der nach dem Ausscheiden aus dem Militär bald darauf Außenminister der Vereinigten Staaten wurde, und gegen General Kroesen waren Fehlschläge.

Die internationalen Verbindungen, insbesondere der Kontakt zum „Special Command“ der PFLP, hatten der RAF vielfältige Formen der Unterstützung gesichert. Außer Trainingscamps im Nahen Osten einschließlich Süd-Jemen halfen Palästinenser beim Beschaffen von Sprengstoff.

Im Januar 1976 waren drei RAF-Mitglieder an dem versuchten Raketenanschlag des PFLP-Kommandos auf eine landende Passagiermaschine der israelischen Fluggesellschaft in Nairobi beteiligt. Die Unterstützung der RAF durch die PFLP-SC erreichte im Oktober 1977 ihren Höhepunkt, als ein palästinensisches Kommando flankierend zur Entführung Hanns Martin Schleyers die Lufthansa-Urlaubermaschine „Landshut“ von Palma de Mallorca nach Mogadischu entführte. Beim Gelingen des Piratenaktes hätten die Palästinenser allerdings 15 Millionen Mark Provision kassiert; die Geldnoten in dieser Höhe sollte der Sohn Hanns Martin Schleyers an einem Ort hinterlegen, an den ihn die Entführer dirigieren wollten. Nachdem das Unternehmen durch den Einsatz der Anti-Terror-Einheit „GSG 9“ gescheitert war, beschränkte sich die Unterstützung wieder auf materielle Hilfen und Schieß-Training. Die Unterstützung der RAF durch palästinensische Kommandos erlitt einen jähen Abbruch, als israelische Truppen 1982 im Libanon die Palästinensergruppen in ihren Stützpunkten angriffen und aufrieben. Spekulationen über eine Auflösung der deutschen Linksextremisten waren jedoch fehl am Platz. Denn die Terroristen starteten bald darauf die „Offensive 84/85“. Dem neuen Angriff waren acht kollektive Hungerstreiks vorausgegangen. Die erste Aktion dauerte vom 17. Januar bis 16.

Februar 1973 und wurde im selben Jahr vom 8. Mai bis 29. Juli wiederholt. In Abständen von etwa zwei Jahren legten es die Initiatoren darauf an, daß die RAF-Mitglieder „bis zur letzten Konsequenz" Nahrung verweigern sollten. Das hätte den Tod bedeutet. Im Jahre 1974 war Holger Meins gestorben.

Bei Beginn des Streiks am 4. Dezember 1984 rückten die RAF-Häftlinge in einer Erklärung die Haltung der nordirischen Untergrundarmee IRA in die Erinnerung: „Der Streik der irischen Gefangenen 1981 ist uns Orientierung." Im Jahre 1981 waren zehn Mitglieder der IRA am Hungerstreik gestorben. Bei dem damaligen RAF-Hungerstreik war in Hamburg Sigurd Debus, eine Randfigur der Bande, gestorben. Im Verlauf dieser Aktion hatte sich die RAF weder mit Terroranschlägen gemeldet noch in einer Erklärung zu dem Streik Stellung genommen.

Bei dem am 4. Dezember 1984 einsetzenden Hungerstreik waren Anschläge des „harten RAF-Kerns" miteingeplant. Wie bei den früheren Streiks mußten wieder einzelne Häftlinge zur medizinischen Betreuung in Krankenhäuser gebracht werden. Einige wurden erneut zwangsernährt.

Mit den Anschlägen der in Freiheit befindlichen Gesinnungsgenossen wurde das Durchhaltevermögen der Gefangenen unterstützt und zugleich das Umfeld mobilisiert. Es war jedoch nicht zu übersehen, daß die Gewaltakte nicht mehr die Resonanz fanden wie bei den vorausgegangenen Streikaktionen. Einige Gefangene beteiligten sich nicht einmal an dem Hungerstreik; Anzeichen für die allmählich aufkommende Stimmung in der Szene, daß die RAF den bewaffneten Kampf vielleicht doch nicht gewinnen könnte. „Die Mitglieder des Kommandos werden aber auch ohne Aussicht auf Sieg weiterkämpfen", beurteilte der Sicherheitsexperte Hans Josef Horchem die Perspektive für den Terrorismus in Deutschland Mitte der achtziger Jahre. Die Gefahr des Terrorismus in der Bundesrepublik Deutschland bleibe bestehen. Kurzfristig würden die Anschläge sowohl in der Anzahl als auch in der Brutalität eskalieren können, warnte Horchem. Er sollte recht behalten.

1. Februar 1985, 7.10 Uhr. Ernst Zimmermann, Vorsitzender der Münchner Motoren- und Turbinen-Union (MTU), saß gerade mit seiner Frau beim Frühstück. Der Bungalow der Eheleute steht am Rande der Gemeinde Gauting in der Nähe des Starnberger Sees. Um 7.20 Uhr klingelte an der Haustür eine junge Frau mit Pudelmütze und Popeline-Mantel. Ingrid Zimmermann sah, wie sie einen Briefumschlag schwenkte. Die zierliche Botin, etwa 1,60 Meter groß, sagte in schwäbischem Tonfall „Ein Brief für Herrn Dr. Zimmermann, persönlich, er muß den Empfang quittieren".

Als Frau Zimmermann ihren Mann holte, hatte die falsche Postbotin den Hausflur betreten; im selben Moment drängte sich ein junger Mann im Trenchcoat, eine Maschinenpistole unter dem Arm, durch die Tür. Die Eheleute mußten sich auf den Boden legen. Beide wurden gefesselt und geknebelt. Dann schleiften die Eindringlinge den Hausherrn ins Nebenzimmer. Sie zwangen ihn, sich auf einen Stuhl zu setzen. Ingrid Zimmermann hörte einen Knall, wortlos stürzte das Pärchen aus dem Haus. Sie entledigte sich der Fesseln und fand ihren Mann zusammengesunken am Boden. In die Stirn geschossen. Um 18.37 Uhr erlag er seinen Verletzungen.

Gegen 11 Uhr an diesem 1. Februar 1985 erhielt die „Gautinger Zeitung" einen Anruf. „Hier ist die RAF. Das Kommando ‚Patrick O-Hara' übernimmt die Verantwortung für den Anschlag." O-Hara war ein irischer Terrorist, der 1981 in Belfast an den Folgen eines Hungerstreiks gestorben war.

Bei der Fahndung nach den Tätern erinnerte Generalbundesanwalt Kurt Rebmann an Unterlagen, die in dem RAF-Quartier Bergerstraße 344 in Frankfurt am 2. Juli 1984 gefunden worden waren. Darunter befanden sich Zeitungsausschnitte, die auch Daten des MTU-Chefs Zimmermann enthielten. Ein dazu gehörendes „Planungs- und Diskussionspapier" war offenbar schon mit RAF-Mitgliedern in Gefängnissen besprochen worden. Diese hatten Korrekturen angebracht. Die ausdiskutierten Pläne sollten vom Herbst 1980 an in drei Stufen verwirklicht werden.

Die erste Stufe sah Sprengstoffanschläge gegen Schlüsselpositionen des „NATO-Militärapparates" der amerikanischen Streitkräfte und der Bundeswehr vor. Einzelne Objekte waren als Angriffsziele gekennzeichnet. Die geplanten Anschläge sollten sich ausschließlich gegen Ziele richten, deren Wahl dem politischen Konzept der RAF entsprach. Als Konsequenz aus der nach den Niederlagen von 1977 geführten Strategiediskussion war in der linksextremistischen Szene bereits eine verstärkte Rückbesinnung auf das ursprüngliche politische RAF-Konzept spürbar geworden. Hauptsächliche Belege dazu waren für die Sicherheitsbehörden neben der Grundsatzschrift „Guerilla, Widerstand und Antiimperialistische Front" die „Auflösungserklärung der Bewegung 2. Juni" vom 2. 6. 1980; ferner der Nachruf der RAF auf Juliane Plambeck und Wolfgang Beer, wie auch Strategiepapiere aus der am 15. Oktober 1980 entdeckten konspirativen Wohnung in Heidelberg-Rohrbach, das Bekennerschreiben zu dem schweren Bombenanschlag auf den US-Luftwaffenstützpunkt Ramstein in der Pfalz vom 31. August 1981, sowie das Bekennerschreiben zum Anschlag auf den Oberkommandierenden der US-Landstreitkräfte Europa-Mitte, General Frederick Kroesen, am 15. September 1981 in Heidelberg. Diese politisch-ideologischen Aussagen belegten zusammen mit den Anschlägen selbst eine konzeptionelle Stabilität der RAF und ein gefährliches Maß an Handlungstreue, warnten die Sicherheitsbehörden in einer Gefährdungsanalyse Ende 1982.

Das 1984 in der RAF beschlossene Grundsatzpapier sah als zweite Stufe vor, daß die inhaftierten Mitglieder parallel zu einer Anschlagsserie vom Herbst an in den Gefängnissen einen überregionalen Hungerstreik beginnen sollten. Die alte Forderung, die Gefangenen aus „Isolationsfolterhaft" zu Gruppen zusammenzulegen, wurde erneut auf die Tagesordnung gesetzt. Dahinter stand das immer wieder angepeilte Ziel, „interaktionsfähige Gruppen" zu bilden. Von einer Befreiung war dagegen nicht mehr die Rede.

In der dritten Stufe sollten dann „Repräsentanten der Repression" getötet werden. Der Hungerstreik begann am 4. Dezember 1984, am 18. Dezember versuchte ein RAF-Kommando die NATO-Schule in Oberammergau zu sprengen. Wäre der Bombenanschlag gelungen, hätten annähernd 30 Menschen sterben müssen oder zumindest schwere Verletzungen erlitten. Der Anschlag mißlang, weil der Zünder der Bombe wegen der Kälte nicht funktionierte. Von den Tätern, die kaltblütig den mit Sprengstoff gefüllten Wagen an der Wache vorbei auf einen Parkplatz unmittelbar an der Fassade der Unterrichtsräume abgestellt hatten, fand die Polizei keine beweiskräftige Spur. Nur ein Foto, in einer Radarfalle geblitzt, konnte für die Fahndung eingesetzt werden. Nach monatelangen Vergleichen meinte die Polizei, Ludwig Meyer, einen zur RAF abgetauchten Mannheimer, erkennen zu könen. Meyer gehört mit seiner Ehefrau seit 1984 zur „Rote Armee Fraktion". Bei der Sichtung aller Spuren und Zeugenangaben kamen Experten zu der Überzeugung, daß das Ehepaar Meyer sowohl bei der Ermordung Ernst Zimmermanns in München als auch bei dem vorausgegangenen Anschlag auf die NATO-Schule mitgewirkt hatte.

Unmittelbar nach dem Mord an dem Industriellen brachen die Häftlinge der RAF den Hungerstreik ab. In einer Erklärung suchten die Terroristen den Eindruck in der Öffentlichkeit zu vermitteln, daß ihre Organisation in der neuen Strategie des bewaffneten Kampfes ein entscheidendes Stück weitergekommen war. Das Ziel war der Aufbau einer anti-imperialistischen Front in der Bundesrepublik Deutschland und in Westeuropa. Die Fabulanten des bewaffneten Kampfes aus dem Untergrund heraus hielten nunmehr den „Sprung zur Einheit der westeuropäischen Guerilla und die Realisierung einer neuen Qualität von Angriffsstrukturen" tatsächlich für möglich. In dieser Vorstellung fühlten sich auch die deutschen Terroristen bestärkt, nachdem am 25. Januar 1985 der französische General René Audran vor seiner Wohnung in einem Pariser Vorort mit mehreren Schüssen getötet worden war. Ein „Kommando Elisabeth von Dyck" erklärte sich namens der neuen westeuropäischen

Front für den Mord an dem Offizier verantwortlich. Von nun an kehrten terroristische Gewalttäter bei jedem Anschlag die sogenannte „Einheitsfront“ der Guerilla heraus. Die deutschen Terroristen verbreiteten den Eindruck europäischer Verbrüderung.

XV. Euro-Front

Im Juni 1984 entdeckte der Verwalter eines Steinbruches bei Eccaussiness in Belgien den Diebstahl von rund 800 Kilogramm Sprengstoff. Am 23. August sperrte die Pariser Gendarmerie den Amtssitz der Westeuropäischen Union in der Pariser Avenue du Président Wilson ab. In einem Auto, das dort seit Tagen parkte, stellten Feuerwerker 23 Kilogramm Sprengstoff sicher. Wäre die Ladung im Berufsverkehr explodiert, die französische Hauptstadt hätte eine Katastrophe erlebt, wie man sie in Westeuropa bisher nur von Beirut gewöhnt war. Am 18. Dezember schlug dann der nicht minder folgenreiche Anschlag im Fall eines Gelingens gegen die Schule der NATO in Oberbayern fehl. Bei der Untersuchung des Sprengstoffs stellte sich heraus, daß dieser im einen wie im anderen Fall aus dem Depot des belgischen Steinbruchs stammte.

Der gescheiterte Anschlag auf die Westeuropäische Union war von der „Action directe" (AD) vorbereitet worden, für das versuchte Bombenattentat meldete sich die „Rote Armee Fraktion" verantwortlich. Am 15. Januar 1985 veröffentlichten AD und RAF ein gemeinsames Kommuniqué: „Für die Einheit der Revolutionäre in Westeuropa". Darin kündigten sie die Bildung einer „Einheitsfront zur Bekämpfung des NATO-Imperialismus" an. Die nächsten Opfer unter den auf die Todesliste gesetzten „Repräsentanten der Repression" waren General René Audran und MTU-Chef Ernst Zimmermann.

Entsprechend dem Konzept der RAF-Schrift „Guerilla, Widerstand und Antiimperialistische Front" stehen seitdem für die RAF die politischen Entscheidungsträger der Bundesrepublik den unmittelbaren Garanten des US-Imperialismus, darunter werden amerikanische Einrichtungen, die NATO und die Bundeswehr verstanden, gleich. Unter den Entscheidungsträgern versteht die RAF die Bundesregierung einschließlich ihres im Einzelfall nach innen und außen tätigen Krisenmanagements.

Eine besondere Pointierung erfuhr die Situation aus der Sicht der RAF dadurch, daß das Krisenmanagement während der Entführung Hanns Martin Schleyers vornehmlich durch Mitglieder der SPD, einer als Arbeiterpartei definierten Organisation, getragen wurde. Dieser auf die SPD bezogene scheinbare Widerspruch wurde seitens der RAF wiederholt besonders betont, heißt es in einer Analyse der Sicherheitsbehörden. Ihre Aufgabe in Westeuropa und dem „Kernstaat" Bundesrepublik Deutschland sieht die RAF als Kampf an einem von vielen Abschnitten einer weltweiten „antiimperialistischen Front".

Die Herausarbeitung des Angriffsfeldes Bundesrepublik Deutschland innerhalb der „imperialistischen" Staatenkette Westeuropa wurde besonders herausgestellt: „Aus der Bewegung des internationalen Klassenkrieges ist einerseits für die imperialistische Strategie die Offensive in und aus Westeuropa mit dem Kernstaat BRD zentral für den Versuch, sich in einer neuen Runde als funktionierendes Weltsystem Herrschaft und Kapitalreproduktion zu sichern . . ."

Mit dem Regierungswechsel 1982 in Bonn gelangten nach Ansicht von Sicherheitsexperten Politiker der Sozialdemokratie weitgehend aus dem Bereich des Gefährdungsfeldes, wobei betont wurde, daß dies naturgemäß bei Persönlichkeiten, die Spitzenpositionen innehatten, wie Helmut Schmidt, länger dauern kann als bei anderen. Mit zunehmender Regierungsdauer dürften unterdessen die Politiker der neuen Regierungskoalitionsparteien CDU/CSU und FDP in den Gefährdungsbereich gelangt sein. Aus der Sicht der RAF stellen sie nun die Symbolfiguren „imperialistischer Unterdrückung" dar, soweit sie sich nicht schon ohnehin seit Ausbruch der Terrorismus-Welle mit politischen Motiven im Visier linksextremistischer Gewalttäter befanden.

Die Hauptzielrichtung „antiimperialistischer Kampf" bleibt unverändert bestehen.

Die Sicherheitsfachleute gehen davon aus, daß die RAF sich auf Opfer, die in ihrer Stellung hochrangig sind und einen zusätzlichen persönlichen Symbolwert besitzen, einen Bekanntheitsgrad durch Medien zum Beispiel, konzentriert.

An dieser Einschätzung ändert auch der Schock nichts, unter dem Amerikaner und Deutsche in der Bundesrepublik standen, als der US-Soldat Edward Pimental ermordet gefunden wurde. Die Vorgeschichte: Am 8. August 1985 verübte die RAF einen schweren Bombenanschlag auf den amerikanischen Luftwaffenstützpunkt am Rhein-Main-Flughafen in Frankfurt. Dort wurde in einem eingeschleusten Auto eine Bombe zur Explosion gebracht. Bei dem Anschlag kamen zwei Amerikaner ums Leben, elf Passanten erlitten Verletzungen. Einen Tag zuvor hatten zwei Mitglieder der RAF den GI Edward Pimental in einer Wiesbadener Bar als Opfer ausgewählt, um in den Besitz seines Dienstausweises zu gelangen, mit dem sie das Bombenauto in den Stützpunkt bringen wollten. Eine Frau aus der Bande knüpfte in der Bar ein Gespräch mit dem Soldaten an und lockte ihn schließlich in den Wald. Mit einem Genickschuß tötete der Komplice Pimental. In dem „Bekennerbrief" behauptete die „Rote Armee Fraktion", daß dieses Vorgehen mit der „Action directe" abgestimmt worden sei. Das Schreiben war mit „Kommando George Jackson" unterzeichnet. Jackson war Mitglied der amerikanischen Black-Panther-Bewegung und wurde bei einer Gefängnisrevolte getötet.

Die Zielvorstellung terroristischer Gruppen, eine „westeuropäische antiimperialistische Front" zu errichten, kann grundsätzlich zur ideologischen und aktionistischen Annäherung zwischen einzelnen, bisher national operierenden Gruppen führen, analysierten die Sicherheitsbehörden 1985 die Ausgangslage für die „Front". Ausschlaggebendes Organisations- und Kooperationskriterium war dabei die ideologische Ausrichtung der jeweiligen Gruppen im Spektrum des „Antiimperialismus". Neuerdings verstärkt sich auch eine marxistisch-leninistische Ausprägung.

Hinweise auf möglicherweise betroffene Staaten, über die hinweg sich eine Kooperation ergeben könnte, sind in Passagen des gemeinsamen Kommuniqués „RAF-AD" im Januar 1985 zu finden. Dort heißt es unter anderem: „Eine Mobilisierung, die sich als Kampf gegen das System aus Ausbeutung und Krieg weiterentwickelt und verstärkt, wie sich an den Angriffen in Portugal, Belgien, Spanien, Griechenland, Frankreich, der BRD . . . zeigt . . ."

Es war zu Beginn der zweiten Hälfte der achtziger Jahre für Experten jedoch nicht abschätzbar, inwieweit sich einzelne Gruppen diesem Prozeß anschließen würden. So ist die ETA in ihrer Ausrichtung vornehmlich separatistisch, die IRA unionistisch, sind Teile der italienischen „Roten Brigaden" ausschließlich sozialrevolutionär.

Unter dem Kriterium der Handlungsmomente „Antiimperialismus" und „Kommunismus/Marxismus" erscheinen Analytikern folgende entsprechend gleich orientierte Gruppierungen für die Zukunft möglich:

- „Rote Armee Fraktion" (RAF) aus der Bundesrepublik Deutschland;
- „Action directe" (AD), Frankreich,
- „Cellules communistes combattantes" (CCC), Belgien;
- „Forcas populares 25 de abril" (FP 25), Portugal, sowie
- „Revolutionäre Gruppe internationale Solidarität Christo Kassimis", Griechenland.

Eine Einbeziehung der spanischen Gruppierung „Revolutionario Antifascista Primero de Octubre" (GRAPO) in den Annäherungsprozeß ist angesichts ihrer teilweise gleichfalls antiimperialistischen Zielrichtung denkbar. Zwischen den italienischen „Roten Brigaden" und der RAF war dagegen eine gemeinsame Front bis Mitte der achtziger Jahre nicht erkennbar. Außerhalb des Organisationsmomentes „Anti-Imperialismus" strebten verschiedene westeuropäische Gruppen einschließlich deutscher Terroristen eine Kooperation auch über eine allgemeine Solidarität an. Dabei boten sich Öffentlichkeitsaktionen wie Hungerstreiks an. Im Frühjahr 1988 wurden in konspirativen Wohnungen in Mailand und Rom Papiere entdeckt, in denen die deutsche „Rote Armee Fraktion" schweres Gerät und Raketenwaffen anforderte. Als Gegenleistung bot die RAF logistische Unterstützung an. Über diesen Kontakt entwickelte sich zunächst eine Verbindung, die es dem RAF-Untergrundkommando ermöglichte, nach einem mißglückten Anschlag auf den Bonner Staatssekretär im Bundesfinanzministerium Hans Tietmeyer vor der Eröffnung der Tagung der Weltbank und des Weltwährungsfonds 1988 wieder spurlos unterzutauchen.

Wie sich aus Kontakten der RAF zur Action directe gezeigt hat, ist es möglich, daß jeweils eine Gruppe zusätzlich Ziele und Handlungsmuster der anderen Terrororganisation(en) übernimmt. Beispiel ist die Parallelität General Audran – Dr. Ernst Zimmermann. Bei einem Vergleich von Anschlägen der „Action directe" und der CCC haben sich für die RAF parallele Aktionen ergeben.

So verübte die AD in Frankreich 1980: Anschläge gegen Justiz-, Militär- und Polizeieinrichtungen sowie gegen private Computerhersteller;

1983: Anschläge gegen Gebäude der Sozialistischen Partei und der Polizeigewerkschaft;

1984: Mord an General René Audran. Die „Bekennerschrift" erschien in deutscher und französischer Sprache, ferner Sprengstoffanschläge gegen Rüstungsbetriebe, gegen das Industrie- und Verteidigungsministerium sowie ein versuchter Bombenanschlag gegen den Sitz der Westeuropäischen Union und gegen die Europäische Weltraum-Agentur (ESA).

In Belgien traten plötzlich „Zellen kämpfender Kommunisten" (CCC) auf den Schauplatz der angekündigten westeuropäischen Front. Die CCC benutzten demonstrativ die Bezeichnung „kommunistisch" und betonten die gemeinsame Zielrichtung der „Action directe" und „Rote Armee Fraktion". In dieser Euro-Szene sah der Präsident des hessischen Verfassungsschutzes, Günther Scheicher, eine Chance für den gemeinsamen Nachrichtendienst.

„Wir hatten unsere Wachsamkeit immer auf die mobile Terror-Gang der Palästinenser, Japaner und der deutschen Baader-

Meinhof-Bande konzentriert", sagte ein Sprecher der belgischen Sicherheitsbehörde, „den Herd im eigenen Land haben wir dabei übersehen." Man kann sich vorstellen, wie überrascht die Fahnder waren, als sie Ende 1985 bei der Verhaftung von vier Mitgliedern der „Cellules communistes combattantes" einen der Rädelsführer identifizierten. Denn der 33jährige Pierre Carette war der Sohn eines Offiziers der Sûreté und Bruder eines Kommandeurs der Polizei. Der Staatsschutz besaß eine dicke Akte über den „kämpfenden Kommunisten" in der Polizistenfamilie. Anfang 1986 gelang es der Terroristenabwehr, auch Luc van Arker, einen der Führer der von den CCC abgespaltenen linksextremistischen Gruppierung „Front Révolutionnaire d'Action Prolétarienne", der FRAP, festzunehmen.

Die sichergestellten Notizen, Pläne und Propagandaschriften vertieften das Spurenbild, das die Polizei aus zahlreichen Funden in Charleroi, Brüssel, Antwerpen und an anderen Orten zusammengesetzt hatte. Es war das Mosaik von Querverbindungen aus jüngster Zeit in Westeuropa über die belgischen Zellen hinaus zu den deutschen RAF-Gruppen, Anhängern der Action directe und Kurieren der italienischen Roten Brigaden, die sich nach den schweren Schlappen Anfang der achtziger Jahre wieder organisierten und Ende 1985 neue brutale Morde planten. Spuren deuteten daraufhin, daß die CCC ebenfalls für das Jahr 1986 nach dem Muster der Action directe, der RAF und der Roten Brigaden Geiselnahmen, Erpressungen und Mordanschläge gegen Politiker und Industrielle planten, als die belgische Sicherheitspolizei der Terrororganisation empfindliche Schläge versetzte. Die von der Festnahme überraschten Anführer, von denen Pierre Carette beim Essen in einem „Hamburger"-Schnellrestaurant am Bahnhof Namur aufgegriffen wurde, konnten Material über Verbindungen zu Anwälten, bürgerlichen Unterstützern und Hochschulpersonal nicht mehr vernichten.

Bei den im Untergrund operierenden Gruppen verbreitete sich darauf Unsicherheit, ob es dem Geheimdienst gelungen war, Kontaktpersonen „umzudrehen" und langfristig zur Beobachtung der Szene einzusetzen. Der Polizei war ein tiefer Einbruch in das legale Umfeld gelungen, bei dem Erkenntnisse über die Zusammenhänge zwischen Aktionen des Umfeldes und dem Vorgehen des „harten Kerns" der Terrorgruppen bis zum Mord an ausgewählten Personen gewonnen wurden.

Pierre Carette war in der belgischen Hauptstadt in den siebziger Jahren als Anhänger anarchistischer Zirkel und linksradikaler Gruppen an der Brüsseler Universität bekannt. Bei den Sicherheitsbehörden wurde registriert, daß er etwa von 1976 an mit dem Brüsseler Anwalt Michael Graindorge zusammenkam, von dem es hieß, daß er Solidaritätsaktionen für inhaftierte Mitglieder der deutschen „Rote Armee Fraktion" (RAF) organisierte. In Versammlungen von RAF-Anhängern in Orten der Bundesrepublik Deutschland wurden der Anwalt und der Kommunist Carette für ihre Unterstützung willkommen geheißen. Nach dem Vorbild westdeutscher Unterstützer der Terroristen, die die Kampfblätter „883", „Bug Info" (Berliner Untergrund-Informationen) und „Radikal" herausgaben, wobei einige der Herausgeber als Mandatsträger der Grünen-Regenbogen-Fraktion im Europa-Parlament in Straßburg neue politische Aufgaben erhielten, gründete Pierre Carette 1978 in Brüssel die Druckerei „Rote Kommune". Die Polizei verdächtigte ihn, daß er ähnlich wie die frühere Frankfurter Volkswirtschaftlerin und Uni-Dozentin Brigitte Heinrich, die später ebenfalls Euro-Abgeordnete der Grünen wurde, Waffen schmuggelte. Während Brigitte Heinrich rechtskräftig verurteilt wurde und ihre Strafe verbüßte, kam Pierre Carette 1979 wieder auf freien Fuß. Im selben Jahr wurde am 25. Juni 1979 in Mons/Belgien ein Bombenanschlag auf den damaligen NATO-Oberbefehlshaber Alexander Haig verübt, dem der General nur um Sekundenbruchteile entging. Zwei Polizeibeamte im Begleitfahrzeug erlitten schwere Verletzungen. In Kreisen der Sicherheitsbehörden wurde eine Beteiligung Carettes an der Vorbereitung des Attentates nicht ausgeschlossen.

Dieser Verdacht erhielt neue Nahrung, als Carette 1982 eine

neue Druckerei gründete, den „Graphic Workshop". Die Wochenzeitschrift „Subversion" publizierte bis dahin als unbekannt geltende Einzelheiten des Anschlages auf den militärischen Repräsentanten. Analog zu den Schriften der deutschen Terror-Szene veröffentlichte „Subversion" regelmäßig Bekanntmachungen der RAF, Action directe, der Palästinensischen marxistisch orientierten PFLP und den Roten Brigaden. In der Redaktion tauchten mit Didier Chevolet, Pascale Vandegeerde und Bertrand Sassoye drei Belgier auf, die im Dezember 1985 zusammen mit Pierre Carette verhaftet wurden. Sie sollen an den Bombenanschlägen der CCC beteiligt gewesen sein.

Der Stab der belgischen Terrororganisation bewegte sich lange legal im Umkreis des NATO-Hauptquartiers in Brüssel. Mit ihrem Verhalten konnten die Angehörigen unverdächtiger gutbürgerlicher Familien ausländischen Gesinnungsgenossen Verstecke vermitteln, Sprengstoffnachschub organisieren und Fluchtwege zwischen Deutschland, Frankreich und Beneluxstaaten ebnen. Nach einem Zusammenstoß von Mitgliedern der Action directe, bei denen sich Carette aufhielt, mit belgischen Fahndern 1984 in Brüssel, mußte der Belgier untertauchen. „Subversion" stellte das Erscheinen ein; mehrere Redaktionsmitglieder folgten dem Gründer in die Illegalität.

Bald darauf begannen sich vom Herbst 1984 an die Bombenanschläge in Belgien zu häufen. Die Aktionen wurden von nun an von der neuen linken Schrift „Ligne Rouge" begleitet, Redakteur wurde Carettes früherer Mitarbeiter an der „Subversion", Pascale Vandegeerde. Als Propaganda der Tat verübten die CCC verstärkt Anschläge auf Büros und Werkstätten multinationaler Unternehmen, konservativer Parteien und wie bereits erwähnt auf das NATO-Pipelinenetz. Die Anschläge eskalierten und fanden mit dem Tod zweier Feuerwehrleute am 1. Mai 1985 ihren vorläufigen Höhepunkt. Das dürfte mit dazu beigetragen haben, daß in der Bevölkerung die Erregung über die Anschläge wuchs, bei denen sich die CCC stets darauf berufen hatten, daß nur Gewalt gegen Sachen, nicht aber gegen Menschen geübt werde.

Bei den Ermittlungen nach der Festnahme Luc van Arkers im Januar 1986 gewannen die Behörden weitere Aufschlüsse über die Herkunft und Zusammensetzung der „Cellules communistes combattantes". Van Arker gehörte zur FRAP. Dieser Gruppe werden Bombenanschläge auf die Brüsseler Filiale von AEG-Telefunken und auf das Gebäude der Atlantischen Versammlung im April und Juni 1985 zugerechnet. In „Bekennerschreiben" hatte sich FRAP als Urheber der Schäden an den Gebäuden bezeichnet. Luc van Arker war den Ermittlungen zufolge in der jüngeren Generation anarcho-terroristischer Anhänger bei der „Groupe Autonome Libertair", dem „22 Mars", engagiert. Diese Gruppe ist für Aktivitäten über Belgien hinaus im Ausland bekannt. Das Nachrichtenblatt der Gruppe „Bulletin d'Information et de Liaison" berichtet über die Anarcho-Szene in Europa und den Vereinigten Staaten von Nordamerika. Über Van Arker hieß es, daß er als gelernter Radiotechniker für eine kleine Radiostation der Anarchisten, die den Namen „Qui Chifel" erhielt, bei Mousron an der belgisch-französischen Grenze arbeitete. Vor der Verhaftung hatte er möglicherweise unter dem Fahndungsdruck nach dem 1. Mai-Terror 1985 angesichts des Todes der zwei Feuerwehrmänner Belgien verlassen und im Sudan für die Organisation „Medecine sans Frontiers" als Radiotechniker gearbeitet.

Bei der gerichtlichen Untersuchung der Vorwürfe gegen die CCC wurden auch die sichergestellten Notizen über die geplante Ermordung beziehungsweise Entführung des belgischen Justiz- und Innenministers sowie des Bankiers Albert Frere, des Vorsitzenden der Banque Bruxelles-Lambert, ausgewertet. In der Einschätzung der Entwicklung dieser Terrororganisation, die im Namen der kommunistischen Weltanschauung zu handeln vorgab, gehen die Behörden davon aus, daß 1986 in Belgien mit einer Serie von Attentaten auf ausgewählte Personen der Kreis der RAF- und Action directe-Anschläge mit dem gleichen Ziel geschlossen werden sollte.

So verübten Belgier und Deutsche mehrere Anschläge auf

NATO-Pipeline-Anlagen. Die Sicherheitsbehörden schlossen nicht aus, daß östliche Geheimdienste Kartenskizzen auf verschlungenen Wegen den Belgiern zugespielt hatten. Denn Mitte der siebziger Jahre hatte der DDR-Staatssicherheitsdienst durch seinen Agenten im Bundesverteidigungsministerium Lothar-Erwin Lutze das Versorgungsnetz der NATO ausgespäht.

Die portugiesische „FP 25" beschoß 1984 und 1985 Gebäude der amerikanischen Botschaft und NATO-Stützpunkte; es gab Feuerüberfälle auf Schiffe des NATO-Flottenverbandes und Anschläge gegen Repräsentanten ausländischer Firmen, deutsche, britische und französische Unternehmen. Mit Sprengladungen unter Privat-Personenwagen von Bundeswehrangehörigen des Luftwaffenstützpunktes Beja übte die „FP 25" zugleich Psychoterror gegen Familienangehörige aus.

Die Gruppe Christos Kassimis, Griechenland, unternahm 1985 einen Anschlag auf die Botschaft der Bundesrepublik Deutschland in Athen, der jedoch rechtzeitig entdeckt werden konnte. In Griechenland rechneten sich Linksextremisten aufgrund der sozialistisch-kommunistischen Bündnispolitik einen gewissen Freiraum aus.

Die Anschläge der Jahre 1984 und 1985 in Deutschland und in den erwähnten Ländern zeigten die Entwicklung von Bewegungen mit fast ausschließlich nationalen Zielen hin zu einer internationalistisch-antiimperialistischen Groß-Organisation. Dabei trat die portugiesische „FP 25" besonders stark marxistisch-leninistisch orientiert mit ursprünglicher nationaler Zielsetzung auf. Dies dokumentierten Anschläge gegen Großgrundbesitzer, ehemalige Funktionsträger des Salazar-Regimes und Einrichtungen des Großkapitals wie Banken und Kaufhäuser.

Das aus aktuellen Erkenntnissen darstellbare Struktur- und Gefährdungsbild der „Rote Armee Fraktion" belegt nach Analysen der deutschen Sicherheitsbehörden, daß die propagierte „westeuropäische anti-imperialistische Front" in verschiedenen Aktionsbereichen Mitte der achtziger Jahre zu einer strategisch und taktisch kooperativ agierenden „Westeuropäischen Guerilla" ausgebaut werden sollte. Dabei war es der RAF offenbar gelungen, aus dem nationalen Rahmen heraus durch ideologische, personelle und logistische Annäherung an die „Action directe" und die „Cellules communistes combattantes" ihre Aktionsfähigkeit zu erweitern.

Im Mai 1982 hatte die RAF bereits in der Schrift „Guerilla, Widerstand und Antiimperialistische Front" den grundlegenden Anspruch, die Führungsrolle in einer nationalen „antiimperialistischen Front" zu erfüllen, formuliert. Die RAF strukturierte in diesem Grundsatzpapier die (nationale) „antiimperialistische Front", koordinierte militante Aktivitäten und politische Initiativen zur Vermittlung der militärischen und militanten Unternehmungen. Das zeigte, daß die RAF trotz der zahlreichen Niederlagen und Festnahmen von Mitgliedern in den letzten Jahren ihre Konzeption nicht aufgegeben hatte. Die kriminelle Energie war ungebrochen. Aber die Unterstützer – das stellte sich in der zweiten Hälfte der achtziger Jahre heraus, billigten nicht mehr wie früher uneingeschränkt die Mordanschläge.

Heftig, großen Schaden und Leid hinterlassend, fegte in den letzten Wochen der palästinensische Terrorismus wie ein Gewitter über Europa hinweg. Das schrieb zu Beginn des Jahres 1986 die „Schweizerzeit", die konservative Zeitung für Unabhängigkeit, Föderalismus und Freiheit in der Schweiz. Vor dem Vordergrund der palästinensischen Terrorakte wurde der europäische Terrorismus von RAF, Roten Brigaden, CCC, ETA, Action directe und IRA vorübergehend in den Hintergrund gedrängt. Im Zusammenhang mit den Überfällen auf die Flughäfen von Wien und Rom im Dezember 1985 führten Spuren auch in die Schweiz. Nationalrat Ernst Cincera von der Freisinnigen Partei rekonstruierte die Fäden des internationalen Terrorismus in der Alpenrepublik.

Treffpunkt Zürich, Mitte März 1985: In Zürich steigt in einem Hotel der 37jährige Libyer Oberst Issa Shebani ab. Es ist ein vornehmes Haus, man leistet sich in diesen Kreisen Nobelherbergen. Zur gleichen Zeit kontaktiert ein Mann mit dem Namen

Boyd das libysche Volksbüro in Bern. Von dort wird er nach Zürich verwiesen und erhält eine siebenstellige Telefonnummer. Über diese Nummer nimmt Boyd mit Oberst Shebani in dessen Hotel Verbindung auf. Er macht mit ihm einen Treffpunkt aus. Im Zusammenhang mit Libyen tritt immer wieder ein gewisser Boyd auf. Es ist möglich, daß es sich um den im Solde Ghadafis stehenden abgesprungenen CIA-Agenten Frank Terpil alias Jim Boyd oder auch Jim Hansen handelt. Bei diesen Kontakten ist nach Feststellung von Nationalrat Cincera kein einziger Schweizer, auch keine schweizerische Gruppe, beteiligt gewesen. Zürich wurde lediglich zum „Treffpunkt" und Bern ist nur deswegen im Spiel, weil sich dort das Libysche Volksbüro, die Botschaft Libyens, befindet. Man versteht aber besser, worum es sich handelt, wenn man die Organisationsform und die verschiedenen Ebenen des palästinensischen Terrors kennt, betonte Ernst Cincera. Dabei geht es um die sogenannte „Libyen Connection". Diese besteht aus drei Ebenen, welche nicht als hierarchische, sondern mehr als Verbindungs- und Einsatzebenen zu verstehen sind. Die erste Ebene verläuft von Tripolis über Damaskus nach Bagdad; Ebene zwei: Madrid-Zürich-Belgrad-Athen; die dritte Ebene liegt auf der Linie London-Brüssel-Bonn. Der Kurierdienst läuft zum Beispiel auf diesen Ebenen. Trägt man sie in eine Karte ein, so erkennt man, aus welcher Ebene heraus die entsprechenden Operationen stattfinden. Rom und Wien liegen im Einzugsgebiet der zweiten Ebene und innerhalb dieser ist Zürich einer der Kurier-Punkte. Die erste Ebene beherbergt den Kopf oder besser gesagt die Köpfe der Organisationen. Befehle können jeweils von jeder der drei Zentralen-Standorte ausgehen.

Zu dieser „Libyen Connection" sind schweizerische Verbindungen bekannt. Die Schweizerin Claudia Bislin befand sich 1981 in einem Ausbildungslager in Syrien. Ein Jahr später hielten sich etwa 35 deutschsprachige Personen in diesen Lagern auf. Claudia Bislin legte nach Ermittlungen der Sicherheitsbehörden in der Schweiz Waffen- und Sprengstofflager an und bediente daraus ausländische Terrororganisationen. Es stehe fest, daß sie umgekehrt auch aus dem Libyschen Volksbüro Waffen erhielt, erklärte Nationalrat Ernst Cincera. Unter den Empfängern von Waffen und Sprengstoffen war auch die deutsche „Rote Armee Fraktion". Das Libysche Volksbüro in Bern werde seine Rolle als Schaltzentrale für den Kurierdienst weiter ausüben und auch weiterhin als Waffen- und Munitionsdepot dienen, befürchtete der schweizerische Sicherheitspolitiker. Der diplomatische Status erleichtere es, die konspirative Aufgabe zu erledigen. Eine ähnliche Funktion kann den Erkenntnissen des Staatsschutzes zufolge auch das PLO-Büro in Genf übernehmen.

Die mitteleuropäische Zentrale der PLO sahen die Schweizer Beobachter in Wien. Der dortige Leiter, mit einer Deutschen aus der DDR verheiratet, war 1971 in die Schweiz gekommen und hielt sich damals zunächst als Vertreter des Jemen bei der UNO in Genf auf. Danach trat er als Medienrepräsentant der Arabischen Liga auf. Im September 1974 gehörte er zu einer offiziellen PLO-Delegation, die vom EDA, dem Schweizer Außenministerium, empfangen wurde. Von Oktober 1975 bis 1983 war er sodann offizieller Vertreter des PLO-Büros in Genf. Seit 1983 residierte er als einziger PLO-Botschafter in Westeuropa mit Sitz in Wien.

Der PLO-Funktionär und Abu Nidal, der Kampfname des Kommandochefs Sabri Khalil al Sanna, kennen sich persönlich sehr gut, heißt es in dem Bericht von Nationalrat Ernst Cincera. Abu Nidal war Vertreter des Irak in der Arabischen Liga. Schon 1972 habe er sich mit Arafat zerstritten, was vermutlich auch für die Anschläge von Wien und Rom von Bedeutung gewesen sei. Aktionen der Abu-Nidal-Gruppe hätten sich oft gegen andere palästinensische Gruppen und nicht gegen die Israelis gerichtet.

Das Verhältnis Moskaus zu Yassir Arafat hat sich nach Ansicht des Schweizer Nationalrats in den letzten Jahren verändert. Seine Rolle in der Sozialistischen Internationale (SI) paßte ins Moskauer Konzept, und die daraus resultierenden Kontakte seien nach wie vor nützlich. Im Kreml zeigte Michail Gorbatschow Interesse am gemäßigteren Kurs des PLO-Chefs und dessen Bemühungen, sich von Gewaltanwendung zu entfernen und eine politische Lösung der Palästinafrage zu suchen. Zwischen den Fronten operierte die Nidal-Gruppe, die eine ideologisch marxistische Linie verfolgte.

Was soll die Schweiz in dem einerseits gegen Israel und die USA, andererseits unter den PLO-Gruppierungen erbittert ausgetragenen „Krieg im Krieg" tun, fragte Cincera. „Wir haben eine politische und eine moralische Verantwortung. In diesem Krieg mit den Mitteln des Terrorismus führt in bestimmten Fällen ein Strang durch die Schweiz. Auf dieser Strecke sind das PLO-Büro in Genf und das Libysche Volksbüro in Bern Knotenpunkte . . . eine wichtige Maßnahme ist die Verstärkung unserer Bundespolizei. Wir haben eine moralische Verantwortung gegenüber unseren Nachbarländern und der Welt. Wenn es uns gelingt, irgendeine Aktion des Terrorismus auf dem Weg durch die Schweiz zu unterbrechen, ist dies ein wichtiger Beitrag im internationalen Kampf gegen diese moderne Bedrohungsform. Seit der Terrorismus die moderne Gesellschaft bedroht, geht Hand in Hand damit eine propagandistische Anti-Polizei- und Anti-Staatsschutz-Welle durch alle betroffenen Länder. Auch durch die Schweiz", erklärte Ernst Cincera. Jede Maßnahme, die Sicherheit zu verbessern, gerate in die Visierlinie linksextremer Gesellschaftsveränderer, denen sich leider oft auch weiteroppositionelle und alternative Kräfte anschlössen. Dabei ist nach Cinceras Feststellungen zur Genüge nachgewiesen worden, daß die Initiative zum Kampf gegen jede noch so maßvolle Verbesserung der innerstaatlichen Sicherheitsorgane von den gleichen Kreisen ausgehe, welche das logistische Umfeld des Terrorismus bilden. Niemand spreche einem unverhältnismäßigen Ausbau der Polizei das Wort. Mit dem Ist-Zustand könnten die Schweizer aber weder gegenüber Gefahren in ihrem eigenen Land noch im Rahmen der moralischen und rechtlichen internationalen Verpflichtungen eine nur einigermaßen genügende Verantwortung übernehmen, warnte die Analyse des Nationalrates zur akuten Bedrohung durch den Terrorismus zu Beginn der zweiten Hälfte der achtziger Jahre. Das trug dem Politiker, der den Terrorismus bis an die Wurzeln in seinem Land verfolgt, Kritik auch aus dem eigenen Lager ein. Dort teilen viele zwar die Besorgnis, daß der Terrorismus sobald nicht wieder verschwinden werde, aber die Gefahr, daß sich Staaten – im Kampf gegen andere Staaten – dieser Angriffsform zunehmend bedienen, sei übertrieben.

Unterstützung erhielten Schweizer Bürgervereinigungen, die sich um die Aufklärung über die Internationale des Terrorismus, seine Gruppierungen, Operationsräume und Perspektiven aufgrund politisch-sozialer Entwicklungen bemühten, von dem Divisionär Gustav Däniken, Stabschef Operative Schulung in Bern. „Der raschen Ausbreitung des Terrorismus, deren Zeugen wir geworden sind, kann nicht allein mit herkömmlichen Methoden begegnet werden. Wir haben neue Methoden zu entwickeln", forderte Gustav Däniken 1983 auf einer Fachtagung in Muri (Schweiz).

Die Planer einer europäischen Vernetzung des Terrorismus, die der kühle Analytiker Christian Lochte, Chef des Hamburger Verfassungsschutzes, skeptisch wegen der Realisierung beobachtete, machten Anfang 1986 einen neuen Versuch. Terroristische Gruppierungen aus dem In- und Ausland konnten in Frankfurt am Main für die Fortsetzung des Kampfes werben. „Ligne Rouge" und „De Knipselkrant", militante Szenenblätter aus Belgien und den Niederlanden, erschienen auf dem internationalen Treffen mit Extra-Ausgaben. „Diese Sonderausgabe steht für unsere Entschlossenheit, den Internationalismus im weltweiten revolutionären Kampf für Kommunismus konkret werden zu lassen. Wir grüßen alle kämpfenden kommunistischen Genossen. Wir grüßen alle gefangenen Revolutionäre", erklärten die Herausgeber im Vorwort.

Daß immer häufiger davon gesprochen wurde, die „Rote Armee Fraktion" könne nur noch „als Killertruppe eingesetzt werden, ohne die Fähigkeit der Anführer, argumentativ auf die junge Generation einzuwirken", wurde auch auf dem Frankfurter Kampf-Meeting deutlich. Der Vertreter einer linken Schweizer Anwaltsgruppe wies auf die Zustandsbeschreibung in Hans

Josef Horchems „Terrorismus in Deutschland 1985“ hin, die das Institut für politologische Zeitfragen in Zürich publizierte.

Ohne motivierende Vision für ihren „Kampf“, heißt es in der Untersuchung über die Lage der Terroristen, versteiften sich die RAF-Anhänger auf die Behauptung, daß „bewaffneter Kampf“ – auch ohne Aussicht auf Sieg – fortgeführt werden müsse. Der jetzige harte Kern der RAF nähere sich damit dem Zustand der „Hoffnungslosigkeit“. Die Mitglieder seien auf dem Weg, „Desperados“ zu werden. Diese Kämpfer könnten nicht mehr argumentieren, geschweige denn überzeugen. Sie können nur noch töten – mit dem Risiko, selbst den Tod zu finden. Horchem zog das Fazit: „Die RAF läuft Gefahr, eine Kamikaze-Mentalität zu entwickeln.“

Die Verfechter einer Orientierung auf ideologischer Basis kritisierten dagegen auf dem Frankfurter Treffen: „Der bewaffnete Kampf“ dürfe nicht länger als „eine Art technisches Spielzeug, als vom Himmel gefallene Erfindung, als eine neue etwas verzweifelte Form des Kampfs erscheinen“. Bei dieser Auseinandersetzung mit der bewaffneten revolutionären Strategie handele es sich um die „moderne Methode, die für die kommunistische Revolution im heutigen imperialistischen Westen notwendig ist“. Ausschließlich in diesem Rahmen müsse man „nicht nur die Notwendigkeit des bewaffneten Kampfes begreifen, sondern ihn auch organisieren und strategisch meistern – als das was am Ende des 20. Jahrhunderts im Herzen der herrschenden Metropolen die historische Kontinuität zum Ausdruck bringt, die über die Kommune von 1871 und die (russische) Oktoberrevolution führt“.

War es Zufall oder interkontinentale Planung, jedenfalls hielten um die Jahreswende 1985/86 auch die Tupamaros in Uruguay ein Orientierungstreffen ab, zu dem weder Zuschauer noch die Medien zugelassen wurden. Von der früheren Guerilla des südamerikanischen Staates waren in den sechziger Jahren die Anstöße für terroristische Gruppierungen in Deutschland ausgegangen. Die Urheber der Bewegung hatten sich 1962 an soziale

Unzufriedenheit unter den Zuckerarbeitern angehängt. Die Tupamaros ihrerseits leiteten die Bezeichnung von dem peruanischen Indianerführer Tupac Amaru ab, dessen Revolte gegen die spanische Kolonialmacht im 18. Jahrhundert niedergeschlagen wurde. Er selbst wurde hingerichtet. Die Tupamaros des 20. Jahrhunderts erregten seit 1963 bis in die erste Hälfte der siebziger Jahre mit terroristischen Aktivitäten, Banküberfällen, Geiselnahmen und Entführungen prominenter Bürger sowie ausländischer Diplomaten im In- und Ausland Aufsehen. Mit ihren Aktionen wollten sie die beschränkte Handlungsfähigkeit des Staats- und Polizeiapparates bloßstellen, in der Bevölkerung einen revolutionären Reifeprozeß auslösen und den Klassenkampf verschärfen. Die Tupamaros dienten Linksextremisten in anderen lateinamerikanischen Ländern wie auch der „Roten Armee Fraktion“ in der Bundesrepublik Deutschland als Vorbild.

Von Heldenmythos und Märtyrerhuldigung bewegt, meldeten Mitte der achtziger Jahre Gruppen von Jugendlichen ihre Sympathie für die frühere Bewegung an, deren Führer zumeist hohe Freiheitsstrafen verbüßen – soweit sie die Auseinandersetzungen mit Polizei und Militär überlebt haben. Mit dem Abgang des Militärs und dem Wiedererstehen der Demokratie im Frühjahr 1985 wurden Stimmen publiziert, die sich für eine Amnestie einsetzten. Ursprünglich wollten die Colorados, die jetzige Regierungspartei, vorzeitige Entlassung aus dem Gefängnis nur den Gefangenen zubilligen, die keine Blutschuld auf sich geladen hatten. Unter starkem Druck wurden jedoch schließlich alle früheren Tupamaros aus der Haft freigelassen. Daraufhin bildete sich ein provisorisches Tupamaro-Komitee und kündigte neue Kontakte mit dem Volk an. Die Nachfolger der Guerilleros verlangten auf der Basis eines Minimalkonsenses die Bildung einer großen Front aller Parteien einschließlich der kommunistischen. In Erklärungen für die Öffentlichkeit wurde die Absicht betont, als politische Gruppe im Rahmen der Legalität zu arbeiten und sich besonders den Gewerkschaften zu widmen.

In den politisch reformistischen Auseinandersetzungen, wie sie in Deutschland besonders von Anhängern „Revolutionärer Zellen" im Rahmen rot-grüner Bündnisse angestrebt werden, wollen in Uruguay die Tupamaros mitentscheiden, welche Veränderungen in Staat und Gesellschaftsordnung vorgenommen werden müssen. Von dem Verhalten des Volkes wird es dann abhängen, ob es auf dem Weg zur Macht friedlich zugeht oder nicht". Die totalitären und gefährlichen Angreifer demokratischer Lebensformen suchen international nach neuen subtileren Wegen, an die Macht zu kommen.

Die Festnahmen der vier führenden Mitglieder von „Action directe" am 21. Februar 1987 auf einem Bauernhof in Frankreich hatten tiefe Auswirkungen auf die „Rote Armee Fraktion". Nach der Zerschlagung des Kerns der „AD" erlitt der von der RAF forcierte Aufbau einer „anti-imperialistischen Front in Westeuropa", als deren Kristallisationspunkt die Kooperation mit der „AD" diente, einen Rückschlag, der bis zum Ende des Jahrzehnts nicht aufgeholt werden konnte.

Die „Rote Armee Fraktion", deren „harter Kern" 1989 nach vorsichtigen Schätzungen der Nachrichtendienste auf 12 bis 15 Mitglieder geschrumpft war, versuchte wegen der Bedeutung des Aufbaus der „westeuropäischen Front" im Rahmen ihres strategischen Konzepts bestehende Kontakte zu anderen terroristischen Gruppierungen in Westeuropa, Italien, Spanien, Portugal und Griechenland zu verstärken und neue zu schaffen. In diesem schwierigen, von gegenseitigem Mißtrauen geprägten Annäherungsprozeß waren Unterstützer aus dem RAF-Umfeld, besonders Anwälte und Familienangehörige intensiv bemüht, bei Reisen in verschiedene west- und südeuropäische Länder Verständigungsdefizite auszuräumen und Kontakte anzubahnen.

In Zusammenarbeit mit ausländischen Geheimdiensten beobachteten die deutschen Sicherheitsbehörden Kontakte zwischen der RAF und den italienischen „Brigate Rosse" (BR); zwei Jahrzehnte, nachdem zum erstenmal in der Geschichte des Nachkriegsterrorismus eine deutsche Gruppe aus Italien das

Angebot erhalten hatte, sich zu bewaffnen und an der Ausrüstung anderer ausländischer Gesinnungsgenossen mitzuwirken, wie in Kapitel IV. „Berlin gehört schon uns“ erwähnt, verdichteten sich die Anzeichen für eine Zusammenarbeit zwischen RAF und denjenigen italienischen Genossen, die sich nach heftigem ideologischen Streit in der „Brigate Rosse per la costruzione del partito communista combattante (BR-pcc)“ neu formiert hatten. Die unterlegenen Genossen gründeten eine eigene Organisation „Unione dei communisti combattenti (Ucc)“, die sich in aktuelle Protestaktionen wie gegen Kernkraft und Raketenstationierung einschalten. Bei Mordanschlägen berechnen die „Ucc“ zuvor deren „Vermittelbarkeit bei den Massen“!

Die ideologischen und strategischen Unterschiede zwischen den stärker marxistisch-leninistisch ausgerichteten „BR-pcc“ und der „Ucc“ bestehen nach einer Analyse der deutschen Sicherheitsbehörden im wesentlichen im folgenden:

Die „Brigate Rosse per la costruzione del partito communista combattante“ betrachtet den „bewaffneten Kampf“ als zentrales und strategisches Element zur Schaffung einer revolutionären Situation. Für die Genossen der Ucc ist dagegen der „bewaffnete Kampf“ nur eine von vielen Aktionsformen zur Erreichung des vorgenannten Ziels.

Die Brigate Rosse-pcc versteht sich demzufolge als Avantgarde – eine in sich geschlossene Gruppe ohne direkte Verbindung zu Massenorganisationen. So operierte auch das bewaffnete Untergrundkommando der deutschen „Rote Armee Fraktion“. Auf dieser Linie bewegen sich die Kontakte zwischen RAF und Brigate Rosse-pcc, die den deutschen Terroristen vom strategischen Konzept näher als die „Ucc“ stehen. So überraschte es die deutsche Terrorismusabwehr nicht, daß Mitglieder der „Brigate-Rosse-pcc“ zu den Morden der RAF an dem Siemens-Forscher Professor Beckurts (1986) und dem Bonner Ministerialdirektor Gerold von Braunmühl (1986) „Gußadressen“ abgaben! Mehrere Mordanschläge in Italien und ein Überfall auf einen Geldtransporter 1987 in Rom, bei dem zehn Terroristen der Brigate Rosse-pcc am Tatort waren und umgerechnet etwa 1,6 Millionen DM erbeuteten, zeigte, daß nach den schweren Schlägen gegen den Terrorismus in Italien die Restrukturierung dieser terroristischen Vereinigung vorgenommen wurde. In einer Erklärung der „BR-pcc“ wurde sogar ein gemeinsamer Kampf mit der RAF für den Fall, daß der Aufbau einer „westeuropäischen Front“ gelingt, zu Beginn der 90er Jahre nicht ausgeschlossen: „Fördert und konsolidiert die kämpfende antiimperialistische Front – zusammen kämpfen.“

XVI. Gnade nach Recht

„Keiner von uns wird an ‚seinem' oder einem anderen Prozeß mehr teilnehmen . . ." Das befahl Gudrun Ensslin bevor sie in Stammheim verurteilt wurde und nach dem Scheitern der Freipressung 1977 Selbstmord verübte. Das Verhältnis RAF-Justiz brachten die inhaftierten Rädelsführer der „Rote Armee Fraktion" auf die Formel: „Man redet nicht, man schießt auf sie!" Und Andreas Baader schrieb den Genossen aus seiner Zelle: „Wir sagen, diese Justiz . . . ist ein Feind des Volkes. Ist ein Ungeheuer, das vernichtet werden muß."

An der Vernichtung dieses „Ungeheuers", sprich die Bundesanwaltschaft in Karlsruhe, wollte sich 1977 auch der Gelegenheitsarbeiter Peter-Jürgen Boock beteiligen. Mit einer Raketenbatterie ähnlich den „Stalinorgeln" des Zweiten Weltkrieges, sollte ohne Rücksicht auf Sekretärinnen und Justizbeamte das Gebäude der Bundesanwaltschaft beim Bundesgerichtshof zerbombt werden.

Elf Jahre nach dem gescheiterten Anschlag bat Peter-Jürgen Boock Bundespräsident Richard von Weizsäcker um Gnade. Das Gesuch eines rechtskräftig verurteilten Terroristen. Neben Boock bat das frühere Mitglied der „Roten Armee Fraktion", Angelika Speitel das Staatsoberhaupt um einen Gnadenerweis. Der Bundespräsident entschloß sich im Frühjahr 1989, die lebenslange Freiheitsstrafe Angelika Speitels „mit Wirkung vom 30. Juni 1990 im Wege der Gnade zur Bewährung auszusetzen". Dagegen stellte er das Gesuch ihres Komplizen Boock zurück.

Der Gnadenakt löste ein unterschiedliches Echo aus. Bei SPD, FDP und Grünen stieß die Entscheidung auf Zustimmung. Die Unionsparteien reagierten zwiespältig bis zur Ablehnung durch die CSU. Sie sahen sich durch eine Spiegel-Umfrage bestätigt. Eine Begnadigung ehemaliger Terroristen mit lebenslanger Haft lehnten zwei Drittel aller Bundesbürger bei ihrer Befragung fünf Monate vor der Inititative des Bundespräsidenten ab. Nach

Bekanntwerden der Entscheidung votierten zwar bei einer weiteren Umfrage immer noch knapp die Hälfte der Bürger gegen einen Gnadenakt, doch die Zahl der Gnadenbefürworter stieg auf 46 Prozent. Der Grund für den Meinungsumschwung lag laut Emnid-Forscher Klaus-Peter Schöppner im „Weizsäcker-Effekt". Das Ansehen des Bundespräsidenten dürfte anfängliche Gnadengegner beeindruckt haben, meldete das Nachrichtenmagazin.

Im Fall Boock, der sich im Gefängnis auf die Zulassung zum Studium an der Hochschule für Politik und Wirtschaft vorbereitete, erklärte die Generalbundesanwaltschaft in einem Schreiben an den Bundesminister der Justiz 1988: „Die Bundesanwaltschaft hält den Verurteilten für gnadenunwürdig". Er habe es zwar verstanden, „sich in der Öffentlichkeit als Opfer der Justiz darzustellen". In Wirklichkeit handele es sich jedoch bei ihm „um einen Menschen, der außerordentlich geschickt auf seinen Vorteil bedacht zur Wahrheit ein taktisches Verhältnis unterhält. „Der Bundespräsident laufe daher wie andere vor ihm, Gefahr, der Taktik eines Gnadenunwürdigen zu erliegen", hieß es in dem Schreiben mit dem Aktenzeichen 1 StE 5/81.

Der zu lebenslanger Freiheitsstrafe sowie zusätzlich zu 15 Jahren Haft verurteilte frühere Terrorist hatte bereits 1985 das Bundesverfassungsgericht angerufen. In dem Schreiben an die Richter in Karlsruhe legte er jedoch nicht nachträglich ein umfassendes Geständnis ab; er beschwerte sich vielmehr beim Verfassungsgericht über seine Verurteilung wegen der ihm angelasteten Beteiligung an mehreren Verbrechen, die wegen ihrer Brutalität im In- und Ausland Abscheu erregt hatten.

In dem Prozeß vor dem 2. Strafsenat des Oberlandesgerichtes Stuttgart war das frühere RAF-Mitglied am 7. Mai 1984 wegen Beteiligung an folgenden Verbrechen abgeurteilt worden:

- an der Ermordung des Bankkaufmanns Jürgen Ponto nach dem gescheiterten Versuch, den damaligen Vorstandssprecher der Dresdner Bank am 30. Juli 1977 aus seinem Haus in Oberursel/Taunus zu entführen.

- an dem versuchten Anschlag auf die Bundesanwaltschaft in Karlsruhe am 25. August 1977.
- an der Entführung des Industriellen und Präsidenten des Bundesverbandes der Deutschen Industrie (BDI), Hanns Martin Schleyer und der Ermordung seiner vier Begleiter am 5. September 1977 in Köln sowie
- an der Ermordung Hanns Martin Schleyers am 18. Oktober 1977.

Der 3. Strafsenat des Bundesgerichtshofes verwarf am 8. Juli 1985 durch Beschluß die Revision gegen das Urteil als offensichtlich unbegründet, soweit sie sich gegen den Schuldspruch richtete. Damit stand rechtskräftig fest, daß Boock wegen der genannten Verbrechen bestraft werden muß. Die Richter am Bundesgerichtshof hoben jedoch den Strafausspruch auf und verwiesen den Fall insoweit an einen anderen Strafsenat des Stuttgarter Oberlandesgerichtes zu erneuter Verhandlung zurück. Nach Ansicht des Bundesgerichtshofes hätte das Oberlandesgericht zur Frage der verminderten Schuldfähigkeit noch einen weiteren Sachverständigen hören müssen.

Gegen das Urteil der Stuttgarter Richter und gegen den Beschluß des Bundesgerichtshofes erhob Peter-Jürgen Boock 1985 Verfassungsbeschwerde. Doch die Eingabe wurde vom Bundesverfassungsgericht mit Beschluß vom 23. Dezember 1985 nicht zur Entscheidung angenommen, weil sie nach Auffassung der Richter keine hinreichende Aussicht auf Erfolg hatte. Damit wies auch das Bundesverfassungsgericht die, auch verschiedentlich öffentlich geäußerten, Angriffe gegen den Schuldspruch des Oberlandesgerichtes Stuttgart in eindeutiger Form zurück.

Nach seiner Festnahme hatte der Ex-Terrorist wiederholt in der Öffentlichkeit behauptet, er stelle sich seiner Verantwortung an Aktionen der „Rote Armee Fraktion". Aus den Erklärungen ging hervor, daß er einräumte, im Rahmen der Aktion „Schleyer" in Köln beim Aussuchen von Wohnungen, ferner bei der Räumung einer konspirativen Wohnung der RAF im Kölner Uni-Center, weiterhin an der Verbreitung von „Kommando"-Erklärungen zu dem Überfall beteiligt gewesen zu sein. Nach Auffassung der Ermittler gab er auch zu, daß er an der Einrichtung eines weiteren Versteckes der Bande in der niederländischen Hauptstadt Den Haag beteiligt gewesen war. Dagegen bestritt er, vor der Ermordung der Leibwächter Schleyers in Köln in die geplante Entführung des BDI-Präsidenten eingeweiht worden zu sein. An dem Mord an Jürgen Ponto war er seinen Angaben zufolge ebenfalls nicht beteiligt. Bei dem versuchten Anschlag auf die Bundesanwaltschaft in Karlsruhe habe er zwar mitgewirkt, hiervon will er jedoch strafbefreiend zurückgetreten sein. Knapp drei Wochen bevor Hanns Martin Schleyer im Oktober 1977 bei Mühlhausen im Elsaß auf französischem Territorium im Kofferraum eines Personenwagens erschossen gefunden wurde, will Boock Europa verlassen haben und erst im Dezember 1977 zurückgekehrt sein.

Im Prozeß befanden jedoch die Richter des Stuttgarter Oberlandesgerichtes während der umfangreichen Beweisaufnahme – vom 25. Januar 1983 bis zum 7. Mai 1984 – daß der Angeklagte mehrfach die Unwahrheit gesagt habe, um sich seiner Verantwortung zu entziehen. So hatte er in der Hauptverhandlung behauptet, er habe Hanns Martin Schleyer weder gesehen noch gesprochen. In einem im Herbst 1982, etwa ein Jahr nach der Anklageerhebung, entdeckten Erddepot der „Rote Armee Fraktion“ fand die Polizei jedoch ein Tonband. Es enthielt die Aufzeichnung eines Gespräches eines Mannes mit dem entführten Hanns Martin Schleyer. Dieser Gesprächspartner war nach den rechtskräftigen Feststellungen der Richter Peter-Jürgen Boock. In dem Urteil wird auch darauf Bezug genommen, daß Fingerabdrücke Boocks auf einem von Schleyer persönlich geschriebenen Lebenszeichen vom 7. September 1977 sowie auf einem Videoband gesichert wurden, auf dem Hanns Martin Schleyer zu hören und zu sehen war. Das Videoband war am 14. September 1977 in Bonn von den Entführern zum Abspielen hinterlegt worden. Diese Beispiele, die für weitere stehen, zeigen nach Ansicht von Prozeßbeobachtern, was von Boocks Behauptung, er stelle sich seiner Verantwortung, zu halten ist. Gleiches gilt für die auch von einzelnen Journalisten verbreitete Behauptung, Boock sei ohne überzeugende Sachbeweise verurteilt worden. Die Richter hätten ihr Urteil nur aufgrund der Hypothese, die Angehörigen der „Rote Armee Fraktion“ hätten bei der Planung, Vorbereitung und Ausführung ihrer Aktionen kollektiv gehandelt, gebildet. Denn Boock habe nicht selbst einen der tödlichen Schüsse abgegeben.

Zwar trifft es zu, daß die Angehörigen des harten Kerns der RAF an einer kollektiven Entscheidung, Planung, Vorbereitung und Durchführung ihrer Aktionen festgehalten haben. Dies zeigt die generalstabsmäßige Durchführung der Attentate auf Generalbundesanwalt Siegfried Buback, Jürgen Ponto und Hanns Martin Schleyer. Hierzu hat das Bundesverfassungsgericht audrücklich angemerkt, daß die Annahme des Gerichts, innerhalb der terroristischen Vereinigung RAF gebe es eine kollektive Struktur, sich ersichtlich im Rahmen der Maßstäbe höchstrichterlicher Rechtsprechung zur Annahme der Gerichtskundigkeit halte. Unzutreffend ist jedoch, daß das Oberlandesgericht Stuttgart allein aufgrund dieser sogenannten „Gruppentheorie“ auf die Tatbeteiligung Peter-Jürgen Boocks geschlossen hat. In dem Urteil wurde wörtlich ausgeführt: „Die Kollektivität der RAF war und ist nicht so weitgehend verwirklicht, daß sämtliche Mitglieder – ‚legale‘ und ‚illegale‘ – oder auch nur alle im Untergrund lebenden Mitglieder über jeden Anschlag vorher eingeweiht oder daran gar in irgendeiner Form beteiligt gewesen wären.“

Deshalb sprachen die Stuttgarter Richter den Angeklagten Boock nur in jenen Fällen schuldig, in denen er durch eine Fülle von Einzelbeweisen überführt werden konnte. Der Umstand, daß Boock nicht selbst einen der tödlichen Schüsse abgegeben hat, ist insoweit ohne Belange. Denn nicht jeder Mittäter muß den gesamten Tatbeitrag leisten, stellte das Gericht fest.

Daß bei dieser Sachlage die Verurteilung des langjährigen RAF-Mitglieds als „grausiges Fehlurteil“ in verschiedenen Stellungnahmen bezeichnet wurde, erschien Prozeßbeobachtern geradezu unverständlich. Dies stieß um so mehr auf Unverständnis, weil diese Reaktionen auch von Personen erfolgten, die als Verteidiger oder Medienberichterstatter an der Beweisaufnahme teilgenommen und somit miterlebt haben, wie Peter-Jürgen Boock in mehreren Fällen der Unwahrheit überführt worden ist.

Der Entscheidung des Bundesgerichtshofes, einen weiteren Sachverständigen zu hören, lag die Frage zugrunde, ob Boock zu den Tatzeiten vermindert schuldfähig war. In der ersten Hauptverhandlung hatte er behauptet, er sei 1976/77, als er der RAF angehörte, drogenabhängig gewesen. Mitte 1976 behauptete Boock, sich von seiner Ehefrau getrennt zu haben. Wenige Wochen nach der Trennung habe er begonnen „zu fixen", sagte er, weil die „Eingliederung in die neuen Bezüge" nicht dem entsprochen habe, was er sich vorgestellt hatte. Danach habe er immer öfter zu Drogen gegriffen. Die Rauschmittel stellte ihm die RAF zur Verfügung, sagte er am 9. Juni 1983 vor den Richtern in der Verhandlung in Stammheim. „Solange ich in der Gruppe benötigt wurde, war meine Versorgung mit Drogen, durch die Verbindungen der Gruppe zu Ärzten und ausländischen Organisationen, für die die Beschaffung kein größeres Problem war, gesichert. Gerade diese Verknüpfung meiner Sucht mit der Beschaffung und damit mit der Gruppe, hat mir meine Situation sehr lange als Teufelskreis erscheinen lassen, aus dem ich keinen Ausweg wußte. Diese Umstände haben mich an die Gruppe gebunden. Ich bin mir heute sicher, daß, wenn ich mich früher hätte von meiner Drogenabhängigkeit befreien können, ich auch die Gruppe sofort, auf alle Fälle aber wesentlich früher verlassen hätte", erklärte er vor dem Gericht.

Peter-Jürgen Boock hatte nach Angaben seiner Verteidiger die Erkenntnis, für die „falsche Sache im Schützengraben zu liegen", schon im Sommer 1977 gewonnen, in jenem Sommer, der den Kern der Anklage bildete. Die Konsequenz aus dieser Einsicht in das Morden zog er nicht, auch dann nicht, als ihn die RAF in das Verbrechen an Hanns Martin Schleyer und dessen vier Begleitern verwickelte.

„Da gab's einmal den äußeren Druck . . . den Gruppendruck,

wo man gar nicht mehr in der Lage ist, weil einfach ein Gegenpart fehlt, jemand, der anderer Meinung ist, fehlt. Jemand, der einem, um's mal so zu sagen, über den eigenen Opportunismus weghilft, der die richtige Frage stellt oder den richtigen Zweifel am richtigen Punkt anmeldet . . ." schilderte Boock die Situation. Aber da war niemand, der ihm Fragen stellte – in der Gruppe nicht und auch im Umfeld der Szene keiner, der dazu aufrief, die Waffen wegzuschmeißen und mit dem Morden aufzuhören. Sechzehn Monate dauerte im Prozeß gegen Peter-Jürgen Boock die Beweisaufnahme. Anwälte und Komitees für Grundrechte und Demokratie lamentierten, auf der Suche nach Argumenten, warum sie Peter-Jürgen Boock nicht früher vor dem verhängnisvollen Weg warnten und im Verfahren sachgemäßer verteidigten, diese sechzehn Monate wären für die Verteidigung nicht ausreichend gewesen.

Seine Frau Waltraud „Bonnie" Boock, die 1977 nach einem spektakulären Banküberfall in der Wiener Innenstadt zu zwölfeinhalb Jahren Freiheitsstrafe verurteilt worden war, ließ im Gefängnis Schwarzau ihren Familiennamen ändern. Was ihre RAF-Vergangenheit betrifft, so zitierte sie das österreichische Nachrichtenmagazin „Profil" im Frühjahr 1986: „Ich will von dem Ganzen nichts mehr wissen."

XVII. Die Hungerstreik-Waffe

V-Leute aus der Szene hatten schon im Spätsommer 1988 Vorbereitungen für eine neue Offensive dem Verfassungsschutz gemeldet. Nur den genauen Zeitpunkt, den 1. Februar 1989, konnten die Horchposten nicht herausfinden. Familienangehörige inhaftierter Terroristen aus der „Rote Armee Fraktion" organisierten im Laufe des Jahres 1988 verstärkt Veranstaltungen und andere Aktionen, um die Öffentlichkeit im In- und Ausland auf Sympathiekundgebungen für die inhaftierten RAF-Mitglieder einzustimmen. „Wir haben versucht, die Zusammenlegung mehr und mehr zum Thema zu machen", hieß es in einer Erklärung von Angehörigen in dem von ihnen publizierten „Info" Nr. 14 vom 19. Mai 1989, die erste Erklärung nach dem gescheiterten abermaligen Versuch der Häftlinge, mit der Waffe des Hungerstreiks Justiz und Regierung zu erpressen. Der Hungerstreik habe „eine Flut von Solidarität ausgelöst, die in diesem Maße bei vergangenen Streiks nicht vorhanden" gewesen sei. Kontakte seien bei Reisen bis in die Türkei und USA geknüpft worden. „Auch wenn wir für die Gefangenen nur wenig erreicht haben, so haben wir für uns hier draußen doch viel bessere Bedingungen geschaffen, um weiterhin darauf aufbauen zu können. Deswegen rufen wir alle Gruppen auf, weiter miteinander zu reden und das Erreichte nicht wie eine Seifenblase platzen zu lassen. Wir wollen die Zusammenlegung und wir können sie durchsetzen", hieß es zum Abbruch in der Erklärung „Die Angehörigen". „Voller Power weiter machen!"

Daß dieser Hungerstreik – der zehnte seit 1973 – von „anderer Qualität" sein würde, war seitens der RAF bei der öffentlichen Ausrufung der Aktion am 1. Februar 1989 allen Beteiligten suggeriert worden. Anwälte der in verschiedenen Bundesländern inhaftierten Mitglieder der „Roten Armee Fraktion" kündigten die Entschlossenheit ihrer Mandanten an, den Hungerstreik „bis zur letzten Konsequenz" zu praktizieren. Als Ziel wurde die

Zusammenlegung in ein, höchstens zwei großen Gruppen zu „interaktionsfähigen" Lagergemeinschaften gefordert. Der 45jährige Helmut Pohl, einer der achtzehn RAF-Mitglieder, die eine lebenslange Freiheitsstrafe verbüßen, verfaßte ein Rundschreiben an die Gesinnungsgenossen. Erstmals organisierten sich die Häftlinge in einer „Hungerkette". Alle 14 Tage sollten sich daran zwei Häftlinge mehr beteiligen. Diese Taktik war im Jahre 1981 von der irischen Untergrundorganisation IRA angewendet worden. Zehn Häftlinge aus der IRA starben an den Folgen der Nahrungsverweigerung.

Mit der IRA-Taktik wollte das RAF-Aktionskomitee erreichen, daß nicht mehr wie bei früheren Hungerstreiks innerhalb kurzer Zeit „viele von uns gleichzeitig auf der Kippe sind" (Pohl). Das hieß, wenn einige Häftlinge in Lebensgefahr gerieten, sollten andere noch handlungsfähig sein. Die RAF-Aktion in den Gefängnissen war zeitlich unbefristet ausgerufen worden, doch solle sich keiner zu Tode hungern, ging aus einem Zellen-Papier hervor. Damit wollte die RAF das Risiko verringern, daß Häftlinge an den Folgen starben, wie es beim ersten Hungerstreik der inhaftierten Terroristen aus der „Rote Armee Fraktion" im Jahre 1974 der Fall gewesen war. Holger Meins, Mitglied der RAF-Gruppierung 1970, war damals das erste Opfer der von der RAF inszenierten Nahrungsverweigerung.

Der Aufruf zum Hungerstreik '89, an dem sich zeitweise bis zu 50 inhaftierte RAF-Mitglieder und verhaftete Anhänger die RAF unterstützender militanter Gruppierungen beteiligten, wurde als Konzeption entwickelt, den Kampf neu zu formieren. Das neue Konzept bedeutete zugleich eine Kampfansage an alle, die den „Dialog mit der Gesellschaft" postulierten. Das richtete sich gegen um Vermittlung bemühte Repräsentanten politischer Parteien, Schriftsteller, Sprecher der Kirchen und gesellschaftlicher Institutionen. Ein Verzicht auf terroristische Gewalttaten zur Durchsetzung revolutionärer Ziele wurde dagegen ausgeschlossen. Das Strategiepapier trug die Unterschrift von Helmut Pohl, der vor der Ausrufung der Hungerstreiks von dem Schriftsteller

Hans Magnus Enzensberger im Gefängnis auf einen Dialog angesprochen worden war. Die Brüder Gerold von Braunmühls, des 1986 vor seinem Haus durch Kopfschüsse von Mitgliedern der RAF ermordeten Bonner Diplomaten, erhielten auf ihre immer wieder erneuerten Dialog-Angebote keine Antwort von den Terroristen – weder von denen im Gefängnis noch von denen draußen.

Die Forderung, die der harte Kern der RAF mit Beginn des neuen Hungerstreiks am 1. Februar erhob, war die gleiche wie bei vorausgegangenen Erpressungsaktionen: „Zusammenlegung aller Gefangenen aus Guerilla und Widerstand in ein oder zwei großen Gruppen". Ultimativ erklärten die Wortführer in den Haftanstalten Schwalmstadt (Helmut Pohl) und Aichach (Brigitte Mohnhaupt): „Zusammenlegung – Jetzt"!

„In diesem Brennofen bleibt nichts, wie es war", verkündete Helmut Pohl am 1. Februar. Der Brennofen, das sind die Gefängnisse, in denen knapp 40 Häftlinge, die Mitglieder der RAF sind oder ihr zugerechnet werden, unterschiedlich lange Strafen verbüßen: verurteilt nicht wegen der Gesinnung, sondern wegen Straftaten, wie die Richter betonten. Generalbundesanwalt Kurt Rebmann widersprach während des Hungerstreiks mit einer Dokumentation Behauptungen der Häftlinge und ihrer Sympathisanten, in den Strafanstalten der Bundesrepublik Deutschland gebe es „Isolationsfolter". Der oberste Ankläger der Justiz wandte sich auch gegen immer wiederkehrende Vorwürfe von „Isolationshaft". Von den zum harten Kern der RAF gerechneten 24 Häftlingen waren im Frühjahr 1989 sechzehn Gefangene in Einzelhafträumen untergebracht, acht in Wohngruppen: drei in Celle, drei in Lübeck und zwei in Berlin. Manche Häftlinge nutzten Möglichkeiten zu Kontakten zu Mitgefangenen, die wegen nichtterroristischer Gewalttaten inhaftiert waren, andere „isolieren sich innerhalb der Haftanstalten selbst", indem sie jeden Umgang mit anderen mieden und stattdessen auf einer Zusammenlegung der Mitglieder aus der „Rote Armee Fraktion" beharrten, hieß es in der Dokumentation der Generalbundesanwaltschaft. Selbst Untersuchungshäftlinge, für die normalerweise strenge Trennung von anderen Gefangenen gilt, hätten das Angebot zum gemeinsamen Rundgang mit anderen Häftlingen auf dem Gefängnishof nur teilweise wahrgenommen, erläuterte der Generalbundesanwalt die Knast-Situation. Der Generalbundesanwalt stellte fest, daß die Strafvollzugsbehörden nur in den Fällen ein Zusammenkommen oder Zusammenlegen von RAF-Häftlingen in kleinen Gruppen nicht gestatten, in denen Anhaltspunkte dafür vorlägen, daß dies benutzt würde, „den Kampf aus der Zelle heraus fortzusetzen“.

Angesichts der breitgefächerten Sympathisantenszene vertrat der Generalbundesanwalt die Auffassung, es sei nur hilfreich, Häftlinge dabei zu unterstützen, sich aus dem Verbund ihrer Mithäftlinge aus der terroristischen Szene zu lösen und im Regelstafvollzug zusammen mit anderen Gefängnisinsassen „den Weg zurück zu suchen“.

Die Bundesanwaltschaft, die in der Bundesrepublik Deutschland die Ermittlungen gegen Terroristen leitet, veröffentlichte zur Widerlegung der Behauptungen von Isolationshaft die Haftbedingungen von Mitgliedern der RAF. Knut Folkerts, der unter anderem wegen der ihm vorgeworfenen Beteiligung an der Ermordung von Generalbundesanwalt Siegfried Buback eine lebenslange Freiheitsstrafe in Celle verbüßt, hat in seiner Zelle Radio, Schallplattenspieler und zahlreiche Bücher. Er bezog im Frühjahr 1989 amtlichen Angaben zufolge sieben Zeitungen und Zeitschriften. Vier Stunden und 45 Minuten darf er täglich mit den Gesinnungsgenossen Karl-Heinz Dellwo und Lutz Taufer, die ebenfalls in Celle inhaftiert sind, zusammen sein; am Wochenende täglich sieben Stunden. Allen drei wurde ein Fernsehraum zur Verfügung gestellt, in dem es einen Fernsehapparat, Kühlschrank, Kochherd und 200 Bücher gibt. Folkerts darf täglich eine Stunde mit Dellwo und Taufer auf dem Hof sein, eine weitere Stunde mit diesen beiden und anderen Gefangenen. Er erhielt 1988 den Besuch von 42 Personen, davon wurden 19 Sprecherlaubnisse mit Anwälten erteilt. Die Post stellte ihm 326 Briefe zu und beförderte 271 Schreiben Folkerts. Das Angebot, mit anderen Gefangenen zusammenzukommen, habe er jedoch im Berichtszeitraum ebenso abgelehnt wie die Möglichkeit der Fortbildung, informierte die Justiz die Öffentlichkeit.

Das Schlüsselwort für die „Rote Armee Fraktion" beim Druck auf den Staat ist die „politische Diskussion" ihrer inhaftierten Mitglieder unter Bedingungen, die mit denen von Kriegsgefangenenlagern vergleichbar sind. „Wir wollen jetzt die Zusammenlegung, und wir wollen damit auch diese ganze lange Phase abschließen – und dann wollen wir weiter"! Wohin? Das fragte nach dem Abbruch des Hungerstreiks die liberale Wochenzeitung „Die Zeit". „Was anderes könnte die vielen einzelnen RAF-Terroristen am Ende aller Hoffnungen noch verbinden als die Aussicht, irgendwann und vielleicht eben doch so früh, wie es nach Recht und Gesetz erlaubt ist, aus der Zelle ins Leben zurückzukehren"?

Dagegen setzte die RAF nur die kämpferische Alternative „Sieg oder Tod"! Ihre Anhänger fühlten sich während der Hungerstreik-Kampagne durch Offerten der sozialdemokratisch geführten Bundesländer Nordrhein-Westfalen, Schleswig-Holstein und des rot-grünen Senats von Berlin ermutigt. Die einheitliche Linie der Justiz in Bund und Ländern war zerbrochen. Die CDU/CSU-Länder sprachen sich gegen ein Nachgeben unter Druck auf den Staat aus. Der baden-württembergische Justizminister Heinz Eyrich (CDU) erklärte, er habe immer wieder seine Gesprächsbereitschaft geäußert, zugleich aber angefügt, Häftlingsgruppen, die über die bisher erlaubten Wohngemeinschaften bis zu drei Häftlingen erweitert werden sollten, nicht zu erlauben. Eyrich verwies darauf, daß auch Bundesjustizminister Engelhard (FDP) die Forderungen der Terroristen zurückgewiesen habe. Dagegen wandte sich die Vorsitzende der Grünen-Fraktion im Deutschen Bundestag, Antje Vollmer, an die SPD-regierten Länder, „dringend, umgehend die Zusammenlegung der in ihrem Bereich inhaftierten Gefangenen zu vollziehen, damit auch öffentlich deutlich wird, wer zur De-Eskalation bereit ist und wer einer hoffnungsvollen Lösung im Wege steht". Bayern, Baden-Württemberg und Niedersachsen wurden als „Hardliner" denunziert, die wegen ihrer Unnachgiebigkeit nur den Hungerstreik auf unabsehbare Zeit verlängerten und dabei den Tod von Häftlingen riskierten. In der Öffentlichkeit wurde der Druck auf Justiz und Parteien verstärkt. Das Einlenken auf die RAF-Forderungen verlangten die Teilnehmer der 15. Jugendkonferenz der IG Metall im DGB, eine Vollversammlung der Fachschaft Psychologie an der Ruhruniversität Bochum, 90 Mitarbeiter des Hamburger Thalia-Theaters, ein Ruhr-Kollektiv in einem Appell in einem Hungerstreik-Info, wobei von den 23 Unterzeichner 15 Lehrer waren, zwei Pfarrer, zwei Studenten, ein Ingenieur, ein Werkzeugmacher, eine Datenverarbeitungsorganisatorin und ein Angestellter. Dagegen kein Arbeiter, kein Ruhrkumpel (Angehörigen – Info Nr. 14). Die Teilnehmer des 2. überregionalen Bundes-Psychologiekongresses in Bremen verstiegen sich in einer an den Universitäten verbreiteten Resolution zu der Behauptung: „Die BRD erweist sich als Staat, in dem Folter politische Praxis ist". In den Zentralen der Parteien, die Grünen eingeschlossen, und in gesellschaftlichen Organisationen erhoben sich nun jedoch Stimmen gegen eine zügellose Propaganda für die erpresserische Häftlingskampagne.

Letzte Hoffnung der Hungerstreik-Organisatoren: das Ausland. Unterstützer aus Dänemark, der Schweiz und den Niederlanden besetzten mit deutschen Gesinnungsgenossen Brüsseler Büros der Europäischen Gemeinschaft. Die Parole hieß dort jedoch nicht nur „bessere Haftbedingungen", sondern kämpferisch „Gegen die Rekonstruktion des Kapitals in Westeuropa und seine faschistische Kontinuität" (viersprachig): „Zusammen kämpfen – Zusammenlegung". 24 Stunden später brachen die Häftlinge in den Gefängnissen überraschend für alle Unterstützer und Sympathisanten den Hungerstreik ab.

Wochenlang wartete die Szene, vom RAF-Umfeld bis zu den anpolitisierten sogenannten „sozialen Gefangenen", worunter andere Kriminelle aus dem Bereich von Totschlag, Raub, Diebstahl und Betrug verstanden werden, auf eine angekündigte RAF-Erklärung. Untereinander gestanden Wortführer des Hungerstreiks die Niederlage ein: Gescheitert an der unnachgiebigen Haltung der Justiz in den CDU/CSU-regierten Bundesländern und der Bundesregierung in Bonn gegenüber erpresserischem Druck aus den Gefängnissen. Das machten Telefongespräche unter anderem zwischen Helmut Pohl, der am 1. Februar den Hungerstreik begründet hatte, und anderen Häftlingen aus der „Rote Armee Fraktion" am 10. Mai 1989 deutlich. Hier Auszüge aus Protokollen mitgehörter Gespräche, teils wörtlich, teils zusammenfassend von den Protokollierenden verfaßt:

Telefonat des Pohl mit Brigitte Mohnhaupt (15.46 bis 16.39 Uhr): Es hat hauptsächlich der Pohl gesprochen. Es wurde nur stichpunktmäßig alles angesprochen. Kinkel (gemeint ist der Staatssekretär im Bundesjustizministerium, Klaus Kinkel – d. Autor) war da , nichts geht mehr, er hat alles versucht, es geht garnichts mehr. Bayern und Württemberg scheitert. Kirche Kruse (Bischof Martin Kruse) reingekommen – macht besonders gegenüber dem Staat Zeichen setzen – Signal machen – verdeutlichen – Streik beenden, sagt Kinkel. NRW (Nordrhein-Westfalen) wackelt, vielleicht bei anderen Ländern bewegen – Staat nicht erpreßbar.

Hungerstreik aufgeben . . . RA Pausch (Rechtsanwalt Johannes Pausch, Düsseldorf) hätte großen Einfluß. Pausch ist da, alle Häftlinge müssen informiert sein . . . Bin reichlich erschöpft. Alles ausgereizt. Johannes ist am überlegen (Rechtsanwalt Johannes Pausch, Verteidiger von Pohl). Man muß was tun. Gedanken noch nicht fertig. Große Pressekonferenz in Bonn. Wollen die Presse. Inhalte besser bringen . . . Linke sind wichtiger. Ströbele (Berliner Rechtsanwalt und Mitglied der Alternativen Liste) unter die Lupe nehmen. Er will nicht linken. Kein eigener Standpunkt. Viel gelernt bei Streik. Alle Gedanken festhalten. Linksreale Ausgangslage für alle. Gedanken dabei aufschreiben. Neue Lage, neue Gedanken. Johannes sprechen Freitag. Anwälte tätig werden. Auf Länderebene weitermachen. Läuft Berlin,

Lübeck auch nicht viel, Du mußt das machen. Lübeck, Stammheim. Straubing mache ich – nicht mit der CSU. Wir lassen von den Inhalten nicht los. Darüber sollen sie sich klar werden . . .

Telefonat des Pohl mit Adelheid Schulz (17.28 bis 18.03 Uhr). Pohl berichtet, daß die Sache entschieden ist und eine Zusammenlegung nicht stattfindet. Sts Kinkel hat dies heute mitgeteilt. Die Forderungen sind gegen die CDU-Länder nicht durchzusetzen. Schulz sagt darauf: Dann wissen wir, wo wir dran sind. (Adelheid Schulz verbüßt in Köln-Ossendorf eine lebenslängliche Freiheitsstrafe) . . . Inhaltlich wird die Auseinandersetzung (gemeint ist nach Abbruch des Hungerstreiks) weitergeführt. Hierbei soll der Brief von Eva (Haule) rumgehen und als Orientierung dienen. Pohl hat ein Gespräch mit Kruse geführt und angeregt, daß dieser mit MP Rau (Ministerpräsident Johannes Rau) sprechen soll. In Berlin stellt Pohl fest, daß Ströbele (AL) ein Hornochse sei und nur noch Showbusineß treiben würde. Wenn Zusammenlegung in Berlin, dann nur eine Gruppe von acht bis neun Mann . . .

Telefonat des Pohl mit Dellwo (18.27 bis 19.14 Uhr). . . . Kinkel war da, wollte persönlich Bescheid sagen. Es läuft nichts, sie machen nichts, alles ausgereizt. Kruse gesprochen. Kirche keine Macht gegen den Staat. Zwei Stunden geredet (mit Kruse) politisch inhaltlich, gutes Gespräch. Verlagerungsprozeß zum Politischen, viel geredet mit ihm . . . Stimmt mir zu (Kruse), er nennt es aufarbeiten – Dialog – habe eine Richtung. Fast wäre die Republik gekippt. Stimmt überein – politisch – gutes Gespräch. Kein Einfluß auf CDU gehabt, das ist der Punkt. Zweiter Punkt will vermeiden mit Schmude – erst Zusage und so – nach Streikabbruch würde sich etwas bewegen – nur dadurch. Reine Erpressung. Ich soll mich einsetzen für Aufgabe. Gespräch abgebrochen. Es gibt nichts anderes (Zusammenlegung), der Kampf geht weiter. Wir geben nicht auf. Morgen Ströbele zu Brigitte, nicht loslassen. Kann nicht viel machen (Ströbele) – ist aber AL Berlin. Nach Brief macht du weiter mit Ströbele. Jeder, der sich für links hält, muß sich bekennen, alles anschauen – BRD-Situation – gesamtpolitisch sehen . . . Müssen vielmehr sprechen, gespenstische Situation, bevorstehende politische Konsequenz überdenken . . . Wesentlich NRW, Ella und Angelika sollen nicht allein machen. Erst sollen wir sprechen, danach AL Ella. Ströbele ist nichts wert, habe es rausgekriegt (Bestätigung durch Dellwo) hat falsche Einschätzung der Politik. Bundespartei Grüne sind zu dumm – sind politisch unfähig – kaputter Haufen. Aufbruch anderer Linker beobachten – wichtig – schreibe uns darüber, Kruse soll kommen. Kirche hat angeboten, welche Rolle sie spielen will. BRD-Situation – großes Interesse.

Pohl hatte also aufgrund des breitgefächerten Unterstützerspektrums bei diesem Hungerstreik und durch Gespräche mit Vertretern von Staat und Kirche den Eindruck gewonnen, „fast wäre die Republik gekippt". Aber dann hieß es in den Telefonaten mit Brigitte Mohnhaupt, Adelheid Schulz, Luitgard Hornstein und Karl-Heinz Dellwo am 10 Mai resignativ: „Alles ausgereizt, nichts geht mehr". Bruchstücke des letzten Telefongespräches, das Pohl am 10. Mai zwischen 19.25 Uhr und 19.53 Uhr mit der 25jährigen Luitgard Hornstein führte, deuteten darauf hin, daß unter den Streikführern aus der RAF die Entscheidung über den Abbruch bereits am 9. Mai gefallen sein muß. „Gestern Entscheidung gefallen, bundesweit, es geht nichts mehr, CDU-Länder . . ." wurde Pohl in dem Telefonprotokoll zitiert.

Diese und andere Telefonate der Terroristen belegen nach Einschätzung von Sicherheitsfachleuten in Bundes- und Landesbehörden die Verstrickung einiger Anwälte in die Hungerstreikkampagne der „Rote Armee Fraktion". Schon die Baader-Meinhof-Bande hatte 1973 nach der Verhaftung ihrer Anführer und weiterer Mitglieder des harten Kerns aus den Zellen heraus mit Verteidigern ein konspiratives zentrales Informationssystem „für Gefangene, Komitees und Anwälte" entwickelt. Über das Info-Netz wurden den Häftlingen nicht nur persönliche Instruktionen übermittelt, sondern auch Erkenntnisse über neue Waffen, Druck- und Fälschungstechniken, Sprengstoffanleitungen und der Einstieg in die Computerkommunikation zugespielt.

Nach dem Abbruch des Hungerstreikes '89 beschäftigte sich das Zweite Deutsche Fernsehen (ZDF) mit der Rolle einiger Anwälte. ZDF-Moderator Bodo Hauser erklärte in der Sendung „Studio 1"· „Wie die Anwälte der Terroristen vor die Öffentlichkeit traten, wie sie ohne erkennbare Distanz sich zum Sprachrohr von erpresserischen Forderungen machten, das wirft die Frage nach dem anwaltlichen Standesrecht auf, nach den Grenzen, die ein Verteidiger als Organ der Rechtspflege auch bei noch so starkem Engagement einhalten muß, wenn er sich nicht mitschuldig machen will an illegalen Aktionen".

Das ZDF-Magazin interviewte Rechtsanwalt Johannes Pausch, Verteidiger des RAF-Mitgliedes Helmut Pohl. Der Anwalt, Vater von zwei Kindern, nahm eingangs zu der Frage Stellung, ob „Gewalt gegen Sachen" legitim sei. Hier ein Auszug aus der Sendung:

Pausch: „Es gibt Situationen, in denen man davon ausgehen kann".

Frage: „Welche Situationen?"

Pausch: „Es würde zu weit führen, Sie wollen mich festlegen auf einen Gesprächsverlauf, den ich hier nicht entwickeln möchte".

Frage: „Ich finde es schon von Interesse, Herr Pausch, wenn ein Organ der Rechtspflege sich zu diesen Fragen äußert. Vor einem ja durchaus akuten Hintergrund. Ich wiederhole deshalb meine Frage: Wann ist – Sie haben sich in dem Sinne da schon geäußert – denn Gewalt gegen Sachen, etwa das Werfen von Bomben, durch die niemand verletzt wird, legitim, wie Sie sagen?"

Pausch: „Beispielsweise dann, wenn eine Situation entstanden ist, in der, sagen wir mal, schreiendes Unrecht durch friedliche Proteste nicht beeinflußt werden kann".

Frage: „Wer entscheidet, ob schreiendes Unrecht vorliegt?"

Pausch: „Diejenigen, die sich dagegen wehren, selbstverständlich."

Frage: „Kann das die andere Seite für sich ganz allein entscheiden: ich bestimme hiermit, es liegt Unrecht vor, ich werfe eine Bombe."

Pausch: „Als freier Bürger muß ich mich entscheiden können. Ich muß Vorgänge dieses Staates frei bewerten können."

Frage: „Bietet denn dieser Staat nicht genügend friedliche Möglichkeiten, die eigene Meinung zu äußern und auch öffentlich zu Gehör zu bringen?"

Pausch: „Er bietet eine ganze Reihe, sicher, sehr viele, Demonstrationen etc., aber man muß auch Verständnis dafür haben, daß es Menschen gibt, denen das nicht ausreicht, die diese Möglichkeiten wahrgenommen haben, auf der anderen Seite feststellen, daß sich aufgrund ihrer politischen Analyse nichts verändert hat dadurch und die dann zu anderen Mitteln greifen. Ich habe dafür Verständnis."

Frage: „Wenn ich hingehe, Herr Pausch, und werfe eine Bombe mit den Worten ‚Dies dient dem Frieden', bin ich anschließend, wenn ich erwischt und verurteilt worden bin, wirklich und nach Ihrer Ansicht ein politischer Gefangener; bin ich für meine Gesinnung bestraft worden?" Denn das ist es ja, was den politischen Gefangenen ausmacht."

Pausch: „Wenn es so wäre, ist es in einem Ausmaß banal, daß ich keine Bewertung dafür finde jetzt. Und es ist ja nicht so undifferenziert vorgegangen worden in der Vergangenheit. Es ist ja sogar bei Tötungsdelikten immer eine Erklärung abgegeben worden, die einen politischen Inhalt hatte. Ob sie verstanden wird, ist eine andere Frage."

Frage: „Wenn man einen Zettel neben die Leiche legt, dann ist die Tat gerechtfertigt?"

Pausch: „Dann ist sie zumindest politisch erklärt worden."

Frage: „Was heißt das denn?"

Pausch: „Es genügt, oder es genügt nicht. Das müssen die entscheiden, gegen die sich die Tat gerichtet hat, und die, die sie kommentieren."

Frage: „Aber Sie müssen doch als rechtskundiger Mensch dazu

eine Ansicht haben, das Recht hat doch auch etwas mit Ethik zu tun."

Darauf antwortete nun der Rechtsanwalt dem Reporter: „Das ist richtig, ja."

Frage: „Also, nochmal, der Zettel neben der Leiche, und die Sache ist erledigt?"

Pausch: „Es geht nicht um den Zettel, es geht um den Kontext, der damit hergestellt wird. Wenn Sie Geschehnisse aus der Vergangenheit nehmen, wo Menschen getötet worden sind, dann ist zu diesen Personen ja auch etwas gesagt worden. Das heißt aus der Sicht derer, die das gemacht haben, ist erklärt worden, warum liquidieren diese Personen, für wen steht diese Person, welche Politik hat sie zu verantworten?"

Frage: „Gehört es denn zu den Rechten etwa Ihrer Mandanten, zu entscheiden, diese Person hat ihr Leben verwirkt, die wird zum Tode verurteilt und, wie Sie selber sagen, liquidiert; sie nehmen sich dieses Recht – wie beurteilen Sie das?"

Pausch: „Das beurteile ich jetzt gar nicht hier."

Frage: „Warum nicht?"

Pausch: „Weil es zuweit führt, das zu beurteilen. Ich möchte jetzt nicht auf Bekenntnisse festgelegt werden, die ich öffentlich nicht abgeben will."

XVIII. Aussteiger – Umsteiger – Einsteiger

Sein Gesicht tauchte plötzlich auf dem Fernsehschirm in der Familienserie „Praxis Bülowbogen" auf; an der Seite des populären Berliner Schauspielers Günter Pfitzmann spielte Christoph Wackernagel einen „trockenen Alkoholiker". So schaffte das 38jährige ehemalige Mitglied der „Roten Armee Fraktion" im Mai 1989 während des Hungerstreiks seiner früheren Komplizen den Absprung aus dem Terrorismus in die Schauspielkunst – nach zehn Jahren Gefängnis. 1977 hatte er in Amsterdam auf Polizisten geschossen und wurde wegen versuchten Mordes und Mitgliedschaft in einer terroristischen Vereinigung zu 15 Jahren Haft verurteilt. Wegen guter Führung und Abkehr vom Terrorismus wurde er vorzeitig entlassen. Auch die ehemaligen RAF-Mitglieder Klaus Jünschke und Manfred Grashof durften vorzeitig das Gefängnis verlassen.

Wohin wendet sich die Mehrheit der weiterhin inhaftierten Terroristen und wie reagiert der im Untergrund existierende „harte Kern" der Terrororganisation an der Schwelle zum letzten Jahrzehnt des 20. Jahrhunderts? Eine erhebliche Zahl der Terroristen glaubte zu Beginn des Jahres 1989 wieder an ein Comeback als unverzichtbare Avantgarde einer revolutionären linken Bewegung. So wurde in Zellenkassibern zwischen Anwälten und Häftlingen auch die für notwendig erachtete „Umkehr der linken Rückentwicklung" analysiert. Die verhältnismäßige Anschlagsruhe seit dem gescheiterten Attentat gegen den Bonner Finanzstaatssekretär Hans Tietmeyer im September 1988 verdeutlicht den Entscheidungsprozeß, in welchem sich die Terroristen in Gefängnissen wie im Untergrund über die künftigen Wege und Aktionen klar zu werden suchen.

Von der radikalen Linken und von Grünen kamen Signale, die inhaftierten Terroristen sollten nach dem gescheiterten Hungerstreik endlich ihren Standort ohne Umschweife in einem jedermann verständlichen Text erklären und den Einstieg zum „Dialog“ mit der Gesellschaft beschließen. Die Zeit, in der stets nur von der „Diskussion als Perspektive die Rede war“, sei „vorbei“, konnten die Häftlinge in ihrem Szenenblatt lesen. Das Arrangement würde für die Terrororganisation bedeuten, auf den bewaffneten Kampf zu verzichten und das Morden einzustellen, der Preis, den sie als Gegenleistung zu fordern entschlossen war, würde hoch sein.

Vorschläge wurden inhaftierten RAF-Mitgliedern bereits 1988 von einigen Grünen, Schriftstellern und Theologen in die Zellen übermittelt. Den Häftlingen wurde als Vorleistung konzediert, daß sie ihre Entlassung bereits nach Verbüßung der Hälfte der Strafe, bei Lebenslänglichen automatisch spätestens nach 15 Jahren („und keinen Tag länger“) fordern dürften. Und zwar ohne tätige Reue und die Absicht der Resozialisierung. Während der Haftzeit sollte ihnen die Zusammenkunft mit „politischen Gesprächspartnern“ von außen gestattet werden. Das Gefängnis als Tagungsort für eine neue revolutionäre Vereinigung? Dafür die Erwartung seitens der Grünen: „Weg von den RAF-Hungerstreik-Elendskampagnen, weg auch vom Einzel-Knastbesuchs-Tourismus, sei es aus alter oder neuer Liebe zur Revolution“. Ein partnerschaftliches Angebot an die zumeist wegen Mordes und anderer schwerer Verbrechen rechtskräftig verurteilten Terroristen.

Terroristen hätten zu allen Zeiten Bewunderer und Propagandisten gefunden, schrieb der Historiker Walter Laqueur. Der Terrorist, so sei zu hören gewesen, sei der einzige, der sich wirklich Gedanken um eine bessere Welt mache; ein Kämpfer, der sich völlig der Freiheit und Gerechtigkeit verschrieben habe, von grausamen Umständen und einer gleichgültigen Mehrheit gezwungen, eine heroische, doch tragische Rolle zu spielen. Die Erforschung des Terrorismus werde dadurch nicht vereinfacht, da die meisten Terroristen weder Volkshelden vom Schlage eines Wilhelm Tell noch gewöhnliche Pferdediebe waren, sondern beides und noch vieles andere mehr. Es sei strittig, ob Burke mit seiner Behauptung recht hatte, man brauche nur an einem

Ideologen zu kratzen, um einen Terroristen zu finden. Es sei sicherlich nicht wahr, daß das Kratzen an einem Terroristen notwendigerweise einen Ideologen hervorbringt, merkte Laqueur, Direktor der Wiener Library in London und Vorsitzender des International Research Council im „Center for Strategic and International Studies in Washington" an.

Das Phänomen des Terrorismus in der Bundesrepublik Deutschland ist bisher noch nicht aufgearbeitet worden. In der deutschen Öffentlichkeit ist jedoch die ideologische Komponente in Verbindung mit Linksextremisten und Terroristen, wenn überhaupt, nur am Rande zur Kenntnis genommen worden. Wer hier den Begriff kommunistischer Terrorismus anführt, muß mit Unverständnis und Ablehnung rechnen. Dabei stellt nach Erkenntnissen von Sicherheitsexperten im In- und Ausland die Ideologie einen Faktor des Gruppenzusammenhalts dar: Vor allem ist ihr eine entscheidende Rolle in den Beziehungen deutscher Terroristen zu ausländischen Gruppierungen zugedacht, die mit den gleichen Überzeugungen agieren. Es war eine frühe Erkenntnis, daß aus den Fäden, mit Hilfe des Kommunikationsmediums Ideologie gesponnen werden, das logistische Netz geknüpft wird, ohne daß die Terroristen nicht operieren können. Eine Ideologie kann außer Kanalisierung auf andere kausale Faktoren verstärkend einwirken, erläuterte der Züricher Terrorismus-Experte Gerhard Schmidtchen. Der Marxismus lehne keine Form des bewaffneten Kampfes absolut ab, verteidigen Agitatoren zeitweilige terroristische Aktionen.

Der bewaffnete Kampf könne als wichtige Kampfform einer revolutionären Strategie nicht von vornherein als im Widerspruch zur marxistischen Lehre ausgeschlossen werden. Dazu gehört, daß Lenins Lehre vom bewaffneten Kampf aktuell zu interpretieren ist, auch wenn Vertreter orthodoxer kommunistischer Parteien die Inanspruchnahme ihrer Lehre durch terroristische Gruppierungen und das öffentliche Bekenntnis fürchten. So die „Kämpfenden kommunistischen Zellen" Belgiens (CCC), der kommunistische Flügel der italienischen „Brigate Rosse", der

Eintritt von Mitgliedern der „Revolutionären kommunistischen Jugend" in der Bundesrepublik in die „Rote Armee Fraktion" und nicht zuletzt die Gründung dieser Terrororganisation durch das Mitglied der vom Bundesverfassungsgericht 1956 verbotenen „Kommunistischen Partei Deutschlands" (KPD), Ulrike Meinhof, die konspirativ in Ost-Berlin von der in die DDR ausgewichenen KPD aufgenommen worden war. Die strategische und taktische Ebene des bewaffneten Kampfes für die Revolution sah bisher durchaus die Bindung an eine revolutionäre Partei vor und widersprach damit der landläufigen Vorstellung von Terroristen als Figuren diffuser Gruppierungen, anarchstischer Bewegungen oder einfach nur „Chaoten".

Es bleibt abzuwarten, wie sich die Auseinandersetzungen in den kommunistischen Parteien um ihr künftiges Programm angesichts der Entwicklung in Moskau und anderen kommunistischen Staaten auf die Strategie der deutschen und westeuropäischen extremistisch-terroristischen Szene auswirken. Die Einstellung der Russen zum Terrorismus war nach Studien Professor Walter Laqueurs schon immer ambivalent gewesen. Im Prinzip ist man gegen den Terrorismus: Er sei eine schreckliche Sache, eine imperialistische Erfindung, meinte die Sowjet-Propaganda in der Zeit vor Michail Gorbatschow. Andererseits hat man schließlich seine Helfershelfer. Man will gar nicht so genau wissen, was diese tun; doch ist man durchaus an der Destabilisierung des Gegners oder Konkurrenten interessiert. Die Russen haben ungern eine Kraft, die sie nicht voll beherrschen und über deren Aktionen sie nicht die anschließende Kontrolle ausüben. Dies habe jedoch bisher zu keiner Zeit die Russen daran gehindert, dem Terrorismus immer wieder indirekte Unterstützung zu leisten, analysierte Laqueur die Haltung des Sowjetregimes in den vergangenen Jahrzehnten.

Die Terroristen-Generation der siebziger Jahre wollte das Potential für die angestrebte revolutionäre Situation schaffen. Die Mittel, um diesen Zustand zu erreichen, beschrieb der Philosoph Carl-Friedrich von Weizsäcker als „psychologische Kriegführung". Die Terroristen versuchten dabei, das demokratisch-freiheitliche Gesellschaftssystem zu diskreditieren, den Glauben an seine Rechtmäßigkeit und an seine Kraft zur Selbstverteidigung zu zerrütten. Neue Problemkreise wie Arbeitslosigkeit, Rationalisierungsprogramme in Industrie und Verwaltung, die Probleme des Zusammenschlusses europäischer Staaten, die Kernkraft als Wirtschaftsfaktor und die Verkürzung der Arbeitszeit sollten mithelfen, auf die Massen einzuwirken. Die moderne Lehre setzt Terrorismus und Extremismus gezielt als Stoßtrupp für neue Herrschaftsformen der Menschen über Menschen ein.

Die Veränderungen in der Welt haben in jüngster Zeit bei zahlreichen Anhängern extremistischer und terroristischer Bewegungen unzweifelhaft ein Stück ihres fundamentalen Weltbildes zerbrochen. Erst die Zukunft wird jedoch zeigen, wie sich das neue Denken im Zusammenleben der Menschen unterschiedlicher Gesellschaftssysteme auswirkt. Ein Ende des Terrors ist beim Übergang zum letzten Jahrzehnt unseres Jahrhunderts nicht in Sicht. Ein Ausstieg der deutschen „Rote Armee Fraktion" (RAF) erscheint zwar möglich, analysierte der Verfassungsschutz die Situation in der Szene. Doch bedeute ein Ausstieg aus „militärischen Aktionen", wie die RAF-Anhänger planmäßiges Morden nannten, keineswegs, daß die Straßenkämpfe im Lande aufhören. Der Kampf soll vielmehr eine Fortsetzung mit anderen Mitteln und Methoden erfahren. Die Straßenschlachten am 1. Mai 1989 in Berlin-Kreuzberg, Barrikadenkämpfe in der Hamburger Hafenstraße und an anderen Schauplätzen bis nach Zürich und zur Wiener Opernball-Kampfdemonstration '89 waren Flammenzeichen im neu entstehenden Europa. Wenn das Kapitel politisch motivierter Gewalttaten und des Terrorismus in der deutschen Nachkriegsgeschichte aufgeschlagen wird, sollte mehr als nur ein Gedanke den Opfern gewidmet sein.

XIX. Literaturverzeichnis

Amendt, Günter (Hrsg.): *Kinderkreuzzug oder beginnt die Revolution in den Schulen?* Rowohlt, Reinbek.

Amilie, F. / Bahr, A. / Krescic, A. / Rocker, R.: *Anarchismus und Marxismus.* K. Kramer, Berlin.

Aust, Stefan: *Der Baader-Meinhof-Komplex.* Hoffmann & Campe, Hamburg.

Brandes, Volkhard: *Wie der Stein ins Rollen kam.* Brandes & Apel.

Benda, Richard/Gabriel, Ingrid: *Terror rot/weiß/rot. Politische Kriminalität in Österreich.* Presdok AG, Zürich 1989.

Brigl, Kathrin / Siegfried Schmidt-Joos: *Fritz Rau, Buchhalter der Träume.* Quadriga, Berlin.

Brückner, Peter / Sichtermann, Barbara: *Gewalt und Solidarität; zur Ermordung Ulrich Schmückers durch Genossen.* Dokumente und Analysen, Hrsg. Verlag Wagenbach Berlin; Neu-Hrsg. Internationalismus-Verlag, Hannover.

Bug-Info, Periodika Berliner undogmatischer Gruppen.

Der Blues, 2 Bd, gesammelte Texte der „Bewegung 2. Juni", Eigenverlag Berlin.

Chronsky, N.: *Radikaler Marxismus und konsequenter Anarchismus.* K. Kramer, Berlin.

Cohn-Bendit, Daniel: *Linksradikalismus – Gewaltkur gegen die Alterskrankheit des Kommunismus.* Rowohlt, Reinbek.

Der Baader-Meinhof-Report 1972, von Hase & Koehler, Mainz.

Dollinger, Hans (Hrsg.): *Revolution gegen den Staat? Die außerparlamentarische Opposition – die Neue Linke.* Scherz, Bern, München.

Dokumentation zur Entführung von Hanns Martin Schleyer. Goldmann, München.

Dutschke, Rudi: *Versuch, Lenin auf die Füße zu stellen,* Wagenbach, Berlin.

Dutschke, Rudi: *Geschichte ist machbar.* Wagenbach, Berlin.

Dutschke, Rudi: *Die Revolte – Wurzeln und Spuren eines Aufbruchs.* Hrsg. von Gretchen Dutschke-Klotz, J. Miermeister, J. Treulieb 1983, Rowohlt, Reinbek.

Funke, Manfred (Hrsg.): *Terrorismus, Untersuchungen zur Struktur und revolutionären Gewaltpolitik.* Bundeszentrale für politische Bildung, Bonn.

Funke, Manfred (Hrsg.): *Extremismus im demokratischen Rechtsstaat – Ausgewählte Texte und Materialien zur aktuellen Diskussion.* Bundeszentrale für politische Bildung, Bonn.

Galleni, Mauro: *Rapporto sul Terrorismo,* Rizzoli Editore, Milano.

Geißler, Heiner (Hrsg.): *Der Weg in die Gewalt – Geistige und gesellschaftliche Ursachen des Terrorismus und seine Folgen.* Olzog, München.

Gewalt und Gegengewalt 1967–1969. Dokumentation der Freien Universität Berlin.

Guggenberger, Bernd: *Wohin treibt die Protestbewegung? Junge Rebellen zwischen Subkultur und Parteikommunismus.* Herder, Freiburg i.Br.

Hättich, Manfred: *Zornige Bürger – Vom Sinn und Unsinn des Demonstrierens.* Olzog, München.

Hanns-Seidel-Stiftung (Hrsg.): *Angriffe auf unsere Demokratie,* München.

Heck, Bruno: *Nachdenken nach der Rebellion.* In: „Die politische Meinung", 19. Jg. Sep./Okt. 1974 Bonn.

Heumann, Lucas: *Antiimperialistisches Kampffeld Hochschule. Zur Ideologie, Geschichte und Praxis kommunistischer Bündnispolitik an den Hochschulen.* Deutscher Institutsverlag, Köln.
Hobe, Konrad: *Zur ideologischen Begründung des Terrorismus,* Bonn.
Horchem, Hans Josef: *Extremisten in einer selbstbewußten Demokratie – Rote Armee Fraktion, Rechtsextremismus. Der lange Marsch durch die Institutionen.* Herder, Freiburg i. Br.
Horchem, Hans Josef: *Die verlorene Revolution.* Busse Seewald, Herford 1988.
Horchem, Hans Josef: *Terrorismus in Deutschland 1985,* Institut für politische Zeitfragen (IPZ), Zürich.
Info-Materialien Hungerstreik 1989, Nr. 1–14 von Angehörigen inhaftierter Terroristen.
Jacquard, Roland: *Les Dossiers Secrets du Terrorisme.* Edition Albin Michel, Paris. *Jahresberichte Verfassungsschutz.* Hrsg. Bundesministerium des Innern, Bonn. Innenministerien der Bundesländer.
Jenrich, Holger: *Anarchistische Presse in Deutschland 1945–1985,* Trotzdem Verlag, Grafenau-Döffingen.
Jeschke, Axel / Malanowski, Wolfgang: *Der Minister und der Terrorist. Gespräche zwischen Gerhard Baum und Horst Mahler,* Rowolt, Reinbek.
Jong de, R. *Stirbt Marx als Anarchist?* K. Kramer, Berlin.
Karl, Frank D.: *Die K-Gruppen,* Verlag Neue Gesellschaft, Bonn.
Klaus, Alfred: *Aktivitäten und Verhalten inhaftierter Terroristen.* Hrsg. Bundesministerium des Innern, Bonn.
Klein, Hans-Joachim: *Rückkehr in die Menschlichkeit – Appell eines ausgestiegenen Terroristen,* Rowohlt, Reinbek.
Klein, J. Kurt: *Analysen zur inneren Sicherheit in der Bundesrepublik Deutschland.*
Kollektiv RAF: *Über den bewaffneten Kampf in Westeuropa.* Rotbuch 29, Wagenbach, Berlin.
Kovavic, Anton: *Der legale Terror,* Verlag Lamuv. Autorengemeinschaft: *Die Früchte der Revolte,* Verlag Wagenbach, Berlin.
Krombach, M. / Hippe, W.: *Bedingungen und Perspektiven einer neuen Studentenbewegung.* In: „Erziehung und Klassenkampf. Zeitschrift für marxistische Pädagogik“, Nr. 14, 4. Jg. 1974, Frankfurt am Main.
Laqueur, Walter: *Guerilla. A historical and critical study.* Boston.
Laqueur, Walter: *Terrorismus, Die globale Herausforderung,* Ullstein 1987, Frankfurt/M. – Berlin.
Langguth, Gerd: *Protestbewegung, die Neue Linke seit 1968.* Verlag Wissenschaft und Politik, Berend von Nottbeck, Köln.
Langguth, Gerd: *„Volksfeinde, raus aus der Uni!“ Moskautreue Kommunisten. Trotzkisten und Maoisten beherrschen die Studentenausschüsse.* In: „Deutsche Zeitung“, 1. März 1974.
Tophoven, Rolf (Hrsg.): *Politik durch Gewalt,* Wehr & Wissen, Koblenz/Bonn.
Spitz, Bob: *Dylan, a Biography,* McGraw & Hill Publishing Co. 1989, New York.
Sterling, Claire: *Das Terror-Netz.* Scherz, Bern-München.
Wassermann, Rudolf (Hrsg.): *Terrorismus contra Rechtsstaat,* Sammlung Luchterhand, Darmstadt/Neuwied.
„883“ – Jahrgänge 1969/70, Berlin.

XX. Personenregister

HEINZ LEMMERMANN

Lehrbuch der Rhetorik

Redetraining mit Übungen
4. Auflage, 240 Seiten, kart.,
19,80 DM

„Der freien Rede kommt immer mehr Bedeutung zu. In der Schule, an der Universität oder auf Veranstaltungen und während geschäftlicher Verhandlungen ist das Sprechen wichtiger Bestandteil. Der Verfasser gibt in der völlig neu überarbeiteten Fassung interessante Tips für die Vorbereitungsphase, das Materialsammeln, die Gliederung und notwendige Darstellungsmittel. Unterstützt von zahlreichen Beispielen entwirft der Autor so seinen Rahmen für die Bewältigung der Anforderungen, die eine Rede (und als deren Ziel die Überzeugung oder Information der Zuhörer) stellt. Wer bisher unsicher auftrat, sich häufig versprach oder einfach Angst hatte, erhält durch dieses Buch sinnvolle Hinweise.“
(das neue buch/buchprofile, Bonn-München).

HEINZ LEMMERMANN

Schule der Debatte

Beiträge zur dialogischen Rhetorik. 111 Seiten, kart.,
16,80 DM

„Ähnlich wie die freie Rede gehört auch die Diskussion bzw. Debatte zu den wichtigen Bestandteilen des öffentlichen und privaten Lebens. Der Verfasser vermittelt in seinem Buch notwendige Informationen über solche Gespräche. Neben der richtigen Vorbereitung sind u. a. auch geduldiges Zuhören und Taktik bei Verhandlungen zu beachten. Der Autor belegt seine schlüssigen Argumentationen mit vielen Beispielen, macht auf Fehler und Vorzüge aufmerksam.“
(das neue buch/buchprofile, Bonn/München)

OLZOG VERLAG